张蕾 / 马鑫 / 陈慧 主编

财务管理

电子科技大学出版社
University of Electronic Science and Technology of China Press

图书在版编目（CIP）数据

财务管理 / 张蕾, 马鑫, 陈慧主编. —— 成都：电子科技大学出版社, 2018.8
ISBN 978-7-5647-6577-4

Ⅰ.①财… Ⅱ.①张… ②马… ③陈… Ⅲ.①财务管理–教材 Ⅳ.①F275

中国版本图书馆CIP数据核字(2018)第176185号

财务管理

张 蕾 马 鑫 陈 慧 主编

策划编辑	陈 亮
责任编辑	谭炜麟

出版发行	电子科技大学出版社
	成都市一环路东一段159号电子信息产业大厦九楼　邮编　610051
主　　页	www.uestcp.com.cn
服务电话	028-83203399
邮购电话	028-83201495

印　　刷	定州启航印刷有限公司
成品尺寸	185mm×260mm
印　　张	19
字　　数	486千字
版　　次	2019年1月第一版
印　　次	2019年1月第一次印刷
书　　号	ISBN 978-7-5647-6577-4
定　　价	68.00元

版权所有，侵权必究

前言

  随着我国经济发展的不断进步，企业财务活动的重要性得到了前所未有的重视，而这一切的基础，是对财务管理的概念有正确和深入的认识。财务管理是以资本为运作对象，利用价值形式对企业生产经营活动进行综合性管理的活动。如何合理地筹集资金、运用资金和分配资金，如何进行筹资决策、投资决策和分配决策是财务管理的基本内容；追求企业价值最大化或者说追求股东财富最大化，是财务管理的根本目标。企业管理的核心曾经从生产管理转变到市场管理，而今天，财务管理作为企业管理的核心地位已不可动摇。

  基于此，本书通过理论联系实际的方法，对财务管理的概要、价值理念、筹资管理、资本成本和资本结构、证券投资管理、项目投资管理、营运资本管理、收益分配管理、财务预算、财务分析与财务信息等内容进行了详细的分析和阐述，由浅入深、由抽象概念到具体实例，以期能照顾到各个层次的读者要求。

  财务管理课程主要是阐述财务管理的原理，可以帮助读者掌握财务管理的基础知识，因此在学习时一定要从原理的角度理解和掌握课程的内容。本书可以作为高等院校财务管理学专业的课程教材，也可以作为非会计学专业、企业财务人员、各级管理人员学习会计学知识的培训教材及参考资料。

  由于作者水平有限，书中难免有不足之处，恳请广大读者批评指正。

张　蕾

目录

第一章 财务管理概要 / 001
第一节 财务管理概念 / 002
第二节 财务管理目标 / 005
第三节 财务管理原则及企业的社会责任 / 009
第四节 财务管理环节 / 014
第五节 财务管理体制 / 015
第六节 财务管理环境 / 021

第二章 财务管理的价值理念 / 031
第一节 货币时间价值 / 032
第二节 证券估价 / 046
第三节 风险与收益 / 052

第三章 筹资管理 / 067
第一节 筹资管理概述 / 068
第二节 股权筹资 / 073
第三节 债务筹资 / 084
第四节 衍生工具筹资 / 096
第五节 资金需要量预测 / 100

第四章 资本成本和资本结构 / 107
第一节 资本成本 / 108
第二节 杠杆效应 / 113
第三节 资本结构 / 118

第五章 证券投资管理 / 127
第一节 证券投资管理 / 128

第二节 债券投资 / 135
第三节 股票投资 / 141
第四节 基金投资 / 147
第五节 证券投资组合 / 152

第六章 项目投资管理 / 162

第一节 投资概述 / 163
第二节 项目现金流量分析 / 166
第三节 项目投资决策评价指标及计算 / 174
第四节 项目投资决策评价指标的运用 / 181

第七章 营运资本管理 / 187

第一节 营运资本管理概述 / 188
第二节 现金的管理 / 191
第三节 应收账款管理 / 200
第四节 存货管理 / 208

第八章 收益分配管理 / 218

第一节 收益分配概述 / 218
第二节 收入管理 / 223
第三节 分配管理 / 230

第九章 财务预算 / 247

第一节 财务预算体系 / 248
第二节 财务预算编制方法与程序 / 253
第三节 预算的执行与考核 / 265

第十章 财务分析与财务信息 / 270

第一节 财务信息与信息管理 / 271
第二节 财务预警机制 / 275
第三节 财务分析程序与方法 / 279
第四节 财务评价与综合分析 / 286

参考文献 / 298

第一章 财务管理概要

【学习目标】

1. 掌握财务管理的概念；
2. 掌握财务管理目标的主要观点；
3. 了解企业的组织形式以及财务管理的组织结构；
4. 了解影响财务管理的环境因素。

【核心概念】

财务管理　财务活动　财务管理体制　财务管理环境

【案例导入】

北京某工厂成立于1968年，原属国有企业，成立时职工百余人，固定资产40万元，流动资金15万元。企业的主要任务是完成国家下达的产品生产任务，按照计划生产、销售，实现产值最大化。1980年，国家实行存偿制，流动资金实行贷款制，产品取消调配制，于是该企业改名为北京某有限责任公司，一切管理工作都围绕着实现创利增收展开。随着市场经济的建立，国家实施"抓大放小"政策。该公司实施了股份制改造方案，成立为股份有限公司。1999年1月，国家将该公司的净资产3 800万元转化为3 800万股，向社会发售，每股面值1元，售价1.5元。

北京股份成立后，决策层开始考虑负债融资问题，使自有资金与借入资金之比为2:1；考虑更新设备、引进先进生产线等投资问题。经过多年发展，北京股份的生产技术水平稳居全国一流，产品在全国市场占有率达到25%。北京股份已于2010年在上海证券交易所上市，股价为10元/股。

问题思考：
1. 北京股份财务管理目标的发展过程有哪些？
2. 影响北京股份财务管理目标的因素存哪些？

第一节 财务管理概念

一、财务管理的概念

财务管理是企业再生产过程中组织各项财务活动、处理与各方向财务关系的一项经济管理工作。一般而言，财务管理（Financial Management）是在一定的整体目标下。关于资产的购置（投资）、资本的融通（筹资）、经营中现金流量（营运资金）以及利润分配的管理。西方财务学主要由三大领域构成，即公司财务（Corporation Finance）、投资学（Investments）和宏观财务（Macro Finance）。其中，公司财务在我国常被译为"公司理财学"或"企业财务管理"。任何组织都需要财务管理，但是营利性组织与非营利性组织的财务管理有较大区别。本书中主要讨论的是营利性组织的财务管理，即企业财务管理，被简称财务管理。因此，在我国，财务管理可看作是企业管理的一个组成部分，是根据财经法规制度，按照财务管理的原则，组织企业财务活动、处理财务关系的一项经济管理工作；企业财务管理是以企业价值最大化为目标所开展的一系列财务活动，包含筹资、投资、资金的营运、利润分配等财务活动过程。财务活动伴随着生产经营活动的过程不断反复进行，这一财务活动就是财务管理。它是一种价值管理，主要利用资金、成本、收入、利润等价值指标，运用财务预测、财务决策、财务运算、财务控制、财务分析等手段来组织企业中价值的形成、实现和分配。因此，它具有很强的综合性。

二、财务活动

财务活动是指资金的筹集、运用、收回及分配等一系列行为。从整体上讲，它包括筹资活动、投资活动、日常资金营运活动、利润分配活动。

（一）筹资活动

资金是企业的推动力，筹集资金是企业资金运动的起点，是企业投资的必要前提。企业取得资金以及由此而产生的一系列经济活动就构成了企业的筹资活动。在筹资过程中，企业一方面要确定合理的筹资总规模；另一方面要通过对筹资渠道、筹资方式或筹资工具的选择，合理确定资金结构，以降低筹资成本和风险。

通常企业可以通过两种不同渠道取得资金：一是企业自有资金，企业通过向投资者吸收直接投资、发行股票、企业内部留存收益等方式取得；二是企业债务资金，企业通过从银行贷款、发行债券、利用商业信用等方式取得。以上的筹资方式会引起资金流入企业，此为资金收入；当企业在筹资时支付各种筹资费用，如向投资者支付股利，向债权人支付利息以及到期偿还本金时，会引起资金流出企业，此为资金支出。这种由于资金筹资而产生的资金收支活动就是筹资活动。

（二）投资活动

企业筹集的资金只有投入使用，才能与劳动者相结合创造收益，增加企业的价值。企业对资金的运用包含两方面的内容：将资金投资于长期资产或短期资产。企业将资金投放于长期资产，通常称为投资活动，而资金用于短期资产称为资金营运活动。企业的投资活动可以分为两类：广义的投资和狭义的投资。广义投资活动包括企业内部使用资金的过程（如购置固定资产、无形资产等）和对外投放资金的过程（如购买其他企业的股票、债券或与其他企业联营等）；狭义投资活动仅指对外投资。无论是对内投资，还是对外投资，都会有资金的流出；当企业收回投资时，如处置固定资产、转让债券等，会引起资金的流入。这种由资金的投放而引发的资金收支活动就是投资活动。

（三）资金营运活动

企业短期资金的周转是伴随着日常生产经营循环来实现的，企业在日常经营活动中，会发生一系列的资金收付业务。具体表现为：企业运用资金购买原材料并组织劳动工人对其进行加工，直到加工成可供销售的商品，同时向劳动者支付劳务报酬以及支付各种期间费用。当企业资金用来偿付这些料、工、费的消耗时会引起资金的流出；当产品销售出去后，取得收入，形成资金的流入。这种因企业日常经营活动而引起的各种资金收支活动就是资金营运活动。

（四）利润分配活动

企业通过对内、对外投资取得收益，这表明企业实现了资金的增值或取得了投资报酬。企业的利润要按规定的程序进行分配。首先，要依法纳税；其次，要用来弥补亏损，提取盈余公积金、公益金；最后，要向投资者分配利润。这种因实现利润并对其进行分配而引起的各种资金收支活动就是利润分配活动。

上述四项财务活动并不是彼此孤立、互不关联的，而是相互依存、相互制约的，它们共同构成了完整的企业财务活动，这四个方面也是财务管理的基本内容，即企业筹资管理、企业投资管理、企业营运资金管理和企业利润分配管理。

三、财务关系

企业在从事各种资金收支活动中，不可避免地会与不同的利益主体发生联系，从而形成企业的财务关系。所谓财务关系是企业在理财活动中产生的与各相关利益集团间的利益关系。可概括为以下七个方面。

（一）企业与投资者之间的财务关系

企业与投资各的财务关系是指企业的投资者向企业投入资金，以及企业向投资者支付投资报酬所形成的经济关系。企业的资本金来自投资者，因此投资者就是企业的所有者。按照投资主体的不同，可以将投资者分为国家、法人、个人三种类型。企业的投资者按照合同、协议、章程的约定，履行出资义务及时形成企业资本金，获取参与生产经营、分享利润的权利。企业接受资金后，加以利用，取得利润后，按照出资比例或合同、协议、章程规定的分

配比例向投资者分配利润。企业与投资者之间的财务关系体现所有权性质，反映经营权与所有权的关系。

（二）企业与债权人之间的财务关系

企业与债权人的关系是指企业向债权人借入资金，并按借款合同的规定按时支付利息和归还本金所形成的经济关系。企业向债权人借入资金形成企业的债务资金，企业按照借款协议或合同中的约定按时向债权人支付利息作为对债权人出资的回报，并到期偿还本金；债权人按照合同中的约定及时将资金借给企业成为企业的债权人，有权按合同、协议的约定取得本息的清偿。企业与债权人之间的财务关系表现为债务与债权关系。

（三）企业与债务人之间的财务关系

企业与债务人的财务关系主要是指企业将其资金以购买债券、提供借款或商业信用等形式借给其他单位所形成的经济利益关系。企业将资金借出后，有权要求债务人按约定的条件偿还本息。企业与债务人之间的财务关系表现为债权与债务的关系。

（四）企业与被投资者之间的财务关系

企业与被投资者的财务关系，是指企业以购买股票或直接投资的形式向其他企业投资所形成的经济关系。企业可以将生产经营中闲置的资金购买其他企业股票，形成股权性投资。随着经济一体化的深入，企业间横向联合的开展，使企业间资金的横向流动增多。企业向其他单位投资应按约定息行出资义务，参与被投资企业的利润分配。被投资企业接受投资者之间的财务关系体现为所有权性质的投资与受资的关系。

（五）企业与内部各单位、各部门之间的财务关系

企业与内部各部门之间的财务关系是指企业在实行内部责任核算中所形成的资金结算关系。一般来说，企业内部各部门、各单位与企业财务部门都要发生领款、报销、代收、代付的收支结算关系。在实行内部经济核算制度利经营责任制度的条件下，企业内部各部门、各单位都有相对独立的资金定额或独立支配的费用定额，当各部门、各单位之间相互提供产品和劳务要进行结算时，企业财务部门同内部各部门、各单位就发生资金的结算关系。这种财务关系属于企业内部的资金结算关系，体现了企业内部各部门、各单位之间的利益关系。

（六）企业与职工之间的财务关系

企业与职工之间的财务关系是通过签订劳务合同形成的一种财务关系。企业要用营业收入，按照一定的标准向职工支付工资、奖金、津贴、养老保险金、失业保险金、医疗保险金、住房公积金等。此外，企业还可根据自身的发展需要，为职工提供培训的机会。职工按照合同约定为企业提供劳务服务，领取报酬。这种财务关系属于劳动成果上的分配关系。

（七）企业与税务机关之间的财务关系

企业与税务机关是指企业按照国家税法的规定缴纳各种税款而形成与国家税务机关之间的财务关系。税务机关以社会管理者的身份向一切企业征收税收，形成国家财政收入的重要来源。企业应按照国家税法的规定及时足额上缴各种税款，以保证国家财政收入的实现，满

足社会各方面的需要，这是企业对国家应尽的义务。企业与税务机关之间的财务关系体现了依法纳税和依法征税的税收权利义务关系。

第二节　财务管理目标

企业的目标就是创造价值。一般而言，企业财务管理的目标就是为企业创造价值服务。鉴于财务主要是从价值方面对企业的商品或者服务提供过程实施管理，因而财务管理可为企业的价值创造发挥重要作用。

一、企业财务管理目标理论

企业财务管理目标有如下四种具有代表性的理论。

（一）利润最大化

利润最大化就是假定企业财务管理以实现利润最大化为目标。

以利润最大化作为财务管理目标，其主要原因有三：一是人类从事生产经营活动的目的是为了创造更多的剩余产品，在市场经济条件下，剩余产品的多少可以用利润这个指标来衡量；二是在自由竞争的资本市场中，资本的使用权最终属于获利最多的企业；三是只有每个企业都最大限度地创造利润，整个社会的财富才可能实现最大化，从而带来社会的进步和发展。

利润最大化目标的主要优点是，企业追求利润最大化，就必须讲求经济核算，加强管理，改进技术，提高劳动生产率，降低产品成本。这些措施都有利于企业资源的合理配置，有利于企业整体经济效益的提高。

但是，以利润最大化作为财务管理目标存在以下四个方面缺陷。

（1）没有考虑利润实现时间和资金时间价值。比如，今年100万元的利润和10年以后同等数量的利润其实际价值是不一样的，10年间还会有时间价值的增加，而且这一数值会随着贴现率的不同而有所不同。

（2）没有考虑风险问题。不同行业具有不同的风险，同等利润值在不同行业中的意义也不相同，比如，风险比较高的高科技企业和风险相对较小的制造业企业无法简单比较。

（3）没有反映创造的利润与投入资本之间的关系。

（4）可能导致企业短期财务决策倾向，影响企业长远发展。由于利润指标通常按年计算，因此，企业决策也往往会服务于年度指标的完成或实现。

（二）股东财富最大化

股东财富最大化是指企业财务管理以实现股东财富最大化为目标。在上市公司，股东财富是由其所拥有的股票数量和股票市场价格两方面决定的。在股票数量一定时，股票价格达到最高，股东财富也就达到最大。

与利润最大化相比，股东财富最大化的主要优点是：

（1）考虑了风险因素，因为通常股价会对风险做出较敏感的反应。

（2）在一定程度上能避免企业短期行为，因为不仅目前的利润会影响股票价格，与其未来的利润同样会对股价产生重要影响。

（3）对上市公司而言，股东财富最大化目标比较容易量化，便于考核和奖惩。

以股东财富最大化作为财务管理目标也存在以下缺点：

（1）通常只适用于上市公司，非上市公司难于应用，因为非上市公司无法像上市公司一样随时准确获得公司股价。

（2）股价受众多因素影响，特别是企业外部的因素，有些还可能是非正常因素。股价不能完全准确反映企业财务管理状况，如有的上市公司处于破产的边缘，但由于可能存在某些机会，其股票市价可能还在走高。

（3）它强调得更多的是股东利益，而对其他相关者的利益重视不够。

（三）企业价值最大化

企业价值最大化是指企业财务管理行为以实现企业的价值最大化为目标。企业价值可以理解为企业所有者权益的市场价值，或者是企业所能创造的预计未来现金流量的现值。未来现金流量这一概念，包含了资金的时间价值和风险价值两个方面的因素。因为未来现金流量的预测包含了不确定性和风险因素，而现金流量的现值是以资金的时间价值为基础对现金流量进行折现计算得出的。

企业价值最大化要求企业通过采用最优的财务政策，充分考虑资金的时间价值和风险与报酬的关系，在保证企业长期稳定发展的基础上使企业总价值达到最大。

以企业价值最大化作为财务管理目标，具有以下优点：

（1）考虑了取得报酬的时间，并用时间价值的原理进行了计量。

（2）考虑了风险与报酬的关系。

（3）将企业长期、稳定的发展和持续的获利能力放在首位，能克服企业在追求利润上的短期行为，因为不仅目前利润会影响企业的价值，预期未来的利润对企业价值增加也会产生重大影响。

（4）用价值代替价格，克服了过多受外界市场因素的干扰，有效地规避了企业的短期行为。

但是，以企业价值最大化作为财务管理目标也存在以下问题：

（1）企业的价值过于理论化，不易操作。尽管对于上市公司，股票价格的变动在一定程度上揭示了企业价值的变化，但是，股价是多种因素共同作用的结果，特别是在资本市场效率低下的情况下，股票价格很难反映企业的价值。

（2）对于非上市公司，只有对企业进行专门的评估才能确定其价值，而在评估企业的资产时，由于受评估标准和评估方式的影响，很难做到客观和准确。

（四）相关者利益最大化

在现代企业是多边契约关系的总和的前提下，要确立科学的财务管理目标，首先就要

考虑哪些利益关系会对企业发展产生影响。在市场经济中，企业的理财主体更加细化和多元化。股东作为企业所有者，在企业中承担着最大的权力、义务、风险和报酬，但是债权人、员工、企业经营者、客户、供应商和政府也为企业承担着风险。比如：

（1）随着举债经营的企业越来越多，举债比例和规模也不断扩大，使得债权人的风险大大增加。

（2）在社会分工细化的今天，由于简单劳动越来越少，复杂劳动越来越多，使得职工的再就业风险不断增加。

（3）在现代企业制度下，企业经理人受所有者委托，作为代理人管理和经营企业，在激烈的市场竞争和复杂多变的形势下，代理人所承担的责任越来越大，风险也随之加大。

（4）随着市场竞争和经济全球化的影响，企业与客户以及企业与供应商之间不再是简单的买卖关系，更多的情况下是长期的伙伴关系，处于一条供应链上，并共同参与同其他供应链的竞争，因而也与企业共同承担一部分风险。

（4）政府不管是作为出资人，还是作为监管机构，都与企业各方的利益密切相关。

综上所述，企业的利益相关者逼近包括股东，还包括债权人、企业经营者、客户、供应商、员工、政府等。因此，在确定企业财务管理目标时，不能忽视这些相关利益群体的利益。

相关者利益最大化目标的具体内容包括如下几个方面：

（1）强调风险与报酬的均衡，将风险限制在企业可以承受的范围内。

（2）强调股东的首要地位，并强调企业与股东之间的协调关系。

（3）强调对代理人即企业经营者的监督和控制，建立有效的激励机制以便企业战略目标的顺利实施。

（4）关心本企业普通职工的利益，创造优美和谐的工作环境和提供合理恰当的福利待遇，培养职工长期努力为企业工作。

（5）不断加强与债权人的关系，培养可靠的资金供应者。

（6）关心客户的长期利益，以便保持销售收入的长期稳定增长。

（7）加强与供应商的协作，共同面对市场竞争，并注重企业形象的宣传，遵守承诺，讲究信誉。

（8）保持与政府部门的良好关系。

以相关者利益最大化作为财务管理目标，具有以下优点：

（1）有利于企业长期稳定发展。这一目标注重企业在发展过程中考虑并满足各利益相关者的利益关系。在追求长期稳定发展的过程中，站在企业的角度上进行投资研究，避免之站在股东的角度进行投资可能导致的一系列问题。

（2）体现了合作共赢的价值理念，有利于实现企业经济效益和社会效益的统一。由于兼顾了企业、股东、政府、客户等的利益，企业就不仅仅是一个单纯牟利的组织，还承担了一定的社会责任，企业在寻求其自身的发展和利益最大化过程中，由于客户及其他利益相关者的利益，就会依法经营，依法管理，正确处理各种财务关系，自觉维护和确实保障国家、集体和社会公众的合法权益。

（3）这一目标本身是一个多元化、多层次的目标体系，较好地兼顾了各利益主体的利益。这一目标可使企业各利益主体相互作用、相互协调，并在使企业利益、股东利益达到最大化的同时，也使其他利益相关者利益达到最大化。也就是将企业财富这块"蛋糕"做到最大化的同时，保证每个利益主体所得的"蛋糕"更多。

（4）体现了前瞻性和现实性的统一。比如，企业作为利益相关者之一，有其一套评价指标，如未来企业报酬贴现值；股东的评价指标可以使用股票市价；债权人可以寻求风险最小、利息最大；工人可以确保工资福利；政府可考虑社会效益等。不同的利益相关者有各自的指标，只要合理合法、互利互惠、相互协调，就可以实现所有相关者利益最大化。

因此，本书认为，相关者利益最大化是企业财务管理最理想的目标。

二、利益冲突的协调

将相关者利益最大化作为财务管理目标，其首要任务就是要协调相关者的利益关系，化解他们之间的利益冲突。协调相关者的利益冲突，要把握的原则是：尽可能使企业相关者的利益分配在数量上和时间上达到动态协调平衡。而在所有的利益冲突协调中，所有者与经营者、所有者与债权人的利益冲突协调又至关重要。

（一）所有者与经营者利益冲突的协调

在现代企业中，经营者一般不拥有占支配地位的股权，他们只是所有者的代理人。所有者期望经营者代表他们的利益工作，实现所有者财富最大化，而经营者则有其自身的利益考虑，两者的目标会经常不一致。通常而言，所有者支付给经营者报酬的多少，在于经营者能够为所有者创造多少财富。经营者和所有者的主要利益冲突，就是经营者希望在创造财富的同时，能够获取更多的报酬、更多的享受；而所有者则希望以较小的代价（支付较小的报酬）实现更多的财富。

为了协调这一利益冲突，通常可采取以下三种方式解决。

1. 解聘

这是一种通过所有者约束经营者的办法。所有者对经营者予以监督，如果经营者绩效不佳，就解聘经营者；经营者为了不被解聘就需要努力工作，为实现财务管理目标服务。

2. 接收

如果经营者决策失误，经营不力，绩效不佳，该企业就可能被其他企业强行接收或吞并，相应经营者也会被解聘。经营者为了避免这种接收，就必须努力实现财务管理目标。

3. 激励

激励就是将经营者的报酬与其绩效直接挂钩，以使经营者自觉采取能提高所有者财富的措施。激励通常有两种方式。

（1）股票期权。它是允许经营者以约定的价格购买一定数量的本企业股票，股票的市价格高于约定价格的部分就是经营者所得的报酬。经营者为了获得更大的股票涨价益处，就必然主动采取能够提高股价的行动，从而增加所有者财富。

（2）绩效股。它是企业运用每股收益、资产收益率等指标来评价经营者绩效，并视其绩效大小给予经营者数量不等的股票作为报酬。如果经营者绩效未能达到规定目标，经营者将丧失原先持有的部分绩效股。这种方式使经营者不仅为了多得绩效股而不断采取措施提高经营绩效，而且为了使每股市价最大化，也会采取各种措施使股票市价稳定上升，从而增加所有者财富。但即使由于客观原因股价并未提高，经营者也会因为获取绩效股而获利。

（二）所有者与债权人的利益冲突协调

所有者的目标可能与债权人期望实现的目标发生矛盾。首先，所有者可能要经营者改变举债资金的原定用途，将其用于风险更高的项目，这会增大偿债风险，债权人的负债价值也必然会降低，造成债权人风险与收益的不对称。

所有者与债权人的上述利益冲突，可以通过以下二种方式解决。

1. 限制性借债

债权人通过事先规定借债用途限制、借债担保条款和借债信用条件，使所有者不能通过以上两种方式削弱债权人的债权价值。

2. 收回借款或停止借款

当债权人发现企业有侵蚀其债权价值的意图时，采取收回债权或不再给予新的借款的措施，从而保护自身权益。

第三节 财务管理原则及企业的社会责任

一、财务管理原则

财务管理的原则是企业组织财务活动、处理财务关系的准则，它是从企业财务管理的实践经验中概括出来的、体现理财活动规律性的行为规范，是对财务管理的基本要求。

企业财务管理，必须讲求生财、聚财、用财之道。在这个前提下，要认真贯彻下列原则。

（一）资金合理配置原则

企业财务管理是对企业全部资金的管理，而资金运用的结果则形成企业各种各样的物质资源。各种物质资源总是要有一定的比例关系的，所谓资金合理配置，就是要通过资金活动的组织和调节，来保证各项物质资源具有最优化的结构比例关系。

企业物质资源的配置情况是资金运用的结果，同时它又是通过资金结构表现出来的。

从一定时点的静态角度来看，企业有各种各样的资金结构。在资金占用方面，有对外投资和对内投资的构成比例，有固定资产和流动资产的构成比例，有有形资产和无形资产的构成比例，有货币性资金和非货币性资金的构成比例，有材料、在产品、产成品的构成比例，

等等；在资金来源方面，有负债资金和主权资金的构成比例，有长期负债和短期负债的构成比例，等等。按照系统论的观点，组成系统的各个要素的构成比例，是决定一个系统功能状况的最基本的条件。系统的组成要素之间存在着一定的内在联系，系统的结构一旦形成，就会对环境产生整体效应，或是有效地改变环境，或是产生不利的影响。在财务活动这个系统中也是如此，资金配置合理，从而资源构成比例适当，就能保证生产经营活动顺畅运行，并由此取得最佳的经济效益；否则就会危及购买、生产、销售活动的协调，甚至影响企业的兴衰。因此，资金合理配置是企业持续、高效经营的必不可少的条件。

各种资金形态的并存性和继起性，是企业资金运动的一项重要规律。只有把企业的资金按合理的比例配置在生产经营的各个阶段上，才能保证资金活动的继起和各种形态资金占用的适度，才能保证生产经营活动的顺畅运行。如果企业库存产品长期积压、应收账款不能收回，而又未能采取有力的调节措施，则生产经营必然发生困难；如果企业不优先保证内部业务的资金需要，而把资金大量用于对外长期投资，则企业主营业务的开拓和发展必然受到影响。通过合理运用资金实现企业资源的优化配置，从财务管理来看就是合理安排企业各种资金结构问题。企业进行资本结构决策、投资组合决策、存货管理决策、收益分配比例决策等都必须贯彻这一原则。

（二）收支积极平衡原则

在财务管理中，不仅要保持各种资金存量的协调平衡，而且要经常关注资金流量的动态协调平衡。所谓收支积极平衡，就是要求资金收支不仅在一定期间的总量上求得平衡，而且在每个时点上协调平衡。资金收支在每个时点上的平衡性，是资金循环过程得以周而复始进行的条件。

资金收支的平衡，归根到底取决于购买、生产、销售活动的平衡。企业既要搞好生产过程的组织管理工作，又要抓好生产资料的采购和产品的销售，要购产销一起抓，克服任何一种片面性。只有坚持生产和流通的统一，使企业的购、产、销三个环节互相衔接，保持平衡，企业资金的周转才能正常进行，并取得应有的经济效益。

资金收支平衡不能采用消极的办法来实现，而要采用积极的办法解决收支中存在的矛盾。要做到收支平衡，首先，要开源节流，增收节支。节支是要节约那些应该压缩、可以压缩的费用，而对那些在创收上有决定作用的支出则必须全力保证；增收是要增加那些能带来较高经济效益的营业收入，至于拼设备、拼人力，不惜工本、不顾质量而一味追求暂时收入的做法则是不可取的。其次，在发达的金融市场条件下，还应当通过短期筹资和投资来调剂资金的余缺。在一定时期内，资金入不敷出时，应及时采取办理借款、发行短期债券等方式融通资金；而当资金收入比较充裕时，则可适时归还债务，进行短期证券投资。总之，在组织资金收支平衡问题上，既要量入为出，根据现有的财力来安排各项开支；又要量出为入，对于关键性的生产经营支出要开辟财源，积极予以支持。只有这样，才能取得理想的经济效益。收支积极平衡原则不仅适用于现金收支计划的编制，而且对证券投资决策、筹资决策等也都具有重要的指导意义。

（三）成本效益原则

在企业财务管理中，既要关心资金的存量和流量，也要关心资金的增量。企业资金的增量即资金的增值额，是由营业利润或投资收益形成的。因此，对于形成资金增量的成本与收益这两方面的因素必须认真进行分析和权衡。成本效益原则，就是要对经济活动中的所费与所得进行分析比较，对经济行为的得失进行衡量，使成本与收益形成最优的结合，以获取最多的盈利。

我们知道，讲求经济效益，要求以尽可能少的劳动垫支和劳动消耗，创造出尽可能多和尽可能好的劳动成果，以满足社会不断增长的物质和文化生活需要。在社会主义市场经济条件下，这种劳动占用、劳动消耗和劳动成果的计算与比较，是通过以货币表现的财务指标来进行的。从总体上来看，劳动占用和劳动消耗的货币表现是资金占用和成本费用，劳动成果的货币表现是营业收入和利润。所以，实行成本效益原则，能够提高企业经济效益，使投资者权益最大化，这是由企业的理财目标决定的。

企业在筹资活动中，有资金成本率和息税前资金利润率的对比分析问题；在投资决策中，有投资额与各期投资收益额的对比分析问题；在日常经营活动中，有营业成本与营业收入的对比分析问题；其他如劳务供应、设备修理、材料采购、人员培训等，无不存在经济得失的对比分析问题。企业的一切成本、费用的发生，最终都是为了取得收益，都可以联系相应的收益进行比较。进行各方面的财务决策时，都应当按成本效益原则做出周密的分析。成本效益原则作为一种价值判断原则，在财务管理中具有广泛的应用价值。

（四）收益风险均衡原则

在市场经济的激烈竞争中，进行财务活动不可避免地要遇到风险。财务活动中的风险是指获得预期财务成果的不确定性。企业要想获得收益，就不能回避风险，可以说风险中包含收益，挑战中存在机遇。企业进行财务管理不能只顾追求收益，不考虑发生损失的可能。收益风险均衡原则，要求企业对每一项财务活动，要全面分析其收益性和安全性，按照收益和风险适当均衡的要求来决定采取何种行动方案，在实践中趋利避害，提高收益。

在财务活动中，低风险只能获得低收益，高风险则往往可能获得高收益。例如，在流动资产管理方面，持有较多的现金，可以提高企业偿债能力，减少债务风险，但是银行存款的利息很低，而库存现金则完全没有收益；在筹资方面，发行债券与发行股票相比，由于利息率固定且利息可在成本费用中列支，对企业留用利润影响较小，可以提高自有资金的利润率，但是企业要按期还本付息，需承担较大的风险。无论是对投资者还是对受资者来说，都要求收益与风险相适应，风险越大，则要求的收益越高。只是不同的经营者对风险的态度有所不同，有人宁愿收益少一点而不愿冒较大的风险，有人则甘愿冒较大的风险以谋求巨额利润。无论市场的状况是繁荣还是衰落，无论人们的心理状态是稳健还是进取，都应当对决策项目的风险和收益做出全面的分析和权衡，以便选择最有利的方案。特别是要注意把风险大、收益高的项目同风险小、收益低的项目适当地搭配起来，分散风险，使风险与收益平衡，做到既降低风险，又能得到较高的收益。还要尽可能地回避风险，化风险为机遇，在危机中找对策，以提高企业的经济效益。

（五）分级分权管理原则

在规模较大的现代化企业中，对财务活动必须实行分级分权管理。所谓分级分权管理，就是在企业总部统一领导的前提下，合理安排各级单位和各职能部门的权责关系，充分调动各级各部门的积极性。统一领导下的分级分权管理，是民主集中制在财务管理中的具体运用。

以工业企业为例，企业通常分为厂部、车间、班组三级，厂部和车间设立若干职能机构或职能人员。在财务管理上实行统一领导、分级分权管理，就是要按照管理物资同管理资金相结合、使用资金同管理资金相结合、管理责任同管理权限相结合的要求，合理安排企业内部各单位在资金、成本、收入等管理上的权责关系。厂部是企业行政工作的指挥中心，企业财务管理的主要权利集中在厂级。同时，要对车间、班级、仓库、生活福利等单位给予一定的权限，建立财务分级管理责任制。企业的各项财务指标要逐级分解落实到各级单位，各级单位要核算其直接费用、资金占用等财务指标，定期进行考核，对经济效益好的单位给予物质奖励。财务部门是组织和推动全厂财务管理工作的主管部门，而供产销等部门则直接负责组织各项生产经营活动，使用各项资金和物资，发生各项生产耗费，参与创造和实现生产成果。要在加强财务部门集中管理的同时，实行各职能部门的分口管理，按其业务范围规定财务管理的职责和权限，核定指标，定期进行考核。这样，就可以调动各级各部门管理财务活动的积极性。

统一领导下的分级分权管理，包含专业管理和群众管理相结合的要求。企业财务部门是专职财务管理部门，而供产销等部门的管理则带有群众管理的性质。通常在厂部、车间两级设有专职财务人员，而班组、仓库则由广大工人直接参加财务管理。统一领导下的分级分权管理，从某种意义来说，也就是在财务管理中实行民主管理。

（六）利益关系协调原则

企业财务管理要组织资金的活动，因而同各方面的经济利益有非常密切的关系。实行利益关系协调原则，就是在财务管理中应当利用经济手段协调国家、投资者、债权人、购销客户、经营者、劳动者、企业内部各部门各单位的经济利益关系，维护有关各方的合法权益。有关各方利益关系的协调，是理财目标顺利实现的必不可少的条件。

企业内部和外部经济利益的调整在很大程度上都是通过财务活动来实现的。企业对投资者要做到资本保全，并合理安排红利分配与盈余公积提取的关系，在各种投资者之间合理分配红利；对债权人要按期还本付息；企业与企业之间要实行等价交换原则，并且通过折扣和罚金、赔款等形式来促使各方认真履行经济合同，维护各方的物质利益；在企业内部，厂部对于生产经营经济效果好的车间、科室给予必要的物质奖励，并且运用各种结算手段划清各单位的经济责任和经济利益；在职工之间实行按劳分配原则，把职工的收入和劳动成果联系起来，所有这些都要通过财务管理来实现。在财务管理中，应当正确运用价格、股利、利息、奖金、罚款等经济手段，启动激励机制和约束机制，合理补偿，奖优罚劣，处理好各方

面的经济利益关系，以保障企业生产经营顺利、高效地运行。处理各种经济利益关系时，要遵守国家法律，认真执行政策，保障有关各方应得的利益，防止搞优质不优价、同股不同利之类的不正当做法。

在经济生活中，个人利益和集体利益、局部利益和全局利益、眼前利益和长远利益也会发生矛盾，而这些矛盾往往是不可能完全靠经济利益的调节来解决的。在处理物质利益关系的时候，一定要提倡全局利益，防止本位主义、极端个人主义。

二、企业的社会责任

1. 对员工的责任

企业除了向员工支付报酬的法律责任外，还负有为员工提供安全工作环境、职业教育等保障员工利益的责任。按我国《公司法》的规定，企业对员工承担的社会责任有：

（1）按时足额发放劳动报酬，并根据社会发展逐步提高工资水平。
（2）提供安全健康的工作环境，加强劳动保护，实现安全生产，积极预防职业病。
（3）建立公司职工的职业教育和岗位培训制度，不断提高职工的素质和能力。
（4）完善工会、职工董事和职工监事制度，培育良好的企业文化。

2. 对债权人的责任

债权人是企业的重要利益相关者。企业应依据合同的约定以及法律的规定对债权人承担相应的义务，保障债权人合法权益。这种义务既是公司的民事义务，也可视为公司应承担的社会责任。公司对债权人承担的社会责任主要有：

（1）按照法律、法规和公司章程的规定，真实、准确、完整、及时地披露公司信息。
（2）诚实守信，不滥用公司人格。
（3）主动偿债，不无故拖欠。
（4）确保交易安全，切实履行合法订立的合同。

3. 对消费者的责任

公司的价值实现，很大程度上取决于消费者的选择，企业理应重视对消费者承担的社会责任。企业对消费者承担的社会责任主要有：

（1）确保产品质量，保障消费安全。
（2）诚实守信，确保消费者的知情权。
（3）提供完善的售后服务，及时为消费者排忧解难。

4. 对社会公益的责任

企业对社会公益的责任主要涉及慈善、社区等。企业对慈善事业的社会责任是指承担扶贫济的和发展慈善事业的责任，表现为企业对不确定的社会群体（尤指弱势群体）进行帮助。捐赠是其最主要的表现形式，受捐赠的对象主要有社会福利院、医疗服务机构、教育事业、贫困地区、特殊困难人群等。此外，还包括招聘残疾人、生活困难的人、缺乏就业竞争力的人到企业工作，以及举办与公司营业范围有关的各种公益性的社会教育宣传活动等等。

5. 对环境和资源的责任

企业对环境和资源的社会责任可以概括为两大方面：一是承担可持续发展与节约资源的责任；二是承担保护环境和维护自然和谐的责任。

此外，企业还有义务和责任遵从政府的管理、接受政府的监督。企业要在政府的指引下合法经营、自觉履行法律规定的义务，同时尽可能地为政府献计献策、分担社会压力、支持政府的各项事业。

第四节　财务管理环节

财务管理环节是企业财务管理的工作步骤与一般工作程序。一般而言，企业财务管理包括以下几个环节。

一、计划与预算

（一）财务预测

财务预测是根据企业财务活动的历史资料，考虑现实的要求和条件，对企业未来的财务活动做出较为具体的预计和测算的过程。财务预测可以测算各项生产经营方案的经济效益，为决策提供可靠的依据；可以预测财务收支的发展变化情况，以确定经营目标；可以测算各项定额和标准，为编制计划、分解计划指标服务。

财务预测的方法主要有定性预测和定量预测两类。定性预测法，主要是利用直观材料，依靠个人的主观判断和综合分析能力，对事物未来的状况和趋势做出预测的一种方法；定量预测法，主要是根据变量之间存在的数量关系建立数学模型来进行预测的方法。

（二）财务计划

财务计划是根据企业整体战略目标和规划，结合财务预测的结果，对财务活动进行规划，并以指标形式落实到每一计划期间的过程。财务计划主要通过指标和表格，以货币形式反映在一定的计划期内企业生产经营活动所需要的资金及其来源、财务收入和支出、财务成果及其分配的情况。

确定财务计划指标的方法一般有平衡法、因素法、比例法和定额法等。

（三）财务预算

财务预算是根据财务战略、财务计划和各种预测信息，确定预算期内各种预算指标的过程。它是财务战略的具体化，是财务计划的分解和落实。

财务预算的方法通常包括固定预算与弹性预算、增量预算与零基预算、定期预算和滚动预算等。

二、决策与控制

（一）财务决策

财务决策是指按照财务战略目标的总体要求，利用专门的方法对各种备选方案进行比较和分析，从中选出最佳方案的过程。财务决策是财务管理的核心，决策的成功与否直接关系到企业的兴衰成败。

财务决策的方法主要有两类：一类是经验判断法，是根据决策者的经验来判断选择，常用的方法有淘汰法、排队法、归类法等；另一类是定量分析方法，常用的方法有优选对比法、数学微分法、线性规划法、概率决策法等。

（二）财务控制

财务控制是指利用有关信息和特定手段，对企业的财务活动施加影响或调节，以便实现计划所规定的财务目标的过程。

财务控制的方法通常有前馈控制、过程控制、反馈控制几种。

三、分析与考核

（一）财务分析

财务分析是指根据企业财务报表等信息资料，采用专门方法，系统分析和评价企业财务状况、经营成果以及未来趋势的过程。

财务分析的方法通常有比较分析、比率分析、综合分析等。

（二）财务考核

财务考核是指将报告期实际完成数与规定的考核指标进行对比，确定有关责任单位和个人完成任务的过程。财务考核与奖惩紧密联系，是贯彻责任制原则的要求，也是构建激励与约束机制的关键环节。

第五节　财务管理体制

企业财务管理体制是明确企业各财务层级财务权限、责任和利益的制度，其核心问题是如何配置财务管理权限，企业财务管理体制决定着企业财务管理的运行机制和实施模式。

一、企业财务管理体制的一般模式

企业财务管理体制概括地说，可分为以三种类型。

（一）集权型财务管理体制

集权型财务管理体制是指企业对各所属单位的所有财务管理决策都进行集中统一，各所属单位没有财务决策权，企业总部财务部门不但参与决策和执行决策，在特定情况下还直接参与各所属单位的执行过程。

集权型财务管理体制下企业内部的主要管理权限集中于企业总部，各所属单位执行企业总部的各项指令。它的优点在于：企业内部的各项决策均由企业总部制定和部署，企业内部可充分展现其一体化管理的优势，利用企业的人才、智力、信息资源，努力降低资金成本和风险损失，使决策的统一化、制度化得到有力的保障。采用集权型财务管理体制，有利于在整个企业内部优化配置资源，有利于实行内部调拨价格，有利于内部采取避税措施及防范汇率风险等等。它的缺点是：集权过度会使各所属单位缺乏主动性、积极性，丧失活力，也可能因为决策程序相对复杂而失去适应市场的弹性，丧失市场机会。

（二）分权型财务管理体制

分权型财务管理体制是指企业将财务决策权与管理权完全下放到各所属单位，各所属单位只需对一些决策结果报请企业总部备案即可。

分权型财务管理体制下企业内部的管理权限分散于各所属单位，各所属单位在人、财、物、供、产、销等方面有决定权。它的优点是：由于各所属单位负责人有权对影响经营成果的因素进行控制，加之身在基层，了解情况，有利于针对本单位存在的问题及时做出有效决策，因地制宜地搞好各项业务，也有利于分散经营风险，促进所属单位管理人员和财务人员的成长。它的缺点是：各所属单位大都从本位利益出发安排财务活动，缺乏全局观念和整体意识，从而可能导致资金管理分散、资金成本增大、费用失控、利润分配无序。

（三）集权与分权相结合型财务管理体制

集权与分权相结合型财务管理体制，其实质就是集权下的分权，企业对各所属单位在所有重大问题的决策与处理上实行高度集权，各所属单位则对日常经营活动具有较大的自主权。

集权与分权相结合型财务管理体制意在以企业发展战略和经营目标为核心，将企业内重大决策权集中于企业总部，而赋予各所属单位自主经营权。其主要特点是：

（1）在制度上，企业内应制定统一的内部管理制度，明确财务权限及收益分配方法，各所属单位应遵照执行，并根据自身的特点加以补充。

（2）在管理上，利用企业的各项优势，对部分权限集中管理。

（3）在经营上，充分调动各所属单位的生产经营积极性。各所属单位围绕企业发展战略和经营目标，在遵守企业统一制度的前提下，可自主制订生产经营的各项决策。为避免配合失误，明确责任，凡需要由企业总部决定的事项，在规定时间内，企业总部应明确答复，否则，各所属单位有权自行处置。

正因为具有以上特点，因此集权与分权相结合型的财务管理体制，吸收了集权型和分权型财务管理体制各自的优点，避免了两者各自的缺点，从而具有较大的优越性。

二、集权与分权的选择

企业的财务特征决定了分权的必然性，而企业的规模效益、风险防范又要求集权。集权

和分权各有特点，各有利弊。对集权与分权的选择、分权程度的把握历来是企业管理的一个难点。

从聚合资源优势，贯彻实施企业发展战略和经营目标的角度，集权型财务管理体制显然是最具保障力的。但是，企业意欲采用集权型财务管理体制，除了企业管理高层必须具备高度的素质能力外，在企业内部还必须有一个能及时、准确地传递信息的网络系统，并通过信息传递过程的严格控制以保障信息的质量。如果这些要求能够达到的话，集权型财务管理体制的优势便有了充分发挥的可能性。但与此同时，信息传递及过程控制有关的成本问题也会随之产生。此外，随着集权程度的提高，集权型财务管理体制的复合优势可能会不断强化，但各所属单位或组织机构的积极性、创造性与应变能力却可能在不断削弱。

分权型财务管理体制实质上是把决策管理权在不同程度上下放到比较接近信息源的各所属单位或组织机构，这样便可以在相当程度上缩短信息传递的时间，减小信息传递过程中的控制问题，从而使信息传递与过程控制等的相关成本得以节约，并能大大提高信息的决策价值与利用效率。但随着权力的分散，就会产生企业管理目标换位问题，这是采用分权型财务管理体制通常无法完全避免的一种成本或代价。集权型或分权型财务管理体制的选择，本质上体现着企业的管理决策，是企业基于环境约束与发展战略考虑顺势而定的权变性策略。

依托环境预期与战略发展规划，要求企业总部必须根据企业的不同类型、发展的不同阶段以及不同阶段的战略目标取向等因素，对不同财务管理体制及其权力的层次结构做出相应的选择与安排。

财务决策权的集中于分散没有固定的模式，同时选择的模式也不是一成不变的。财务管理体制的集权与分权，需要考虑企业与各所属单位之间的资本关系和业务关系的具体特征，以及集权与分权的"成本"和"利益"。作为实体的企业，各所属单位之间往往具有某种业务上的联系，特别是那些实施纵向一体化战略的企业，要求各所属单位保持密切的业务联系。各所属单位之间业务联系越密切，就越有必要采用相对集中的财务管理体制。反之，则相反。如果说各所属单位之间业务联系的必要程度是企业有无必要实施相对集中的财务管理体制的一个基本因素，那么，企业与各所属单位之间的资本关系特征则是企业能否采取相对集中的财务管理体制的一个基本条件。只有当企业掌握了各所属单位一定比例有表决权的股份（如50%以上）之后，企业才有可能通过指派较多董事去有效地影响各所属单位的财务决策，也只有这样，各所属单位的财务决策才有可能相对"集中"于企业总部。

事实上，考虑财务管理体制的集中与分散，除了受制于以上两点外，还取决于集中与分散的"成本"和"利益"差异。集中的"成本"主要是各所属单位积极性的损失和财务决策效率的下降，分散的"成本"主要是可能发生的各所属单位财务决策目标及财务行为与企业整体财务目标的背离以及财务资源利用效率的下降。集中的"利益"主要是容易使企业财务目标协调和提高财务资源的利用效率，分散的"利益"主要是提高财务决策效率和调动各所属单位的积极性。

此外，集权和分权应该考虑的因素还包括环境、规模和管理者的管理水平。由管理者的素质、管理方法和管理手段等因素所决定的企业及各所属单位的管理水平，对财权的集中和分散也具有重要影响。较高的管理水平，有助于企业更多地集中财权，否则，财权过于集中只会导致决策效率的低下。

三、企业财务管理体制的设计原则

一个企业如何选择适应自身需要的财务管理体制，如何在不同的发展阶段更新财务管理模式，在企业管理中占据重要地位。从企业的角度出发，其财务管理体制的设定或变更应当遵循如下四项原则。

（一）与现代企业制度的要求相适应的原则

现代企业制度是一种产权制度，它是以产权为依托，对各种经济主体在产权关系中的权利、责任、义务进行合理有效的组织、调节的制度安排，它具有"产权清晰、责任明确、政企分开、管理科学"的特征。

企业内部相互间关系的处理应以产权制度安排为基本依据。企业作为各所属单位的股东，根据产权关系享有作为终极股东的基本权利，特别是对所属单位的收益权、管理者的选择权、重大事项的决策权等，但是，企业各所属单位往往不是企业的分支机构或分公司，其经营权是其行使民事责任的基本保障，它以自己的经营与资产对其盈亏负责。

企业与各所属单位之间的产权关系确认了两个不同主体的存在，这是现代企业制度特别是现代企业产权制度的根本要求。在西方，在处理母子公司关系时，法律明确要求保护子公司权益，其制度安排大致如下：① 确定与规定董事的诚信义务与法律责任，实现对子公司的保护；② 保护子公司不受母公司不利指示的损害，从而保护子公司权益；③ 规定子公司有权向母公司起诉，从而保护自身利益与权利。

按照现代企业制度的要求，企业财务管理体制必须以产权管理为核心，以财务管理为主线，以财务制度为依据，体现现代企业制度特别是现代企业产权制度管理的思想。

（二）明确企业对各所属单位管理中的决策权、执行权与监督权三者分立原则

现代企业要做到管理科学，必须首先要求从决策与管理程序上做到科学、民主，因此，决策权、执行权与监督权三权分立的制度必不可少。这一管理原则的作用就在于加强决策的科学性与民主性，强化决策执行的刚性和可考核性，强化监督的独立性和公正性，从而形成良性循环。

（三）明确财务综合管理和分层管理思想的原则

现代企业制度要求管理是一种综合管理、战略管理，因此，企业财务管理不是也不可能是企业总部财务部门的财务管理，当然也不是各所属单位财务部门的财务管理，它是一种战略管理。这种管理要求：① 从企业整体角度对企业的财务战略进行定位；② 对企业的财务管理行为进行统一规范，做到高层的决策结果能被低层战略经营单位完全执行；③ 以制度管理代替个人的行为管理，从而保证企业管理的连续性；④ 以现代企业财务分层管理思想指导具体的管理实践（股东大会、董事会、经理人员、财务经理及财务部门各自的管理内容与管理体系）。

（四）与企业组织体制相对应的原则

企业组织体制大体上有 U 型组织、H 型组织和 M 型组织三种形式。U 型组织仅存在于产品简单、规模较小的企业，实行管理层级的集中控制；H 型组织实质上是企业集团的组织形式，子公司具有法人资格，分公司则是相对独立的利润中心。由于在竞争日益激烈的市场环境中不能显示其长期效益和整体活力，因此在 20 世纪 70 年代后它在大型企业的主导地位逐渐被 M 型结构所代替。M 型结构由三个相互关联的层次组成。第一个层次是由董事会和经理班子组成的总部，它是企业的最高决策层。它既不同于 U 型结构那样直接从事各所属单位的日常管理，又不同于 H 型结构那样基本上是一个空壳。它的主要职能是战略规划和关系协调。第二个层次是由职能和支持、服务部门组成的。其中计划部是公司战略研究和执行部门，它应向企业总部提供经营战略的选择和相应配套政策的方案，指导各所属单位根据企业的整体战略制定中长期规划和年度的业务计划。M 型结构的财务是中央控制的，负责整个企业的资金筹措、运作和税务安排。第三个层次是围绕企业的主导或核心业务，互相依存又相互独立的各所属单位，每个所属单位又是一个 U 型结构。可见，M 型结构集权程度较高，突出整体优化，具有较强的战略研究、实施功能和内部关系协调能力。它是目前国际上大的企业管理体制的主流形式。M 型的具体形式有事业部制、矩阵制、多维结构等。

M 型组织中，在业务经营管理下放权限的同时，更加强化财务部门的职能作用。事实上，西方多数控股型公司，在总部不对其子公司的经营过分干预的情况下，其财务部门的职能更为重要，它起到指挥资本运营的作用。有资料表明，英国的控股型公司，财务部门的人数占到管理总部人员的 60%～70%，而且主管财务的副总裁在公司中起着核心作用。他一方面是母子公司的"外交部部长"，行使对外处理财务事务的职能；另一方面，又是各子公司的财务主管，各子公司的财务主管是"外交部部长"的派出人员，充当"外交部部长"的当地代言人角色。

四、集权与分权相结合型财务管理体制的一般内容

总结中国企业的实践，集权与分权相结合型财务管理体制的核心内容是企业总部应做到制度统一、资金集中、信息集成和人员委派。具体应集中制度制定权，筹资、融资权，投资权，用资、担保权，固定资产购置权，财务机构设置权，收益分配权；分散经营自主权、人员管理权、业务定价权、费用开支审批权。

（一）集中制度制定权

企业总部根据国家法律、法规和《企业会计准则》《企业财务通则》的要求，结合企业自身的实际情况和发展战略、管理需要，制定统一的财务管理制度，在全企业范围内统一施行。各所属单位只有制度执行权，而无制度制定和解释权。但各所属单位可以根据自身需要制定实施细则和补充规定。

（二）集中筹资、融资权

资金筹集是企业资金运动的起点，为了使企业内部筹资风险最小，筹资成本最低，应

由企业总部统一筹集资金，各所属单位有偿使用。如需银行贷款，可由企业总部办理贷款总额，各所属单位分别办理贷款手续，按规定自行付息；如需发行短期商业票据，企业总部应充分考虑企业资金占用情况，并注意到期日存足款项，不要因为票据到期不能兑现而影响企业信誉；如需利用海外兵团筹集外资，应统一由企业总部根据国家现行政策办理相关手续，并严格审查贷款合同条款，注意汇率及利率变动因素，防止出现损失。企业总部对各所属单位进行追踪审查现金使用状况，具体做法是各所属单位按规定时间向企业总部上报"现金流量表"，动态地描述各所属单位现金增减状况和分析各所属单位资金存量是否合理。遇有部分所属单位资金存量过多，运用不畅，而其他所属单位又急需资金时，企业总部可调动资金，并应支付利息。企业内部应严禁各所属单位之间放贷，如需临时拆借资金，在规定金额之上的，应报企业总部批准。

（三）集中投资权

企业对外投资必须遵守的原则为：效益型、分散风险性、安全性、整体性及合理性。无论企业总部还是各所属单位的对外投资都必须经过立项、可行性研究、论证、决策的过程，其间除专业人员外，必须有财务人员参加。财务人员应会同有关专业人员，通过仔细调查了解，开展可行性分析，预测今后若干年内市场变化趋势及可能发生风险的概率、投资该项目的建设期、投资回收期、投资回报率等，写出财务报告，报送领导参考。

为了保证投资效益实现，分散及减少投资风险，企业内对外投资可实行限额管理，超过限额的投资其决策权属企业总部。被投资项目一经批准确立，财务部门应协助有关部门对项目进行跟踪管理，对出现的与可行性报告的偏差，应及时报有关部门予以纠正。对投资收益不能达到预期目的的项目应及时清理解决，并应追究有关人员的责任。同时应完善投资管理，企业可根据自身特点建立一套具有可操作性的财务考核指标体系，规避财务风险。

（四）集中用资、担保权

企业总部应加强资金使用安全性的管理，对大额资金拨付要严格监督，建立审批手续，并严格执行。这是因为各所属单位财务状况的好坏关系到企业所投资本的保值和增值问题，同时各所属单位因资金受阻导致获利能力下降，会降低企业的投资回报率。因此，各所属单位用于经营项目的资金，要按照经营规划范围使用，用于资本项目上的资金支付，应履行企业规定的报批手续。

担保不慎，会引起信用风险。企业内部对外担保权应归企业总部管理，未经批准，各所属单位不得为外企业提供担保，企业内部各所属单位相互担保，应经企业总部同意。同时企业总部为各所属单位提供担保应制订相应的审批程序，可由各所属单位与银行签订贷款协议，企业总部为各所属单位做贷款担保，同时要求各所属单位向企业总部提供"反担保"，保证资金的使用合理及按时归还，使贷款得到监控。

同时，企业对逾期未收货款，应作硬性规定。对过去的逾期未收货款，指定专人，统一步调，积极清理，谁经手，谁批准，由谁去收回货款。

（五）集中固定资产购置权

各所属单位需要购置固定资产必须说明理由，提出申请报企业总部审批，经批准后方可购置。各所属单位资金不得自行用于资本性支出。

（六）集中财务机构设置权

各所属单位财务机构设置必须报企业总部批准，财务人员由企业总部统一招聘，财务负责人或财务主管人员由企业总部统一委派。

（七）集中收益分配权

企业内部应统一收益分配制度，各所属单位应客观、真实、及时地反映其财务状况及经营成果。

（八）分散经营自主权

各所属单位负责人主持本企业的生产经营管理工作，组织实施年度经营计划，决定生产和销售，研究和考虑市场周围的环境，了解和注意同行业的经营情况和战略措施，按所规定时间向企业总部汇报生产管理工作情况。对突发的重大事件，要及时向企业总部汇报。

（九）分散人员管理权

各所属单位负责人有权任免下属管理人员，有权决定员工的聘用与辞退，企业总部原则上不应干预，但其财务主管人员的任免应报经企业总部批准或由企业总部统一委派。一般财务人员必须获得"上岗证"，才能从事财会工作。

（十）分散业务定价权

各所属单位所经营的业务均不相同，因此，业务的定价应由各所属单位经营部门自行拟订，但必须遵守加速资金流转，保证经营质量，提高经济效益的原则。

（十一）分散费用开支审批权

各所属单位在经营中必然发生各种费用，企业总部没必要进行集中管理，各所属单位在遵守财务制度的原则下，由其负责人批准各种合理的用于企业经营管理的费用开支。

第六节　财务管理环境

财务管理的技术环境，是指财务管理得以实现的技术手段和技术条件，它决定着财务管理的效率和效果。目前，我国进行财务管理所依据的会计信息是通过会计系统所提供的，占企业经济信息总量的60%～70%。在企业内部，会计信息主要是提供给管理层决策使用，而在企业外部，会计信息则主要是为企业的投资者、债权人等提供服务。

一、技术环境

目前，我国正全面推进会计信息化工作，力争通过5～10年的努力，建立健全会计信息化法规体系和会计信息化标准体系[包括可扩展商业报告语言（XBRL）分类标准]，全力

打造会计信息化人才队伍，基本实现大型企事业单位会计信息化与经营管理信息化的融合，进一步提升企事业单位的管理水平和风险防范能力，做到数出一门、资源共享，便于不同信息使用者获取、分析和额利用，进行投资和相关决策；基本实现大型会计师事务所采用信息化手段对客户的财务报告和内部控制进行审计，进一步提升社会审计质量和效率；基本实现政府会计管理和会计监督的信息化，进一步提升会计管理水平和监管效能。通过全面推进会计信息化工作，使我国的会计信息化达到或接近世界先进水平。我国企业会计信息化的全面推进，必将促使企业财务管理的技术环境进一步完善和优化。

二、经济环境

在影响财务管理的各种外部环境中，经济环境是最为重要的。

经济环境内容十分广泛，包括经济体制、经济周期、经济发展水平、宏观经济政策及社会通货膨胀水平等。

（一）经济体制

在计划经济体制下，国家统筹企业资本、统一投资、统负盈亏，企业利润统一上缴、亏损全部由国家补贴，企业虽然是一个独立的核算单位但无独立的理财权利。财务管理活动的内容比较单一，财务管理方法比较简单。在市场经济体制下，企业成为"自主经营、自负盈亏"的经济实体，有独立的经营权，同时也有独立的理财权。企业可以从其自身需要出发，合理确定资本需要量，然后到市场上筹集资本，再把筹集到的资本投放到高效益的项目上获取更大的收益，最后将收益根据需要和可能进行分配，保证企业财务活动自始至终根据自身条件和外部环境做出各种财务管理决策并组织实施。因此，财务管理活动的内容比较丰富，方法也复杂多样。

（二）经济周期

市场经济条件下，经济发展与运行带有一定的波动性。大体上经历复苏、繁荣、衰退和萧条几个阶段的循环，这种循环叫作经济周期。

在不同的经济周期，企业应采用不同的财务管理战略。西方财务学者探讨了经济周期中的财务管理战略，现择其要点归纳如表1-1所示。

表1-1 经济周期中的财务管理战略

复苏	繁荣	衰退	萧条
1.增加厂房设备	1.扩充厂房设备	1.停止扩张	1.建立投资标准
2.实行长期租赁	2.继续建立存货	2.出售多余设备	2.保持市场份额
3.建立存货	3.提供产品价格	3.停产不利产品	3.压缩管理费用
4.开发新产品	4.开展营销规划	4.停止长期采购	4.放弃次要利益

续表

复苏	繁荣	衰退	萧条
5. 增加劳动力	5. 增加劳动力	5. 削减存货	5. 削减存货
		6. 停止扩招雇员	6. 裁减雇员

（三）经济发展水平

财务管理的发展水平是和经济发展水平密切相关的，经济发展水平越高，财务管理水平也越好。财务管理水平的提高，将推动企业降低成本，改进效率，提高效益，从而促进经济发展水平的提高；而经济发展水平的提高，将改变企业的财务战略、财务理念、财务管理模式和财务管理的方法手段，从而促进企业财务管理水平的提高。财务管理应当以经济发展水平为基础，以宏观经济发展目标为导向，从业务工作角度保证企业经营目标和经营战略的实现。

（四）宏观经济政策

我国经济体制改革的目标是建立社会主义市场经济体制，以进一步解放和发展生产力。在这个目标的指导下，我国已经病正在进行财税体制、金融体制、外汇体制、外贸体制、计划体制、价格体制、投资体制、社会保障制度等各项改革。所有这些改革措施，深刻地影响着我国的经济生活，也深刻地影响着我国企业的发展和财务活动的运行。如金融政策中的货币发行量、信贷规模会影响企业投资的资金来源和投资的预期收益；财税政策会影响企业的资金结构和投资项目的选择等；价格政策会影响资金的投向和投资的回收期及预期收益；会计制度的改革会影响会计要素的确认和计量，进而对企业财务活动的事前预测、决策及事后的评价产生影响等等。

（五）通货膨胀水平

通货膨胀对企业财务活动的影响是多方面的。主要表现在：

（1）引起资金占用的大量增加，从而增加企业的资金需求；

（2）引起企业利润虚增，造成企业资金由于利润分配而流失；

（3）引起利润上升，加大企业的权益资金成本；

（4）引起有价证券价格下降，增加企业的筹资难度；

（5）引起资金供应紧张，增加企业的筹资困难。

为了减轻通货膨胀对企业造成的不利影响，企业应当采取措施予以防范。在通货膨胀初期，货币面临着贬值的风险，这时企业进行投资可以避免风险，实现资本保值；与客户应签订长期购货合同，以减少物价上涨造成的损失；取得长期负债，保持资本成本的稳定。在通货膨胀持续期，企业可以采用比较严格的信用条件，减少企业债权；调整财务政策，防止和减少企业资本流失等等。

三、金融环境

(一) 金融机构、金融工具与金融市场

金融机构主要是指银行和非银行金融机构。银行是指经营存款、放款、汇兑、储蓄等金融业务，承担信用中介的金融机构，包括各种商业银行和政策性银行，如中国工商银行、中国农业银行、中国银行、中国建设银行、国家开发银行、中国农业发展银行。非银行金融机构主要包括保险公司、信托投资公司、证券公司、财务公司、金融资产管理公司、金融租赁公司等机构。

金融工具是指融通资金双方在金融市场上进行资金交易、转让的工具，借助金融工具，资金从供给方转移到需求方。金融工具分为基本金融工具和衍生金融工具两大类。常见的基本金融工具有货币、票据、债券、期货等；衍生金融工具又称派生金融工具，是在基本金融工具的基础上通过特定技术设计形成的新的融资工具，如各种远期合约、互换、掉期、资产支持证券等，种类非常复杂、繁多，具有高风险、高杠杆效应的特点。

金融市场是指资金供应者和资金需求者双方通过一定的金融工具进行交易而融通资金的场所。金融市场的构成要素包括资金供应者和资金需求者、金融工具、交易价格、组织方式等。金融市场为企业融资和投资提供了场所，可以帮助企业实现长短期资金转换、引导资本流向和流量，提高资本效率。

(二) 金融市场的分类

金融市场可以按照不同的标准进行分类。

1. 货币市场和资本市场

以期限为标准，金融市场可分为货币市场和资本市场。货币市场又称短期金融市场，是指以期限在1年以内的金融工具为媒介，进行短期资金融通的市场，包括同业拆借市场、票据市场、大额定期存单市场和短期债券市场；资本市场又称长期金融市场，是指以期限在1年以上的金融工具为媒介，进行长期资金交易活动的市场，包括股票市场和债券市场。

2. 发行市场和流通市场

以功能为标准，金融市场可分为发行市场和流通市场。发行市场又称为一级市场，它主要处理金融工具的发行与最初购买者之间的交易；流通市场又称为二级市场，它主要处理现有金融工具转让和变现的交易。

3. 资本市场、外汇市场和黄金市场

以融资对象为标准，金融市场可分为资本市场、外汇市场和黄金市场。资本市场以货币和资本为交易对象，外汇市场以各种外汇金融工具为交易对象，黄金市场则是集中进行黄金买卖和金币兑换的交易市场。

4. 基础性金融市场和金融衍生品市场

按所交易金融工具的属性，金融市场可分为基础性金融市场与金融衍生品市场。基础性金融市场是指以基础性金融产品为交易对象的金融市场，如商业票据、企业债券、企业股

票的交易市场；金融衍生品交易市场是指以金融衍生品为交易对象的金融市场，如远期、期货、掉期（交换）、期权，以及具有远期、期货、掉期（交换）、期权中一种或多种特征的结构化金融工具的交易市场。

5.地方性金融市场、全国性金融市场和国际性金融市场

以地理范围为标准，金融市场可分为地方性金融市场、全国性金融市场和国际性金融市场。

（三）货币市场

货币市场的主要功能是调节短期资金融通。其主要特点是：① 期限短。一般为 3～6 个月，最长不超过 1 年。② 交易目的是解决短期资金周转。它的资金来源主要是资金所有者暂时闲置的资金，融通资金的用途一般是弥补短期资金的不足。③ 金融工具有较强的"货币性"，具有流动性强、价格平稳、风险较小等特性。

货币市场主要有拆借市场、票据市场、大额定期存单市场和短期债券市场等。拆借市场是指银行（包括非银行金融机构）同业之间短期性资本的借贷活动。这种交易一般没有固定的场所，主要通过电讯手段成交，期限按日计算，一般不超过 1 个月。票据市场包括票据承兑市场和票据贴现市场。票据承兑市场是票据流通转让的基础；票据贴现市场是对未到期票据进行贴现，为客户提供短期资本融通，包括贴现、再贴现和转贴现。大额定期存单市场是一种买卖银行发行的可转让大额定期存单的市场。短期债券市场主要买卖 1 年期以内的短期企业债券和政府债券，尤其是政府的国库券交易。短期债券的转让可以通过贴现或买卖的方式进行。短期债券以其信誉好、期限短、利率优惠等优点，成为货币市场中的重要金融工具之一。

（四）资本市场

资本市场的主要功能是实现长期资本融通。其主要特点是：① 融资期限长。至少 1 年以上，最长可达 10 年甚至 10 年以上。② 融资目的是解决长期投资性资本的需要，用于补充长期资本，扩大生产能力。③ 资本借贷量大。④ 收益较高但风险也较大。

资本市场主要包括债券市场、股票市场和融资租赁市场等。

债券市场和股票市场由证券（债券和股票）发行和证券流通构成。有价证券的发行是一项复杂的金融活动，一般要经过以下几个重要环节：① 证券种类的选择；② 偿还期限的确定；③ 发售方式的选择。在证券流通中，参与者除了买卖双方外，中介非常活跃。这些中介主要有证券经纪人、证券商，他们在流通市场中起着不同的作用。

融资租赁市场是通过资产租赁实现长期资金融通的市场，它具有融资与融物相结合的特点，融资期限一般与资产租赁期限一致。

四、法律环境

（一）法律环境的范畴

市场经济是法制经济，企业的一些经济活动总是在一定法律规范内进行的。法律既约束

企业的非法经济行为，也为企业从事各种合法经济活动提供保护。

国家相关法律法规按照对财务管理内容的影响情况可以分如下几类。

（1）影响企业筹资的各种法规主要有：公司法、证券法、金融法、证券交易法、合同法等。这些法规可以从不同方面规范或制约企业的筹资活动。

（2）影响企业投资的各种法规主要有：证券交易法、公司法、企业财务通则等。这些法规从不同角度规范企业的投资活动。

（3）影响企业收益分配的各种法规主要有：税法、公司法、企业财务通则等。这些法规从不同方面对企业收益分配进行了规范。

（二）法律环境对企业财务管理的影响

法律环境对企业的影响力是多方面的，影响范围包括企业组织形式、公司治理结构、投融资活动、日常经营、收益分配等。《公司法》规定，企业可以采用独资、合伙、公司制等企业组织形式。企业组织形式不同，业主（股东）权利责任、企业投融资、收益分配、纳税、信息披露等不同，公司治理结构也不同。上述不同种类的法律，分别从不同方面约束企业的经济行为，对企业财务管理产生影响。

五、企业组织形式

典型的企业组织形式有三种：个人独资企业、合伙企业以及公司制企业。

1.个人独资企业

个人独资企业是由一个自然人投资，全部资产为投资人个人所有，全部债务由投资者个人承担的经营实体。

个人独资企业具有创立容易、经营管理灵活自由、不需要交纳企业所得税等优点。

但对于个人独资企业业主而言：①需要业主对企业债务承担无限责任，当企业的损失超过业主最初对企业的投资时，需要用业主个人的其他财产偿债；②难以从外部获得大量资金用于经营；③个人独资企业所有权的转移比较困难；④企业的生命有限，将随着业主的死亡而自动消亡。

2.合伙企业

合伙企业是由两个或两个以上的自然人合伙经营的企业，通常由各合伙人订立合伙协议，共同出资，合伙经营，共享收益，共担风险，并对合伙债务承担无限连带责任的营利性组织。

除业主不止一人外，合伙企业的优点和缺点与个人独资企业类似。此外，合伙企业法规定每个合伙人对企业债务须承担无限连带责任。如果一个合伙人没有能力偿还其应分担的债务，其他合伙人须承担连带责任，即有责任替其偿还债务。法律还规定合伙人转让其所有权时需要取得其他合伙人的同意，有时甚至还需要修改合伙协议。由于合伙企业与个人独资企业存在着共同缺陷，所以一些企业尽管在刚成立时以独资或合伙的形式出现，但是在发展到某一阶段后都将转换成公司的形式。

3. 公司制企业

公司（或称公司制企业）是指由投资人（自然人或法人）依法出资组建，有独立法人财产，自主经营，自负盈亏的法人企业。出资者按出资额对公司承担有限责任。

公司是经政府注册的营利性法人组织，并且独立于所有者和经营者。根据中国现行的公司法，其主要形式分为有限责任公司和股份有限公司两种。

有限责任公司简称"有限公司"，是指股东以其缴的出资额为限对公司承担责任，公司以其全部资产为限对公司的债务承担责任的企业法人，根据中国公司法的规定，必须在公司名称中标明"有限责任公司"或者类"有限公司"字样。

股份有限公司简称股份公司，是指其全部资本分为等额股份，股东以其所持股份为限对公司承担责任，公司以其全部资产对公司的债务承担责任的企业法人。

有限责任公司和股份有限公司的区别：① 公司设立时对股东人数要求不同。设立有限责任公司的股东人数可以为1人或50人以下；设立股份有限公司，应当有2人以上200人以下为发起人。② 股东的股权表现形式不同。有限责任公司的权益总额不作等额划分，股东的股权是通过投资人所拥有的比例来表示的；股份有限公司的权益总额平均划分为相等的股份，股东的股权是用持有多少股份来表示的。③ 股份转让限制不同。有限责任公司不发行股票，对股东只发放一张出资证明书，股东转让出资需要由股东会或董事会讨论通过；股份有限公司可以发行股票，股票可以自由转让和交易。

公司制企业的优点：① 容易转让所有权。公司的所有者权益被划分为若干股权份额，每个份额可以单独转让。② 有限债务责任。公司债务是法人的债务，不是所有者的债务。所有者对公司承担的责任以其出资额为限。当公司资产不足以偿还其所欠债务时，股东无须承担连带清偿责任。③ 公司制企业可以无限存续，一个公司在最初的所有者和经营者退出后仍然可以继续存在。④ 公司制企业融资渠道较多，更容易筹集所需资金。

公司制企业的缺点：① 组建公司的成本高。公司法对于设立公司的要求比设立独资或合伙企业复杂，并且需要提交一系列法律文件，花费的时间较长。公司成立后，政府对其监管比较严格，需要定期提交各种报告。② 存在代理问题。所有者和经营者分开以后，所有者成为委托人，经营者成为代理人，代理人可能为了自身利益而伤害委托人利益。③ 双重课税。公司作为独立的法人，其利润需缴纳企业所得税，企业利润分配给股东后，股东还需缴纳个人所得税。

【知识总结】

本章主要介绍了与财务管理相关的基本知识，包括财务管理的概念、基本活动、财务管理的目标、企业组织形式和财务管理组织结构、财务管理的环境几个部分。

财务管理是企业管理的一个组成部分，它是根据财经法规制度，按照财务管理的原则，组织企业财务活动，处理财务关系的一项经济管理工作。简单地说，财务管理是组织企业财务活动，处理财务关系的一项经济管理工作。本章主要讲解了财务管理的基本特征，通过学习本章内容，使读者掌握财务管理的要领。

【思考练习】

一、单选题

1.下列各项企业财务管理目标中，能够同时考虑资金的时间价值和投资风险因素的是（　　）。

　　A.产值最大化　　　B.利润最大化　　　C.每股收益最大化　　　D.企业价值最大化

2.财务管理的核心是（　　）

　　A.财务规划与预测　B.财务决策　　　C.财务预算　　　D.财务控制

3.以下关于财务管理目标的表述，不正确的是（　　）。

　　A.企业财务管理目标是评价企业财务活动是否合理有效的基本标准
　　B.财务管理目标的设置必须体现企业发展战略的意图
　　C.财务管理目标一经确定，不得改变
　　D.财务管理目标具有层次性

4.在下列各种观点中，体现了合作共赢的价值理念，有利于企业长期稳定发展的财务管理目标是（　　）。

　　A.利润最大化　　　B.企业价值最大化　　　C.每股收益最大化　　　D.相关利益最大化

5.在市场经济条件下，财务管理的核心是（　　）。

　　A.财务预测　　　B.财务决策　　　C.财务控制　　　D.财务分析

二、多选题

1.为确保企业财务目标的实现，下列各项中，可用于协调所有者与经营者矛盾的措施有（　　）。

　　A.所有者解聘经营者　　　　　　B.所有者向企业派遣财务总监

C. 公司被其他公司接收或吞并　　D. 所有者给经营者以"股票选择权"
2. 企业财务管理的基本内容包括（　　）。
　　A. 筹资决策　　　　B. 技术决策　　　　C. 投资决策　　　　D. 盈利分配决策
3. 财务管理的环境包括（　　）。
　　A. 技术环境　　　　B. 经济环境　　　　C. 金融环境　　　　D. 法律环境
4. 以下项目中属于"利润最大化"目标存在的问题有（　　）。
　　A. 没有考虑利润实现时间和资金时间价值
　　B. 没有考虑风险问题
　　C. 没有反映创造的利润与投入的资本之间的关系
　　D. 可能导致企业短期财务决策倾向，影响企业长远发展
5. 下列财务管理的目标当中，考虑了风险因素的有（　　）。
　　A. 利润最大化
　　B. 股东财富最大化
　　C. 企业价值最大化
　　D. 相关者利益最大化

三、填空题

1. 财务管理的基本活动包括＿＿＿＿、＿＿＿＿、＿＿＿＿和＿＿＿＿四个方面。
2. 企业财务管理中最为重要的关系是＿＿＿＿＿＿。
3. 股东与经营者之间的财务关系是＿＿＿＿＿＿。
4. 现代财务管理的最优目标是＿＿＿＿＿＿。
5. 对企业财务管理产生影响的外部因素包括＿＿＿＿＿＿。

四、思考题

1. 简述财务管理的主要职能。
2. 利润最大化作为公司理财的目标有何优缺点？
3. 影响公司目标实现的财务管理环境是什么？

五、案例分析

　　某公司200*年*月*日在销售增塑剂产品过程中，出现了销售调拨单及销售单真实，财务专用章及增值税发票系伪造的现象，导致被骗货30吨，案值24万余元的重大损失。具体手段如下：

　　1. 一陌生客户隐匿真实情况，到公司销售公司开具了真实的产品销售调拨单，使用伪造的财务专用章及增值税专用发票，私盖印章，然后到销售处盖销售章，最后到储运车间提货，导致事故发生。

2. 利用财务部在三楼办公，销售公司在一楼营业，储运发货在公司后区的劣势，经过长期预谋，使用假牌照的报废车作案。骗过了公司财务部收款开发票关、销售公司对接关、储存车间发货核对关、保卫科车辆出入口验收关、公司门卫查证关。以上几个方面充分反映出了该公司在管理上存在很大的漏洞，亟待堵塞。

第二章 财务管理的价值理念

【学习目标】

1. 理解货币时间价值的含义并掌握相关计算方法；
2. 了解证券投资的种类和特点，掌握债券和股票的估价方法；
3. 掌握风险与收益的概念及计算方法；
4. 理解几种主要的资产定价模型。

【核心概念】

货币时间价值 终值 现值 风险 收益 资产定价模型

【案例导入】

拿破仑1793年3月在卢森堡第一小学演讲时说了这样一番话："为了答谢贵校对我，尤其是对我夫人约瑟芬的盛情款待，我不仅今天呈上一束玫瑰花，并且在未来的日子里，只要我们法兰西存在一天，每年的今天我将亲自派人送给贵校一束价值相等的玫瑰花，作为法兰西与卢森堡友谊的象征。"时过境迁，拿破仑穷于应付连绵的战争和此起彼伏的政治事件，最终惨败而被流放到圣赫勒拿岛，把在卢森堡的诺言忘得一干二净。可卢森堡这个小国对这位"欧洲巨人与卢森堡孩子亲切、和谐相处的一刻"念念不忘，并载入他们的史册。1984年年底，卢森堡旧事重提，向法国提出"违背赠送玫瑰花"诺言案的索赔：要么从1797年起，用3路易作为一束玫瑰花的本金，以5厘复利（即利滚利）计息全部清偿这笔玫瑰花案；要么法国政府在法国各大报刊上公开承认拿破仑是个言而无信的小人。起初，法国政府准备不惜重金赎回拿破仑的声誉，但又被电脑算出的数字惊呆了：原本3路易的许诺，本息竟高达1 375 596法郎。经过冥思苦想，法国政府斟词酌句的答复是："以后，无论在精神上还是物质上，法国将始终不渝地对卢森堡大公国的中小学教育事业予以支持和赞助，来兑现我们的拿破仑将军那一诺千金的玫瑰花的信誉。"这一措辞最终得到了卢森堡人民的谅解。

请思考以下问题：
1. 年金的支付有什么特点？
2. 法国政府是如何得出 1 375 596 法郎这个结论的？

第一节　货币时间价值

企业的各项财务活动，都是在特定的时间发生的。同样金额的现金流量在不同时点价值不同的原因就在于货币时间价值的存在。不同时间发生的现金流入或流出，只有在考虑了时间价值因素之后，才可以进行比较，才能恰当地说明企业绩效。企业的筹资、投资、营运资金管理和利润分配都需要考虑到货币的时间价值，时间价值概念及其计算方法是以后各章的基础。

一、货币时间价值的概念

货币时间价值是指货币经历一定时间的投资和再投资所增加的价值，也称为资金的时间价值。资金作为一种必需的生产要素，在投入生产经营过程中会带来价值的增值，所增加的价值即为资金的时间价值，它构成了资金作为一种生产要素在投资过程中所应得到的报酬。

从量的规定来看，资金在运用过程中所增加的价值并不全部是资金的时间价值，这其中还包括投资者因承担投资风险和通货膨胀而获得的补偿，因此，所谓的货币时间价值应当是在没有风险和通货膨胀的条件下的社会平均资金收益率。

简单地说，在市场经济环境中，当前的 1 元钱和 1 年后的 1 元钱，经济价值并不相等。即使不存在风险和通货膨胀，当前的 1 元钱也比 1 年后的 1 元钱经济价值更大一些。例如，将当前 1 元钱存入银行，假设存款利率为 10%，那么 1 年后将得到 1.10 元，经过 1 年时间投资增值了 0.10 元，这就是货币的时间价值。

货币时间价值有两种表现形式，一种是用绝对数值表示，即资金价值的绝对增加额；另一种使用相对数值来表示，即资金的利润率。相对而言后一种形式便于进行比较，是常用的表示方法。例如，前述货币的时间价值为 10%。

单位货币在不同时间段的价值并不相等，因此，不同时间的货币收入或支出不应当直接进行比较，需要将它换算到相同的时间价值基础上，方可进行比较与分析。货币时间价值原理正确揭示了在不同时点上资金之间的换算关系，是财务决策的基本依据。

二、终值与现值

货币时间价值的表现形式，主要有终值和现值两种：①终值：终值又称将来值、本利和，是指现在一定量的资金在未来某个时点的价值；②现值：现值又称本金，是指未来某一时点上的一定量现金折算到现在的价值。

现值与终值是相对的，现值可以由终值扣除货币时间价值的因素后求得，这种由终值求得现值的方法称为贴现。

终值与现值的计算与利息计算有关，在实际工作中有两种计息方式：单利和复利。单利是指只对借（贷）的原始金额或本金支付（收取）的利息，而不将以前计息期产生的利息累加到本金中再次计算利息的一种计息方法，即利息不再生息。

复利是指不仅借（贷）的本金需要支付（收取）利息，而且本金所产生的利息也要在后续各期计息，即"利滚利"。复利计息模式在财务管理的价值分析中非常重要，因为企业的筹资、投资决策都是连续不断进行的，其前期所产生的现金流需要重新投入企业后续经营活动中进行循环运动，因此，财务管理中的筹资、投资决策往往都建立在复利的基础之上。

1. 单利终值与现值

单利是指一定期间内只根据本金计算利息，产生的利息在以后各期不作为本金，不重复计算利息。单利的计算模式普遍存在于期限小于1年的债券市场中。

在单利计算中，常用符号及其含义如下：

FV——终值，又称本利和、本金与利息之和；

PV——现值，又称本金或期初金额；

i——利率，通常指每年利息与本金之比；

I——利息；

N——时间，通常以年为单位。

单利利息的计算公式为

$$I = PV \times i \times n$$

（1）单利终值。单利终值是本金与未来利息之和。其计算公式为

$$FV = PV + I = PV + PV \times i \times n = PV(1 + i \times n)$$

（2）单利现值。在现实生活中，有时需要根据终值来确定其现在的价值，即现值。例如公司商业票据贴现时，银行按照一定利率从票据的到期价值中扣除自借款日至票据到期日的应计利息，再将余款支付给持票人。贴现时使用的利率即为贴现率，计算出的利息称为贴现息，扣除贴现息后的值称为贴息，即现值。

单利现值的计算公式为

$$PV = FV - I = FV - PV \times i \times n$$

因此

$$PV = \frac{FV}{(1 + i \times n)}$$

2. 复利终值与现值

复利就是不仅本金要计算利息，本金所产生的利息在下一期也要加入本金一起计算利息，即通常所说的"利滚利"。1年期以上的证券终值和现值计算通常都采用复利模式。在复利计算中，常用符号及其含义如下。

FV——终值，又称本利和、本金与利息之和；

PV——现值，又称本金或期初金额；

i——利率，通常指每年利息与本金之比；

I——利息；

n——时间，通常以年为单位。

（1）复利终值。复利终值是指现在的一笔资金按复利计算的未来价值。其计算公式为

$$FV_n = PV(1+i)^n$$

其中，$(1+i)^n$ 称为复利终值系数，可以用符号 $FVIF_{i,n}$ 或者（F/P, i, n）表示，则复利终值的计算公式也可以写作

$$FV_n = PV \times FVIF_{i,n}$$

利用复利终值系数表可以简化上述计算。表2-1是其中一部分。

表2-1 复利终值系数表

期数	1%	2%	3%	4%	5%	8%	10%
1	1.010	1.020	1.030	1.040	1.050	1.080	1.100
2	1.020	1.040	1.061	1.082	1.103	1.166	1.210
3	1.030	1.061	1.093	1.125	1.158	1.260	1.331
4	1.041	1.082	1.126	1.170	1.216	1.360	1.464
5	1.051	1.104	1.159	1.217	1.276	1.469	1.611
10	1.105	1.219	1.344	1.480	1.629	2.159	2.594
20	1.220	1.486	1.806	2.191	2.653	4.661	6.727

（2）复利现值。复利现值是复利终值的对称概念，指未来一定时间的特定资金按复利计算的现在价值，或者说是为取得将来一定本利和现在所需要的本金。其计算公式为

$$PV = \frac{FV_n}{(1+i)^n} = FV_n \cdot \frac{1}{(1+i)^n}$$

其中，$\frac{1}{(1+i)^n}$ 称为复利现值系数或者贴现系数，可以用符号 $PVIF_{i,n}$ 或者（P/F, i, n）表示，则复利终值的计算公式也可以写作

$$PV = FV_n \times PVIF_{i,n}$$

利用复利现值系数表可以简化上述计算。表2-2是其中一部分。

表 2-2 复利现值系数表

期数	1%	2%	3%	4%	5%	8%	10%
1	0.990	0.980	0.971	0.962	0.952	0.926	0.909
2	0.980	0.961	0.943	0.925	0.907	0.857	0.826
3	0.971	0.942	0.915	0.889	0.864	0.794	0.751
4	0.961	0.924	0.888	0.855	0.823	0.735	0.683
5	0.951	0.906	0.863	0.822	0.784	0.681	0.621
10	0.905	0.820	0.744	0.676	0.614	0.463	0.386
20	0.820	0.673	0.554	0.456	0.377	0.215	0.149

【例 2-1】某人将 100 元存入银行，年利率 2%，求 5 年后的终值。

F = P（F/P, 2%, 5）= 100（F/P, 2%, 5）= 110.41（元）

【例 2-2】某人为了 5 年后能从银行取出 1 000 元，在年利率 2% 的情况下，求当前存入金额。

P = F（P/F, 2%, 5）= 1 000（P/F, 2%, 5）= 905.7（元）

三、年金

终值和现值都是在某一时点发生的一次性货币收付金额，是货币时间价值计量的基础。但是在财务管理的实务中也出现了很多连续发生的货币收付，我们将在一定期限内一系列相等金额的收付款项称为年金。年金在日常生活中十分常见，如分期偿还贷款、分期付款赊购、发放养老金等都属于年金的收付形式。

年金现金流量具有四个特点：① 等额，即现金流量大小相等；② 定期，即现金流量时间间隔相等；③ 同向，即现金流量方向相同；④ 等利，即现金流量持续期间内利率保持不变。

按照收付的次数和支付时间划分，年金可以分为普通年金、先付年金、递延年金和永续年金。

在年金计算中，常用符号及其含义如下：

A——年金数额，即每次收付的金额；

i——利率；

n——计息期数；

FVA_n——年金终值；

PVA_n——年金现值。

（一）普通年金

普通年金又称后付年金，是指每期期末有等额的收付款项的年金，是现实经济生活中最为常见的一种年金。

1.普通年金终值

普通年金终值是指一定时期内每期期末等额收付现金流量的复利终值之和。如图2-1所示。

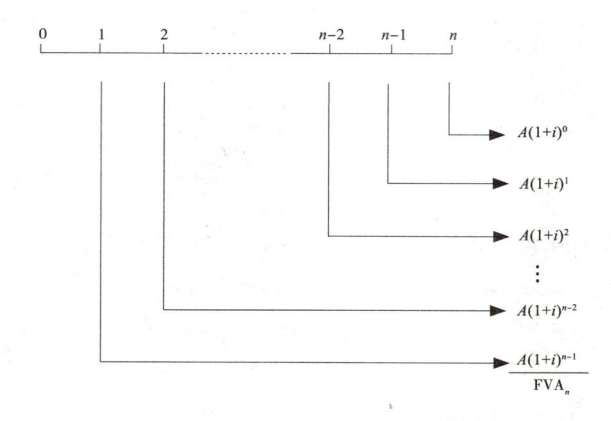

图 2-1　普通年金终值计算

由图2-1可知，普通年金终值的计算公式为：

$$FVA_n = A(1+i)^0 + A(1+i)^1 + A(1+i)^2 + \cdots + A(1+i)^{n-2} + A(1+i)^{n-1}$$

$$= A\left[(1+i)^0 + (1+i)^1 + (1+i)^2 + \cdots + (1+i)^{n-2} + (1+i)^{n-1}\right]$$

$$= A\sum_{t=1}^{n}(1+i)^{t-1}$$

其中，$\sum_{t=1}^{n}(1+i)^{t-1}$ 称为年金终值系数或年金复利系数，可以用符号 $FVIFA_{i,n}$ 或者 $(F/A, i, n)$ 表示，则普通年金终值的计算公式也可以写作

$$FVA_n = A \times FVIFA_{i,n}$$

简化计算如下：

$$FVA_n = A(1+i)^0 + A(1+i)^1 + \cdots + A(1+i)^{n-2} + A(1+i)^{n-1}$$

等式两边同时乘以（1+i），可得

$$(1+i)FVA_n = A(1+i)^1 + A(1+i)^2 + A(1+i)^3 \cdots + A(1+i)^{n-1} + A(1+i)^n$$

两式相减可得

$$(1+i)FVA_n - FVA_n = A(1+i)^n - A$$

$$\mathrm{FVA}_n = A \cdot \frac{(1+i)^n - 1}{i}$$

则年金终值系数：$\mathrm{FVIFA}_{i,n} = \frac{(1+i)^n - 1}{i}$

利用年金终值系数表可以简化上述计算。表 2-3 是其中一部分。

表 2-3 年金终值系数表

期数	1%	2%	3%	4%	5%	8%	10%
1	1.000	1.000	1.000	1.000	1.000	1.000	1.000
2	2.010	2.020	2.030	2.040	2.050	2.080	2.100
3	3.030	3.060	3.091	3.122	3.153	3.246	3.310
4	4.060	4.122	4.184	4.246	4.310	4.506	4.641
5	5.101	5.204	5.309	5.416	5.526	5.867	6.105
10	10.462	10.950	11.464	12.006	12.578	14.487	15.937
20	22.019	24.297	26.870	29.778	33.066	45.762	57.275

偿债基金是为了使年金终值达到某个特定的金额，每期期末应支付或收到的等额数值，即已知终值反算年金。根据年金终值的计算公式 $\mathrm{FVA}_n = A \cdot \frac{(1+i)^n - 1}{i}$ 推导可知：

$$A = \mathrm{FVA}_n \cdot \frac{i}{(1+i)^n - 1}$$

其中，$\frac{i}{(1+i)^n - 1}$ 称为偿债基金系数，是年金终值系数的倒数，可以用符号（A/F, i, n）表示。则偿债基金计算公式也可以写作

$$A = \mathrm{FVA}_n \cdot (A/F, i, n)$$

偿债基金系数可以把年金终值折算为每年需要支付的金额。偿债基金系数可以根据年金终值系数表中数值的倒数求得。

2.普通年金现值

普通年金现值是指发生在未来每期期末等额现金流量折算到现在时点的价值。如图 2-2 所示。

```
   0    1    2         n-1    n
        A    A          A     A
```

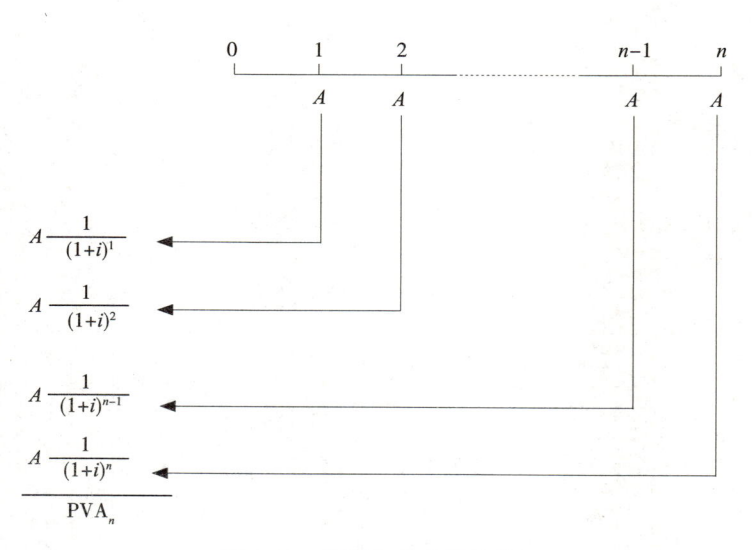

$$A\frac{1}{(1+i)^1} \leftarrow$$

$$A\frac{1}{(1+i)^2} \leftarrow$$

$$A\frac{1}{(1+i)^{n-1}} \leftarrow$$

$$A\frac{1}{(1+i)^n} \leftarrow$$

$$\overline{PVA_n}$$

图 2-2 普通年金现值计算

由图 2-2 可知，普通年金现值的计算公式为

$$PVA_n = A\frac{1}{(1+i)^1} + A\frac{1}{(1+i)^2} + \ldots + A\frac{1}{(1+i)^{n-1}} + A\frac{1}{(1+i)^n}$$

$$= A\left[\frac{1}{(1+i)^1} + \frac{1}{(1+i)^2} + \ldots + \frac{1}{(1+i)^{n-1}} + \frac{1}{(1+i)^n}\right]$$

$$= A\sum_{t=1}^{n}\frac{1}{(1+i)^t}$$

其中，$\sum_{t=1}^{n}\frac{1}{(1+i)^t}$ 称为年金现值系数，可以用符号 $PVIFA_{i,n}$ 或者（P/A，i，n）表示，则普通年金现值的计算公式也可以写作

$$PVA_n = A \cdot PVIFA_{i,n}$$

简化计算如下：

$$PVA_n = A\frac{1}{(1+i)^1} + A\frac{1}{(1+i)^2} + \ldots + A\frac{1}{(1+i)^{n-1}} + A\frac{1}{(1+i)^n}$$

等式两边同时乘以（1 + i），可得

$$(1+i)PVA_n = A + A\frac{1}{(1+i)^1} + \ldots + A\frac{1}{(1+i)^{n-2}} + A\frac{1}{(1+i)^{n-1}}$$

两式相减可得

$$(1+i)\text{PVA}_n \quad \text{PVA}_n = A \quad A\ \frac{1}{(1+i)^n}$$

$$\text{PVA}_n = A\ \frac{1-\dfrac{1}{(1+i)^n}}{i}$$

则年金现值系数 $\text{PVIFA}_{i,n} = \dfrac{1-\dfrac{1}{(1+i)^n}}{i}$

利用年金终值系数表可以简化上述计算。表 2-4 是其中一部分。

表 2-4　年金现值系数表

期数	1%	2%	3%	4%	5%	8%	10%
1	0.990	0.980	0.971	0.962	0.952	0.926	0.909
2	1.970	1.942	1.913	1.886	1.859	1.783	1.736
3	2.941	2.884	2.829	2.775	2.723	2.577	2.487
4	3.902	3.808	3.717	3.630	3.546	3.312	3.170
5	4.853	4.713	4.452	4.452	4.329	3.993	3.791
10	9.471	8.983	8.530	8.111	7.722	6.710	6.145
20	18.046	14.877	14.877	13.590	12.462	9.818	8.514

【例 2-3】王晓丽是位热心于公众事业的人，自 2009 年 12 月底开始，他每年都要向一位失学儿童捐款。王晓丽向这位失学儿童每年捐款 10 000 元，帮助这位失学儿童从小学一年级读完九年义务教育，假设每年定期存款利率都是 2%，则小王 9 年的捐款在 2017 年年底相当于多少钱？

$$F_A = A \times \frac{(1+i)^n - 1}{i} = 10\,000 \times \frac{(1+2\%)^9 - 1}{2\%} = 97\,546(元)$$

或者：$F_A = 10\,000 \times (F/A, 2\%, 9) = 10\,000 \times 9.754\,6 = 97\,546$（元）

（二）先付年金

先付年金是指在每期期初发生的等额现金流量，又称预付年金或即付年金。先付年金与普通年金的区别仅在于付款时间不同。

1. 先付年金终值

由于先付年金与普通年金相比，只是将各期期末发生的现金流量提前到各期期初，因此计算其终值只要比普通年金多计算一个期间的现金流量即可。

n 期先付年金终值和 n 期普通年金终值的关系如图 2-3 所示。

图 2-3 先付年金终值计算

先付年金终值计算公式为

$$XFVA_n = FVA_n(1+i) = A \cdot FVIFA_{i,n}(1+i) = A \cdot \frac{(1+i)^n - 1}{i}(1+i)$$

$$= A \cdot \frac{(1+i)^{n+1} - (1+i)}{i} = A \cdot \frac{(1+i)^{n+1} - 1 - i}{i}$$

$$= A \left[\frac{(1+i)^{n+1} - 1}{i} - 1 \right]$$

$$= A \left[\left(\frac{F}{A}, i, n+1 \right) - 1 \right]$$

$$= A (FVIFA_{i,n+1} - 1)$$

其中，$\frac{(1+i)^{n+1} - 1}{i} - 1$ 称为先付年金终值系数。它与普通年金终值系数相比，期数加 1，系数减 1，可以记作 $FVIFA_{i,n+1} - 1$ 或者 $(F/A, i, n+1) - 1$。在计算时可以利用"普通年金终值系数表"查得 ($n+1$) 期的值，再减去 1 得到先付年金终值系数。

2. 先付年金现值

先付年金比普通年金提前一期发生，即在各期期初发生，因此计算其现值只要比普通年金现值少计算一个期间即可。将普通年金的现值乘以 ($i+1$)，即相当于减少了 1 个期间的贴现值。

n 期先付年金现值和 n 期普通年金现值的关系如图 2-4 所示。

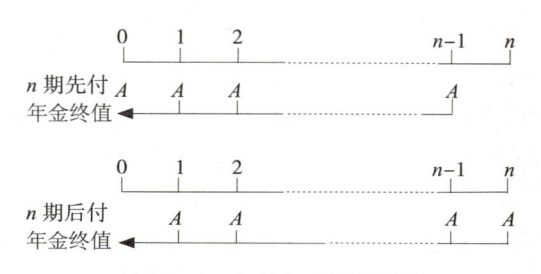

图 2-4 先付年金现值计算

先付年金现值计算公式为

$$XPVA_n = PVA_n \cdot (1+i) = A \cdot PVIFA_{i,n} \cdot (1+i) = A \cdot \frac{1-\frac{1}{(1+i)^n}}{i} \cdot (1+i)$$

$$= A \cdot \frac{1+i-\frac{1}{(1+i)^{n-1}}}{i} = A \cdot \left[\frac{1-\frac{1}{(1+i)^{n-1}}}{i} + 1\right]$$

$$= A \cdot \left[\left(\frac{P}{A},i,n-1\right)+1\right]$$

$$= A \cdot (PVIFA_{i,n-1}+1)$$

其中，$\frac{1-\frac{1}{(1+i)^{n-1}}}{i}+1$ 称为先付年金现值系数。它与普通年金现值系数相比，期数减 1，系数加 1，可以记作 $PVIFA_{i,n-1}+1$ 或者 $(P/A,i,n-1)+1$。在计算时可以利用"普通年金现值系数表"查得（n－1）期的值，再加上 1 得到先付年金现值系数。

【例 2-4】张先生连续 6 年于每年年初存入银行 5 000 元。若银行存款利率为 5%，则张先生在第 6 年年末能一次取出本利和多少钱？

$F_A = A \cdot [(F/A,i,n+1)-1] = 5\,000 \times [(F/A,5\%,7)-1]$
$= 5\,000 \times (8.1420-1) = 35\,710(元)$

【例 2-5】王先生打算购买一套住宅，有两种付款方式：一是一次性支付 300 万元；二是每年年初支付 100 万元，3 年付讫。由于资金不充裕，计划向银行借款用于支付设备款。假设银行借款年利率为 5%，复利计息。请问应采用哪种付款方式？

如果一次支付，则相当于付现值 300 万元；而若分次支付，计算预付年金方案的现值，以发现哪个方案更有利。

如果分次支付，则其 3 年的现值为：
$P = 100[(P/A,5\%,n-1)+1] = 100[(P/A,5\%,2)+1]$
$= 100(1.8594+1) = 285.94(万元)$

相比之下，应采用第二种支付方式。

（三）递延年金

递延年金是指最初若干期没有收付款项，距现在若干期后每期期末发生等额现金流量的年金。假设最初有 m 期没有收付款项，后面 n 期每年年末有等额的收付款项，则此递延年金的现值为后 n 期年金先贴现至 m 期期初，再贴现至第一期期初的现值。递延年金的计算方法如图 2-5 所示。

图 2-5 递延年金现值计算

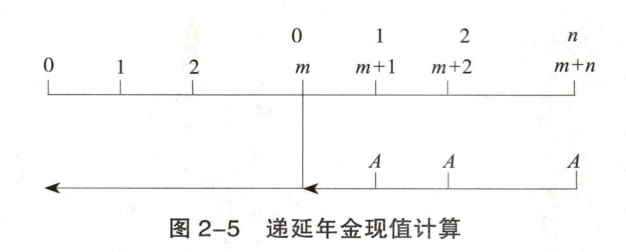

根据图 2-5 可知，递延年金的终值大小与递延期无关，其计算方法与普通年金终值相同：

$$\text{FVA}_n = A \cdot \text{FVIFA}_{i,n} = A \cdot \frac{(1+i)^n - 1}{i}$$

递延年金的现值计算方法有三种：

方法一：把递延年金视为 n 期普通年金，先求出递延年金的现值，再将此现值调整到第一期期初的位置。用公式表示为

$$V_0 = A \cdot \text{PVIFA}_{i,n} \cdot \text{PVIF}_{i,m}$$

方法二：假设递延期也进行支付，先求出 ($m+n$) 期年金现值，再扣除实际并未支付的递延期的年金现值。用公式表示为

$$V_0 = A \cdot \text{PVIFA}_{i,n+m} - A \cdot \text{FVIFA}_{i,m} = A(\text{PVIFA}_{i,m+n} - \text{PVIFA}_{i,m})$$

方法三：把递延年金视为 n 期普通年金，先求出递延年金的终值，再将此终值调整到第一期期初的位置。用公式表示为

$$V_0 = A \cdot \text{FVIFA}_{i,n} \cdot \text{PVIF}_{i,m+n}$$

【例 2-6】某投资项目于 2018 年年初动工，假设当年投产，从投产之日起每年末可得收益 40 000 元。按年利率 6% 计算，计算预期 10 年收益的现值。

$PA = 40\ 000 \times (P/A, 6\%, 10) = 40\ 000 \times 7.3601$
$= 294\ 404(元)$

【例 2-7】新兴公司向银行借入一笔款项，银行贷款的年利率为 10%，每年复利一次。银行规定前 10 年不用还本付息，但从第 11 年至第 20 年每年年末偿还本息 3 000 元。要求：用两种方法计算这笔款项的现值。

方法一：
$P_A = A \times (P/A, 10\%, 10) \times (P/F, 10\%, 10)$
$= 3000 \times 6.1446 \times 0.3855$
$= 7106.23(元)$

方法二：
$P_A = A \times [(P/A, 10\%, 20) - (P/A, 10\%, 10)]$
$= 3000 \times (8.5136 - 6.1446)$
$= 7107(元)$

两种计算方法相差 0.77 元，是因货币时间价值系数的小数点位数保留造成的。后面的

例题中也有类似的情况，不再一一说明。

【例2-8】 某公司拟购置一套机器设备，有两种付款方案：

（1）从现在起，每年年初支付100万元，连续付10次。

（2）从第5年开始，每年年初支付150万元，连续支付10次。

假设该公司的资本成本率（即最低报酬率）为10%，你认为该公司应选择哪个方案？

（1）$P_A = 100 \times [(P/A, 10\%, 9) + 1] = 100 \times 6.7590 = 675.9$（万元）

（2）$P_A = 150 \times [(P/A, 10\%, 13) - (P/A, 10\%, 3)] = 150 \times [7.1034 - 2.4869] = 692.48$（万元）

由于第二方案的现值大于第一方案，因此该公司应选择第一种方案。

（四）永续年金

永续年金是指无期限等额首付的特种年金，即期限趋于无穷的普通年金。在实际生活中，无期限债券、优先股股利、奖励基金等都属于永续年金。由于永续年金没有终止时间，因此其终值趋向于无穷大，所以我们只需要计算其现值。

永续年金现值可以通过普通年金现值的计算公式推导出。普通年金现值计算公式为

$$PVA_n = A \cdot \frac{1 - \frac{1}{(1+i)^n}}{i}$$

当 $n \to \infty$ 时，$\frac{1}{(1+i)^n} \to 0$ 因此永续年金现值计算公式为

$$V_0 = A \cdot \frac{1}{i}$$

【例2-9】 某公司打算设立一个奖学金基金项目。奖学金每年发放一次，奖励每年高考的文理科状元各10 000元。奖学金的基金保存在中国银行该县支行。银行一年的定期存款利率为2%。问要投资多少钱作为奖励基金？

由于每年都要拿出20 000元，因此类学金的性质是一项永续年金，其现值应为

$P_A = 20\ 000 / 2\% = 1\ 000\ 000$（元）

也就是说，公司需要存入1 000 000元作为基金，才能保证这一奖学金的成功运行。

四、利率

（一）插值法

复利计息方式下，利率与现值（或者终值）系数之间存在一定的数量关系。已知现值（或者终值）系数，则可以通过插值法计算对应的利率。

$$i = i_1 + \frac{B - B_1}{B_2 - B_1}(i_2 - i_1)$$

式中，所求利率为i，i对应的现值（或者终值）系数为B。B_1、B_2为现值（或者终值）系数表中B相邻的系数，i_1、i_2为B_1、B_2对应的利率。

1. 若已知复利现值（或者终值）系数 B 以及期数 n，可以查"复利现值（或者终值）系数表"，找出与已知复利现值（或者终值）系数最接近的两个系数及其对应的利率，按插值法公式计算利率。

【例 2-10】小王大学毕业获得 5 000 元现金补助，他决定先找工作，将款项存起来。预计，如果 20 年后这笔款项连本带利达到 25 000 元。问银行存款的年利率为多少，小王的预计才能变成现实？

$5\,000 \times (F/P, i, 20) = 25\,000$

$(F/P, i, 20) = 5$，即 $(1+i)^{20} = 5$

可采用逐次测试法计算：

当 $i = 8\%$ 时，$(F/P, 8\%, 20) = 4.6610$

当 $i = 9\%$ 时，$(F/P, 9\%, 20) = 5.6044$

因此，i 在 8% 和 9% 之间。

运用插值法有

$i = i_1 + \dfrac{B - B_1}{B_2 - B_1}(i_2 - i_1)$

$= 8\% + \dfrac{5 - 4.6610}{5.6044 - 4.6610}(9\% - 8\%)$

$= 8.36\%$

说明：如果银行存款的年利率为 8.36%，则可以变成现实。

【例 2-11】小张要在学校周围开办一个餐馆，于是找到一家小卖部，提出要求承租该小卖部 3 年。小卖部的业主徐先生因小卖部受到附近超市的影响，生意清淡，也愿意清盘让小张开餐馆，但提出应一次支付 3 年的使用费 30 000 元。小张觉得现在一次拿 30 000 元比较困难，因此请求能否缓期支付，徐先生同意 3 年后支付，但金额为 50 000 元。若银行的贷款利率为 5%，问张先生 3 年后付款是否合算？

先算出张先生 3 年后付款和现在付款金额之间的利息率，再同银行利率比较，若高于贷款利率，则应贷款然后现在支付，而若低于贷款利率则应 3 年后支付。设所求利率为 i，则有：

$30\,000 \times (1+i)^3 = 50\,000$

$(1+i)^3 = 1.6667$

设 $i = 18\%$，则 $(1+i)^3 = 1.643032$

设 $i = 19\%$，则 $(1+i)^3 = 1.685159$

因此 i 在 18% 和 19% 之间，用插值法可求得 $i = 18.55\%$

从以上计算可看出，徐先生目前的使用费 3 万元延期到 3 年后支付则需要 5 万元，相当于年利率 18.55%，远比银行贷款利率高，因此小张 3 年后支付这笔款项并不合算。

2. 若已知年金现值（或者终值）系数 B 以及期数 n，可以查"年金现值（或者终值）系数表"。找出与已知年金现值（或者终值）系数最接近的两个系数及其对应的利率，按插值法公式计算利率。

【例2-12】 假定在【例2-10】中，徐先生要求小张不是3年后一次支付，而是3年每年年末支付12 000元，那么小张是现在一次付清还是分3次付清更为合算？

要回答这个问题，关键是比较分次付款的隐含利率和银行贷款利率的大小。分次付款，对小张来说就是一项年金，设其利率为i，则有

30 000 = 12 000 × (P/A, i, 3)

(P/A, i, 3) = 2.5

仍用试误法，当i = 10%时，(P/A, 10%, 3) = 2.486 9

当i = 9%时，(P/A, 9%, 3) = 2.531 3

因此可以估计利率在9%～10%：

$i = 9\% + \dfrac{2.5 - 2.531\ 3}{2.486\ 9 - 2.531\ 3}(10\% - 9\%) = 9.71\%$

如果分3次付清，3年支付款项的利率相当于9.71%，因此更合算的方式是按5%的利率贷款，现在一次付清。这个问题也可从另一个角度去解释，也就是，如果用贷款来支付现在的30 000元，其未来支付的贷款本利的终值是否超过每年12 000元年金的终值。

现在贷款30 000元，3年后本利和为30 000 × (1 + 5%)³ = 30 000 × 1.157 625 = 34 728.75（元）。每年支付12 000元，3年后本利和为12 000 × (F/A, 5%, 3) = 12 000 × 3.1525 = 37 830（元），显然年金的终值大于一次支付的终值。从这一点看，应该一次支付而不是分3次支付。

3. 永续年金的利率可以通过公式 i = A/P，计算。

【例2-13】 吴先生存入1 000 000元设立奖学金基金，奖学金每年发放一次，每次20 000元。问银行存款年利率为多少时才可以设定成永久性奖励基金？

由于每年都要拿出20 000元，因此奖学金的性质是一项永续年金，其现值应为1 000 000元，因此：

i = 20 000/1 000 000 = 2%

也就是说，利率不低于2%才能保证奖学金制度的正常运行。

（二）名义利率与实际利率

名义利率是指票面利率，实际利率是指投资者得到利息回报的真实利率。

1. 一年多次计息时的名义利率与实际利率

如果以"年"作为基本计息期，每年计算一次复利，这种情况下的实际利率等于名义利率。如果按照短于一年的计息期计算复利，这种情况下的实际利率高于名义利率。名义利率与实际利率的换算关系如下：

$$i = (1 + r/m)^m - 1$$

式中，i为实际利率，r为名义利率，m为每年复利计息次数。

【例2-14】 年利率为12%，按季复利计息，试求实际利率。

$i = (1 + r/m)^m - 1 = (1 + 12\%/4)^4 - 1 = 1.125\ 5 - 1 = 12.55\%$

2. 通货膨胀情况下的名义利率与实际利率

名义利率，是央行或其他提供资金借贷的机构所公布的未调整通货膨胀因素的利率，即利息（报酬）的货币额与本金的货币额的比率，即指包括补偿通货膨胀（包括通货紧缩）风险的利率。实际利率是指剔除通货膨胀率后储户或投资者得到利息回报的真实利率。

名义利率与实际利率之间的关系为：1＋名义利率＝（1＋实际利率）×（1＋通货膨胀率），所以，实际利率的计算公式为

$$实际利率 = \frac{1+名义利率}{1+通货膨胀率} - 1$$

【例 2-15】假设 20×9 年我国商业银行一年期存款年利率为 3%，通货膨胀率为 2%，则实际利率为多少？

$$实际利率 = \frac{1+3\%}{1+2\%} - 1 = 0.98\%$$

如果上例中通货膨胀率为 4%，则：

$$实际利率 = \frac{1+3\%}{1+4\%} - 1 = -0.96\%$$

第二节 证券估价

当公司决定扩大企业规模，而又缺少必要的资金时，可以通过出售金融证券来筹集资金。债券和股票是两种最常见的金融证券。当企业发行债券或股票时，无论是筹资者还是投资者都会对该种证券的价值进行合理评估，以决定以何种价格发行或购买证券比较合理。因此，证券估价是财务管理中一个十分重要的问题。

证券的内在价值是投资者获得的未来预期现金流量按投资者要求的必要报酬率在一定期限内贴现的现值。因此，证券的价值受以下三个因素的影响：一是未来各期预期现金流量数值；二是未来预期现金流量的持续时间；三是投资者进行该项投资所要求的必要报酬率，该收益率必须能够补偿投资者认为获取该项资产未来预期现金流量的风险。

证券估价的基本模型可以用如下公式表示：

$$V = \frac{C_1}{(1+r)^1} + \frac{C_2}{(1+r)^2} + \cdots + \frac{C_n}{(1+r)^n} = \sum_{t=1}^{n} \frac{C_t}{(1+r)^t}$$

式中，符号及其含义如下：

C_t——t 时间内发生的现金流量；

V——资产在 1～n 年内产生的全部预期现金流量 C_t 的现值，即内在价值；

r——投资者要求的必要报酬率；

n——预期现金流量的持续时间。

现金流量贴现模型，对证券进行估价需要事先预期该项证券能产生的未来现金流量的水平、持续时间，预期投资所要求的必要报酬率，然后用投资者要求的报酬率把未来预期现金流量贴现为现值即可。

上述证券估价公式是整个估价过程的基础，下面即将介绍的债券估价和股票估价公式都是它的变形。

一、债券估价

债券是发行者为筹集资金而向债权人发行的，在约定时间支付一定比例的利息，并在到期时偿还本金的一种有价证券。作为一种有价证券，其发行者和购买者之间的权利和义务是通过债权契约固定下来的。

（一）债券的基本要素

债券的基本要素包括以下四个方面。

1. 票面价值

票面上标明的金额，是发行人约定到期偿还的本金。

2. 票面利率

每年的利息与面值的比率，不论市场利率如何变动，票面利率是固定的，按票面利率支付利息。

3. 到期日

票面标明的固定偿还期限。

4. 市场利率

市场利率是决定债券市场价格的主要因素。

（二）债券的特点

债券具有如下特征。

1. 偿还性

债券必须规定到期日期限，由债务人按期向债权人支付利息并偿还本金。

2. 收益性

债券能为投资者带来一定的收入，包括债券利息收入和在市场上买卖债券取得的资本收益。

3. 流动性

债券能迅速转变为货币而又不会在价值上蒙受损失的能力，债券的流动性与发行者的信誉和到期期限密切相关。

4. 安全性

债券的安全性是相对于债券价格下跌的风险性而言的，通常流动性高的债券安全性也较高。

（三）债券投资的优缺点

1.债券投资具有以下优点。

（1）收益稳定

债券票面标明了价值和利率，债券发行人有按时付息的法定义务。

（2）流动性强

债券一般都可以在金融市场上迅速出售，流动性较强。

（3）安全性高

债券投资与股票投资相比风险较小。如果公司破产，债券持有者可以凭借优先求偿权优先于股东分得公司资产。

2.债券投资具有以下缺点

（1）购买力风险较大

如果投资期间内通货膨胀率较高，则本金和利息的购买力将受到影响。当通货膨胀率很高时，投资者名义上获得收益，实际上遭受损失。

（2）需要承受利率风险

利率随时间上下波动，利率的上升会导致流通在外的债券价格下降。

（3）没有经营管理权

投资于债券只是获得收益的一种手段，投资者并没有权利对债券发行单位施加影响和控制。

（四）债券的估价方法

债券估价是根据债券在持有期内的现金流入，以市场利率或要求的回报率进行贴现而得到的现值。对固定票面利率债券而言，债券产生的现金流是由固定利息 I 加上到期偿还的本金 M 组成的。对于浮动利率债券而言，利息随时间变化而变化。对零息债券而言，没有利息支付，只在债券到期时一次性支付面额。

典型的债券是固定利率，每年计息并支付利息，到期归还本金。按照这种模式，债券估价的计算公式为

$$V = \frac{I}{(1+r)^1} + \frac{I}{(1+r)^2} + \cdots \frac{I}{(1+r)^n} + \frac{M}{(1+r)^n}$$

$$= \sum_{n=1}^{n} \frac{1}{(1+r)^n} + \frac{M}{(1+r)^n}$$

$$= I(\text{PVIFA}_{r,n}) + M(\text{PVIF}_{r,n})$$

式中，符号及其含义如下：

V——债券价值；

I——每年收到的利息；

r——贴现率，一般采用市场利率或者债券投资者所要求的报酬率；

n——债券到期的年数；

M——到期的本金。

二、股票估价

股票投资是证券投资的一个重要方面。股票是虚拟资本的一种形式，它本身没有价值，从本质上讲，股票仅仅是拥有某一所有权的凭证。股票之所以具有了价值，是因为股票持有人，即股东，不但可以参加股东大会，对股份公司的经营决策施加影响，还享有参与分红与派息的权利，从而获得相应的经济利益。股票投资是一种最具有挑战性的投资，其收益和风险都比较高。

股票有两种基本分类：普通股和优先股。优先股票是特殊股票中最主要的一种，在公司盈利和剩余财产的分配上享有优先权。两者的主要区别在于：① 普通股股东享有公司的经营参与权，而优先股股东一般不享有公司的经营参与权；② 普通股股东的收益要视公司的盈利状况而定，而优先股的收益是固定的；③ 普通股股东不能退股，只能在二级市场上变现，而优先股股东可依照优先股股票上所附的赎回条款要求公司将股票赎回。

（一）股票的基本要素

股票的基本要素包括以下几个方面：

1. 股票价值

股票价值也称股票内在价值。进行股票投资通常是为了在未来获得一定的现金流入，包括每期将获得的股利以及出售股票时得到的价格收入。

2. 股票价格

股票在市场上进行交易时的价格，分为开盘价、收盘价、最高价、最低价等。股票价格波动性较大，影响因素十分复杂。

3. 股利

股息和红利的总称，是股东所有权在分配上的体现。但是，只有当公司获得利润并且管理层愿意将利润分给股东而不是将其进行再投资时，股东才有可能获得股利。

（二）股票投资的优缺点

1. 股票投资的优点

（1）投资收益高

虽然普通股票的价格变动频繁，但优质股票的价格总是呈上涨趋势。随着股份公司的发展，股东获得的股利也会不断增加。只要投资决策正确，股票投资收益是比较高的。

（2）能降低购买力风险

普通股票的股利是不固定的，随着股份公司收益的增长而提高。在通货膨胀时期，股份公司的收益增长率一般仍大于通货膨胀率，股东获得的股利可全部或部分抵消通货膨胀带来的购买力损失。

（3）流动性强

上市股票的流动性很强，投资者有闲散资金可随时买入，需要资金时又可随时卖出。这既有利于增强资产的流动性，又有利于提高其收益水平。

（4）拥有一定的经营控制权

投资者是股份公司的股东，有权参与或监督公司的生产经营活动。当投资者的投资额达到公司股本一定比例时，就能实现控制公司的目的。

2. 股票投资的缺点

（1）普通股的收入不稳定

普通股股利的多少，视企业经营状况和财务状况而定，其有无、多少均无法律上的保证，风险远远大于固定收益证券。

（2）普通股价格波动频繁

普通股的价格受众多因素影响，如政治因素、经济因素、投资者心理因素、企业盈利状况等，使得股票价格很不稳定，风险也较大。

（3）普通股对公司资产和盈利的求偿权居于最后

公司破产时，股东的投资可能得不到全数补偿，甚至可能一无所有。

（三）股票的估价方法

股票有两种基本类别：普通股和优先股。两种股票的估价方法不同，下面分别进行介绍。

1. 优先股估价

优先股是介于债券和普通股之间的一种混合证券。优先股的价值是其未来股利按投资者要求的报酬率贴现的现值。大多数优先股在各期间支付固定的股利，这一特点使其具有债权固定利息的特征。有到期期限的优先股价值计算可用如下公式表示：

$$V = D \times PVIFA_{r,n} + P \times PVIF_{r,n}$$

式中，符号及其含义如下：

V——优先股价值；

D——优先股每年支付的股息；

r——贴现率，即股票投资者所要求的报酬率；

P——发行公司回购优先股的价格；

n——年份。

事实上，大多数优先股按季度支付股利。因此对于有到期期限的优先股而言，价值计算可用如下公式表示：

$$V = A \times PVIFA_{(r/4)\%,4n} + P \times PVIF_{(r/4)\%,4n}$$

大多数优先股是永续的，这一特点使其具有永续年金的特征。因此对于没有到期期限的优先股而言，计算其价值可以将上述计算公式简化为

$$V = \frac{D}{r}$$

2. 普通股估价

普通股估价与债券估价本质上都是将未来的现金流量折算到当前时点。但由于普通股的

未来现金流量由公司股利政策决定,并不确定,因此普通股估价与债券估价存在差异。

假设股东永远持有股票,则他只获得现金股利收入,因此股票的价值是永续的股利现金流量的现值,基本公式如下:

$$V = \frac{D_1}{(1+r)^1} + \frac{D_2}{(1+r)^2} + \frac{D_3}{(1+r)^3} + \cdots = \sum_{n=1}^{\infty} \frac{D_n}{(1+r)^n}$$

式中,符号及其含义如下:

V——股票价值;

D_n——各期收到的股息;

r——贴现率,即股票投资者所要求的报酬率;

n——年份。

假设股东不打算永久持有股票,而是在一段时间后出售,则他获得的现金流入包括股利收入和股票出售时的售价两部分,此时的基本公式为

$$V = \frac{D_1}{(1+r)^1} + \frac{D_2}{(1+r)^2} + \cdots + \frac{D_n}{(1+r)^n} + \frac{P_n}{(1+r)^n} = \left(\sum_{n=1}^{n} \frac{D_n}{1+r^n}\right) + \frac{p_n}{(1+r)^n}$$

式中及其含义如下:

P_n——第 n 期末股票售价

n——股票买进后投资者准备持有的期限。

事实上,当前一个投资者将股票出售后,买入这只股票的接替投资者所能得到的未来现金流量就是其持有期间所得到的公司派发的现金股利和再次出售所得到的售价。如果将一个个投资者串联起来,连续地考虑股票买入和卖出的过程,可以发现股票出售时的售价相互抵消了。普通股真正能够给投资者提供的回报,就是发行公司向股东派发的现金股利。因此,普通股的价值计算可以用如下公式来表:

$$V = \frac{D_1}{(1+r)^1} + \frac{D_2}{(1+r)^2} + \frac{D_3}{(1+r)^3} + \ldots = \sum_{n=1}^{\infty} \frac{D^n}{(1+r)^n}$$

由上式可知,股票估价需要预测未来无穷期的所有现金股利,这显然是不可能的。因此股票估价通常基于一定的假设条件。

假设每年的股利稳定不变,则投资者持有期间,股票估价公式可以简化为

$$V = \frac{D}{(1+r)^1} + \frac{D}{(1+r)^2} + \frac{D}{(1+r)^3} + \ldots = \frac{D}{r}$$

上式称为零增长模型。零增长模型是一种非常简化的模型,适用于比较粗糙的估计虽然计算非常简单,但适用范围十分有限。

假设股票的现金股利在基期 D_0 的基础上按固定速度 g 不断增长,则股票估价公式为

$$V = \frac{D_0(1+g)}{(1+r)^1} + \frac{D_0(1+g)^2}{(1+r)^2} + \cdots + \frac{D_0(1+g)^n}{(1+r)^n} + \cdots$$

$$= D_0 \sum_{n=1}^{\infty} \frac{(1+g)^n}{(1+r)^n} = \frac{D_0(1+g)}{1-g} = \frac{D_1}{r-g}$$

上式称为固定增长模型。固定增长模型也是比较简化的模型,因为任何一家公司的股票都不会是严格的常数增长型。但是股票市场作为国民经济的浓缩和反映,其增长应该和 GDP 同步,因此,固定增长对股票市场是一个比较合理的假设。

第三节 风险与收益

财务活动的过程伴随着经济利益的协调,它是通过各个利益主体的讨价还价以便实现收益风险均衡予以达成的。风险报酬均衡观念对于证券估价、筹资管理、营运资本管理等具有重要影响。因此,在研究各项具体的财务管理内容之前,有必要掌握和理解风险报酬均衡的基本概念及相关计算方法。

一、风险与收益的概念

对于大多数投资者而言,投资是为了在未来赚取更多的资金。收益为投资者提供了一种恰当地描述投资项目财务绩效的方式。收益大小可以用收益率来衡量。例如,某投资者购入 10 万元的证券,一年后获得 12 万元,那么这一年的投资收益率为 20%。

收益率的基本计算公式如下:

$$r = \frac{P_1 - P_0}{P_0}$$

式中,符号及其含义如下:

r——投资于某一项资产所获得的收益率。

P_0——该资产的期初价值。

P_1——该资产的期末价值。

风险是指在一定条件下和一定时期内可能发生的各种结果的变动程度。风险是事件本身的不确定性,投资者不能主观去改变,但是是否愿意承担风险、承担多大风险是投资者可以主观选择的。

项目投资所面临的风险来自许多方面,多种因素都会在不同程度上影响项目投资所能实现的收益率。风险一般有以下五种分类。

1. 项目投资风险

一个项目可能会比预期拥有更高的或更低的现金流量,这可能是因为投资项目分析者错误地估计了该项目的现金流入或是因为该项目的一些特有的因素。投资多元化、分散化可以有效降低投资风险。

2. 项目竞争风险

公司任何一个项目的收入和现金流量都会受到竞争对手行为的影响。显然，公司难以通过投资多元化来消除竞争风险，但是公司股东可以通过持有其竞争对手的股票来降低这一风险。

3. 行业特有风险

行业特有风险作为影响一个特有行业的收入和现金流量的因素，必然会影响到公司的项目投资收益。公司股东可以通过持有不同行业股票的投资组合来分散行业特有风险。

4. 市场风险

市场风险通常指影响所有公司和所有项目投资的宏观经济因素，如利率变化。投资者很难通过创造风险投资组合（如股票）来分散风险，因为所有风险投资价值都受到市场风险的影响。

5. 汇率风险

当一家公司计算收入和股票价格所使用的货币不同于其现金流量计算所使用的货币时，就面临着汇率风险。在不同国家投资且持有多种货币的国际投资者，在一定程度上可以分散汇率风险。

公司的财务决策几乎都是在包含风险和不确定性的情况下做出的。离开了风险，就无法正确评价公司收益的高低。风险是客观存在的，按风险的不同，公司的财务决策可以分为三种类型。

1. 确定型投资

决策者对未来情况已知或者基本确定，可以明确知道投资结果。例如购买国债，到期时投资者可以按规定取得预期利息并收回本金。确定型投资在所有投资活动中非常少见。

2. 风险型投资

投资者对投资的未来情况不能完全确定，但事先知道所有可能出现的结果，以及每种结果出现的概率。例如抛一枚硬币，结果只有两个——正面或者反面，并且两者的概率各为50%。

3. 不确定型投资

投资者事先不知道投资决策的所有可能结果，或者虽然知道可能出现的结果，但并不知道它们出现的概率。例如股票投资的结果可能有三种——盈利、保本、亏损，但是无法知道这三种结果出现的概率。

从理论上说，不确定型投资是无法计量的。但是在财务管理的实践中，通常为不确定型投资主观规定一些概率，以便进行定量分析。规定了主观概率后，不确定型投资就等同于风险型投资了。因此，财务管理学对不确定型投资和风险型投资并不做严格区分，统称风险型投资。

任何一项风险型投资，不论是固定资产投资还是证券投资，投资者总是在风险和收益率之间相互权衡。通常，投资者承担的风险越大，期望的收益率也就越高；投资者对风险采取谨慎保守的态度，那么期望的收益率也会比较低。

二、单项投资风险与收益

单项投资的风险和收益是指某一投资项目方案实施后，将会出现各种投资结果的概率。常用的方法是把项目投资价值看成随机变量，运用概率统计思想来衡量项目投资的风险和收益情况。

（一）单项投资的收益分析——概率分布

概率是指随机事件发生的可能性大小。人们通常把确定发生的事件概率定为1，确定不会发生的事件概率定为0，而一般随机事件的概率介于0和1之间。投资活动可能出现的各种收益情况可以看成一个个随机事件，其发生的可能性可以用相应的概率描述。概率分布即为一系列可能的结果以及每种结果发生的可能性大小。

假设有两个投资项目，其收益情况的概率分布如表2-5所示。从表中可以看出，市场经济状况繁荣的概率为30%，此时A项目收益率可达80%，而B项目收益率为40%；市场经济状况正常的概率为50%，此时两个项目的收益率比较适中；市场经济状况衰退时，A项目出现亏损，B项目收益率为10%。

表2-5　A、B两项目的风险与收益概率分布

市场经济状况	各类状况发生的概率	各类需求状况下的收益率	
		A项目	B项目
繁荣	0.3	80%	40%
正常	0.5	20%	30%
衰退	0.2	−60%	10%
合计	1	22%	29%

（二）单项投资的收益分析——预期收益率

由于投资结果的不确定性，未来的投资收益会出现多种可能。投资的预期收益率是由各种可能的收益率按其概率进行加权平均而得到的，它反映了一种集中趋势。其计算公式为

$$\bar{r} = P_1 r_1 + P_2 r_2 + \cdots + P_n r_n = \sum_{i=1}^{n} P_i r_i$$

式中，符号及其含义如下：

$\bar{r}$——各种可能结果的加权平均数；

r_i——第 i 种可能的结果；

P_i——第 i 种结果出现的概率；

n——所有可能结果的数目。

根据表 2-5 所示，A 项目的预期收益率为

$\overline{r_A} = 0.3 \times 80\% + 0.5 \times 20\% + 0.2 \times (-60\%) = 22\%$

B 项目的预期收益率为

$\overline{r_B} = 0.3 \times 40\% + 0.5 \times 30\% + 0.2 \times 10\% = 29\%$

（三）单项投资的风险分析——标准差

实际生活中存在很多投资机会，它们的预期收益率可能相同也可能不同，同时，收益的概率分布差别也很大，这就是前面提到的投资风险。对于期望收益相同的投资项目，比较其风险大小时通常用标准差，而对于期望收益不同的投资项目，比较其风险大小则用变异系数。

标准差是描述各种可能结果相对于期望值离散程度的常用指标。标准差越小，概率分布越集中，相应的风险就越小。标准差的计算过程如下：

1. 计算预期收益率

$$预期收益率 = \overline{r} = P_1 r_1 + P_2 r_2 + \cdots + P_n r_n = \sum_{i=1}^{n} P_i r_i$$

2. 每个可能的收益率 r_i 减去预期收益率 $\overline{r}$ 得到一组相对于 $\overline{r}$ 的离差

$$离差 = \sigma^2 = \sum_{i=1}^{n} \left(r_i - \overline{r}\right)^2 P_i$$

3. 求各离差平方，并将结果与该结果对应的发生概率相乘，再将这些乘积相加，得到概率分布的方差。

$$方差 = \sigma^2 = \sum_{i=1}^{n} \left(r_i - \overline{r}\right)^2 P_i$$

4. 求出方差的平方根，即得到标准差

$$标准差 = \sigma = \sqrt{\sum_{i=1}^{n} \left(r_i - \overline{r}\right)^2 P_i}$$

由表 2-5 可知，A 项目的标准差为

$$\sigma_A = \sqrt{(80\% - 22\%)^2 \times 0.3 + (20\% - 22\%)^2 \times 0.5 + (-60\% - 22\%)^2 \times 0.2} \approx 0.361$$

B 项目的标准差为

$$\sigma_B = \sqrt{(40\% - 29\%)^2 \times 0.3 + (30\% - 29\%)^2 \times 0.5 + (10\% - 29\%)^2 \times 0.2} \approx 0.104$$

A 项目的标准差更大，说明其收益的偏离程度更大，即无法实现预期收益的可能性更大。由此可以判断，当单独投资时，A 项目比 B 项目风险更大。

（四）单项投资的风险分析——变异系数

在两种预期收益率相同而标准差不同的投资方案之间进行选择时，投资者会选择标准差较小的方案，以降低风险；相应地，在两种标准差相同而期望报酬率不同的投资方案之间选择时，投资者会选择期望报酬率较高的方案。投资者都想以尽可能小的风险获得尽可能大的收益。

然而当两个投资项目中，一个预期收益率较高，另一个标准差较小，就不能再单独使用标准差来判断了。上文中提到，比较期望收益不同的投资项目的风险大小，采用变异系数这一指标。变异系数等于标准差与预期收益率的比值，用如下公式表示。

$$CV = \frac{\sigma}{\overline{r}}$$

变异系数的经济含义是，为了获得每个单位的预期收益所需要承担的风险。变异系数实际上是把标准差按照预期收益进行平均化的过程。在预期收益不同的情况下，变异系数越大，则为了获得单位收益所需承担的风险越大；变异系数越小，则为了获得单位收益所需要承担的风险越小。

（五）单项投资风险与收益小结

在互斥的投资决策中，决策者的基本原则是选择高收益低风险的项目。具体有以下几种情况：

（1）若 n 个方案预期收益率基本相同，应选择标准差小的方案；

（2）若 n 个方案标准差基本相同，应选择预期收益率大的方案；

（3）若 A 方案的期望值大于 B 方案，且标准差小于 B 方案，则选择 A 方案；

（4）若 A 方案的期望值大于 B 方案，且标准差大于 B 方案，则选择变异系数较小的方案。

三、投资组合风险与收益

以上都是单项投资的风险与收益分析，事实上很少有投资者只选取一个项目进行投资，而是将不同的项目结合在一起，以减少总投资的风险程度。这种将不同投资项目结合在一起的总投资，称为投资组合。

（一）投资组合的预期收益率

投资组合的预期收益率等于投资组合中各项资产预期收益率的加权平均数，其中权数是投资于各项资产的资金占投资于整个组合的比例。投资组合预期收益率的计算公式如下：

$$\overline{r_p} = \omega_1 \overline{r_1} + \omega_2 \overline{r_2} + \cdots + \omega_n \overline{r_n} = \sum_{i=1}^{n} \omega_i \overline{r_i}$$

式中，符号及其含义如下：

$\overline{r_p}$——投资组合的预期收益。

$\overline{r_i}$——单个方案的预期收益率。

ω_i——第 i 个项目所占比重。

n——投资组合中项目的数目。

（二）协方差和相关系数

在一个投资组合中如果某一投资项目的收益率呈上升趋势，其他投资项目的收益率可能上升，也可能下降或者保持不变。在统计学中，计算投资组合中任意两个项目的收益率之间变动关系的指标是协方差或者相关系数，这也是投资组合风险分析中的两个核心概念。

协方差是一个测量投资组合中一个投资项目相对于其他项目风险的统计量。本质上，组合内各投资组合相互变化的方式影响着投资组合的整体方差，从而影响其风险。

协方差的计算公式为

$$C_{\text{OV}}(r_1, r_2) = \frac{1}{n} \sum_{i=1}^{n}(r_{1i} - \overline{r_1})(r_{2i} - \overline{r_2})$$

协方差的计算结果可正可负。正负表示两个投资项目之间收益率变动的方向。为正则表示两个项目的收益率变动方向相同，即正相关；为负则表示两个项目的收益率变动方向相反，即负相关。协方差绝对值越大，则两个项目的收益率关系越密切；绝对值越小，则两个项目的收益率关系越疏远。

协方差给出的是两个变量相对变动的绝对值，有时投资者更需要了解这种相对变动的相对值，即相关系数。相关系数是将协方差标准化后的结果。将协方差除以两个投资项目的标准差之积，得出一个与协方差具有相同性质却没有量化的数值，即为相关系数。

相关系数的计算结果同样可正可负。为正则表示两个项目的收益率变动方向相同，即正相关；为负则表示两个项目的收益率变动方向相反，即负相关。相关系数总是在 –1.0 ～ +1.0 的范围内变动，–10 表示完全负相关，+1.0 表示完全正相关，0 表示不相关。

相关系数的计算公式如下：

$$\sigma_{12} = \frac{C_{\text{OV}}(r_1, r_2)}{\sigma_1 \sigma_2}$$

（三）投资组合的总风险

在投资组合中，总风险可以通过投资组合报酬率的方差和标准差来进行衡量。假设投资组合中只有 A、B 两方案，则投资组合方差的计算公式为：

$$V_{\text{p}} = \omega^2_A \sigma^2_A + \omega^2_B \sigma^2_B + 2\omega_A \omega_B C_{\text{OV}}(r_A, r_B)$$

投资组合标准差的计算公式为

$$\sigma_{\text{P}} = \sqrt{V_{\text{P}}} = \sqrt{\omega^2_A \sigma^2_A + \omega^2_B \sigma^2_B + 2\omega_A \omega_B C_{\text{OV}}(r_A, r_B)}$$

式中，符号及其含义如下：

V_p——投资组合的方差。

σ_P——投资组合的标准差。

ω_A 方案在总投资额中所占比重。

ω_B 方案在总投资额中所占比重。

$\text{Cov}(r_A, r_B)$ A、B 两方案的协方差。

（四）投资组合的风险与收益

投资组合的总风险通常包括两部分：系统风险和非系统风险。

系统风险是指市场报酬率整体变化所引起的市场上所有资产的报酬率的变动性，从而使投资者遭受经济损失的可能性。系统风险包括政策风险、经济周期性波动风险、利率风险、购买力风险、汇率风险等。这种风险不能通过分散投资加以消除，因此又被称为不可分散风险。系统风险可以用贝塔系数来衡量。

非系统风险是指对某个行业或个别证券产生影响的风险，它通常由某一特殊的因素引起，与整个证券市场的价格不存在系统的全面联系，而只对个别或少数证券的收益产生影响。也称微观风险。例如，公司的工人罢工，新产品开发失败，失去重要的销售合同，诉讼失败或宣告发现新矿藏等。这类事件是非预期随机发生的，它只影响一个或少数公司，不会对整个市场产生太大的影响。这种风险可以通过多样化投资来分散，即发生于一家公司的不利事件可以被其他公司的有利事件所抵消。由于非系统风险是个别公司或个别资产所特有的，所以也称"特有风险"。由于非系统风险可以通过投资多样化分散掉，因此也称"可分散风险"。

系统风险对投资组合的影响程度可以用户系数来衡量。力系数可以衡量某投资项目或投资组合的收益率随着市场组合的报酬率变化而有规则地变化的程度。因此，力系数被称为系统风险指数。其计算公式为

$$\beta_i = \frac{\sigma_{im}}{\sigma_m^2}$$

式中，符号及其含义如下：

β_i——单个证券的 β 系数；

σ_{im}——单个证券收益与市场收益的协方差；

σ_m^2——市场收益的方差。

β 系数通常由相应的机构计算并公布。β 系数的数值可正可负。当 $\beta = 1$ 时，表示该证券的收益率与市场平均报酬率呈相同比例的变化，风险状况也与市场组合的风险状况一致；当 $\beta > 1$ 时，表示该证券的风险大于市场组合的风险；当 $\beta < 1$ 时，表示该证券的风险小于市场组合的风险。

投资组合的 β 系数是单个证券 β 系数的加权平均，权重是各种证券在投资组合中所占的比重。在其他因素不变的情况下，风险收益取决于证券组合的 β 系数。β 系数越大，风险收益越大；β 系数越小，风险收益越小。β 系数反映了证券收益对系统性风险的反应程度。投资组合的 β 系数计算公式为

$$\beta_P = \sum_{i=1}^{n} \omega_i \beta_i$$

式中，符号及其含义如下：

β_P——投资组合的 β 系数；

ω_i——第 i 种证券在投资组合中所占的比重；

β_i——第 i 种证券的 β 系数。

投资者进行证券投资与进行单项投资一样，都要求对承担的风险进行补偿。风险越大，所要求的收益越高。但是，与单项投资不同，证券组合投资要求补偿的只是系统风险，不要求对非系统风险进行补偿。因此，证券组合的风险收益是投资者因承担非系统风险而要求的、超过时间价值的那部分额外收益，可用如下公式进行计算：

$$R_P = \beta_P(R_M - R_F)$$

式中，符号及其含义如下。

R_P——投资组合的风险收益率；

β_P——投资组合的 β 系数；

R_M——所有证券的平均收益率，即市场收益率；

R_F——无风险收益率。

四、主要资产定价模型

投资者只有在预期收益足以补偿其承担的投资风险时才会投资于风险性项目。根据风险收益均衡原则，风险越高，必要收益率也越高。一些基本的资产定价模型将风险和收益率联系在一起，把收益率表示成风险的函数。下面介绍几种主要的资产定价模型。

（一）资本资产定价模型

资产组合理论认为，无论资产之间的相关系数如何，投资组合的收益不低于各单项资产的加权平均收益，而投资组合的风险小于单项资产的加权平均风险，也就是说，投资组合可以有效地分散风险。对于投资组合来说，预期收益率与组合的风险之间存在一定的函数关系，即1990年诺贝尔经济学奖获得者威廉·夏普于20世纪60年代提出的资本资产定价模型。

构造了证券投资组合并计算了它们的收益率之后，资本资产定价模型可以进一步测算投资组合中每一种证券的收益率。资本资产定价模型建立在一系列严格的假设基础上：

1. 市场上存在众多投资者，每位投资者的投资额都很小，所有投资者只能是价格的接受者，并不能影响价格，市场处于完善的竞争状态；

2. 所有投资者都关注单一持有期，且所有投资者都只关心短期内的风险与收益情况，追求财富效用的最大化；

3. 投资者只能投资于公开交易的金融工具，如股票、债券等，并且可以不受限制地以固定的无风险利率进行借贷，卖空任何资产均无限制；

4. 投资者有相同的期望，即对预期收益率、标准差以及任何资产的协方差评价一致；

5. 投资者都是理性的，并且能获得完全可靠的信息；

6. 资产无限可分，并具有完美的流动性，可以以任何价格进行交易；

7. 没有税收和交易费用。

在市场均衡的状态下，某项风险资产的预期收益率以及与其所承担的风险之间的关系可以用以下公式表示：

$$R_i = R_F + \beta_i(R_M - R_F)$$

式中，符号及其含义如下：

R_i——第 i 种证券或投资组合的必要收益率；

R_F——无风险收益率；

β_i——第 i 种证券或投资组合的 β 系数；

R_M——所有证券的平均收益率，即市场收益率。

上式是资本资产定价模型的公式表达，资本资产定价模型的图形表达称为证券市场线，如图 2-6 所示。证券市场线主要说明了投资组合的收益率与系统风险程度 β 系数之间的线性关系，充分体现了高风险高收益的原则。证券市场线反映了投资者回避风险的程度，直线越陡峭，投资者越回避风险；直线越平缓，投资者越愿意承担风险。

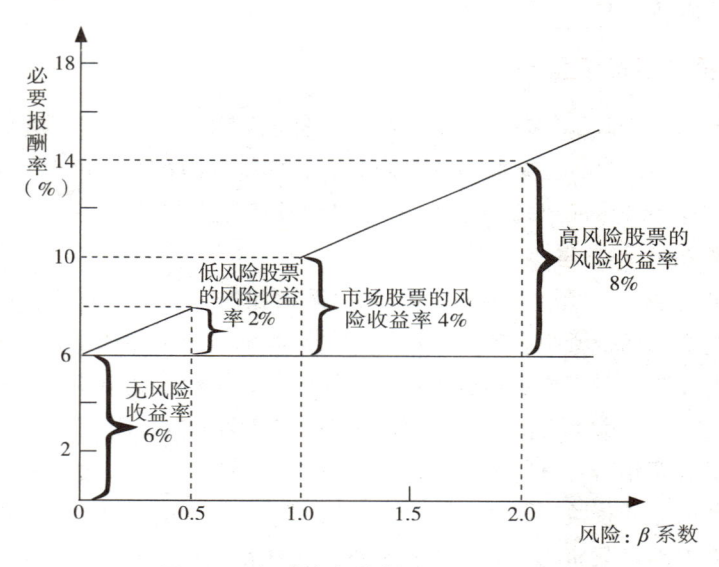

图 2-6 证券市场线与 β 系数的关系

（二）多因素模型

资本资产定价模型的一个核心假设条件是，均值和标准差包含了资产未来收益率的所有相关信息。这种假设很难实现，因为影响资产预期收益率的因素很多。原则上资本资产定价模型认为资产的预期收益率取决于单一因素，但是在现实中多因素模型更符合实际。因为即使无风险收益率保持稳定，受风险影响的那部分风险溢价仍然可能受到多重因素的影响。

假设有 n 种相互独立的因素影响系统风险，此时证券收益率将会是一个多因素模型。在市场均衡的状态下，某项风险资产的预期收益率与其所承担的风险之间的关系可可以用以下公式表示：

$$R_i = R_F + R(F_1, F_2, \cdots, F_n) + \varepsilon$$

式中,符号及其含义如下:

R_i——第 i 种证券或投资组合的必要收益率;

R_F——无风险收益率;

F_n——n 个影响因素;

$R(F_1, F_2, \cdots, F_n)$——n 个影响因素的函数;

ε——非系统风险带来的递增收益。

(三) 套利定价模型

套利定价理论由罗斯在1976年提出。套利定价模型是基于套利定价理论,从多因素角度考虑证券收益,假设证券收益是由一系列产业方面和市场方面的因素确定的。

套利就是在两个不同的市场上以两种不同的价格同时买入和卖出证券,通过在一个市场上低价买进并同时在另一个市场上高价卖出,套利者就可以在无风险的情况下获利。

套利定价模型与资本资产定价模型都是建立在资本市场效率的原则上,套利定价模型仅仅是在统一框架之下的另一种证券估价方式。套利定价模型把资产的收益率放在一个多变量的基础上,它并不试图规定一组特定的决定因素,而是认为,资产的预期收益率取决于一组因素的线性组合。相对于资本资产定价模型,套利定价理论更加一般化,因此,在一定条件下,资本资产定价模型是套利定价理论的特殊形式。

套利定价理论认为,由于投资者追逐无风险的套利机会,使得各资产的预期收益满足以下公式,即无套利机会的市场均衡条件为

$$R_i = R_F + \beta_{j1}(\overline{r}_{F1} - R_F) + \beta_{j2}(\overline{r}_{F2} - R_F) + \cdots + \beta_{jn}(\overline{r}_{Fn} - R_F)$$

式中,符号及其含义如下:

R_i——第 i 种证券或投资组合的必要收益率;

R_F——无风险收益率;

n——影响资产收益率的因素的个数;

$\overline{r}_{F1}, \overline{r}_{F2}, \cdots, \overline{r}_{Fn}$——因素 1~$n$ 各自的预期收益率;

$\beta_{j1}, \beta_{j2}, \cdots, \beta_{jn}$——因素 1~$n$ 表示该资产对于不同因素的敏感程度。

【例2-16】某证券资产组合中有三只股票,相关的信息如表2-6所示,要求计算证券资产组合的 β 系数。

表2-6 某证券资产组合的相关信息

股票	β系数	股票的每股市价(元)	股票的数量
A	0.5	2	400
B	1.4	1	200
C	2.7	5	200

首先计算 A、B、C 三种股票所占的价值比例：

A 股票比例：(2×400) ÷ (2×400 + 1×200 + 5×200) × 100% = 40%

B 股票比例：(1×200) ÷ (2×400 + 1×200 + 5×200) × 100% = 10%

C 股票比例：(5×200) ÷ (2×400 + 1×200 + 5×200) × 100% = 50%

然后计算加权平均 β 系数，即为证券资产组合的 β 系数：

β_p = 40%×0.5 + 10%×1.4 + 50%×2.7 = 1.69

【例2-17】某公司持有由 A、B、C 三种股票组成的证券组合，三种股票的 β 系数分别是 2.0、1.5 和 0.5，它们的投资额分别是 60 万元、30 万元和 10 万元。股票市场平均收益率为 10%，无风险收益率为 5%。假定资本资产定价模型成立。

要求：(1) 确定证券组合的必要收益率。

(2) 若公司为了降低风险，出售部分 A 股票，使得 A、B、C 三种股票在证券组合中的投资额分别变为 10 万元、30 万元和 60 万元，其余条件不变。试计算此时的风险收益率和必要收益率。

(1) 确定证券组合的必要收益率

① 首先计算各股票在组合中的比例

A 股票的比例 = 60 ÷ (60 + 30 + 10) × 100% = 60%

B 股票的比例 = 30 ÷ (60 + 30 + 10) × 100% = 30%

C 股票的比例 = 10 ÷ (60 + 30 + 10) × 100% = 10%

② 计算证券组合的 β 系数

证券组合的 β 系数 = 2.0×60% + 1.5×30% + 0.5×10% = 1.7

③ 计算证券组合的风险收益率

证券组合的风险收益率 = 1.7 × (10% − 5%) = 8.5%

④ 计算证券组合的必要收益率

证券组合的必要收益率 = 5% + 8.5% = 13.5%

(2) 调整组合中各股票的比例后

① 计算各股票在组合中的比例

A 股票的比例 = 10 ÷ (60 + 30 + 10) × 100% = 10%

B 股票的比例 = 30 ÷ (60 + 30 + 10) × 100% = 30%

C 股票的比例 = 60 ÷ (60 + 30 + 10) × 100% = 60%

② 计算证券组合的 β 系数

证券组合的 β 系数 = 2.0×10% + 1.5×30% + 0.5×60% = 0.95

③ 计算证券组合的风险收益率

证券组合的风险收益率 = 0.95 × (10% − 5%) = 4.75%

④ 计算证券组合的必要收益率

证券组合的必要收益率 = 5% + 4.75% = 9.75%

【例 2-17】 某公司拟在现有的 A 证券的基础上,从 B、C 两种证券中选择一种风险小的证券与 A 证券组成一个证券组合,资金比例为 6∶4,有关资料如表 2-7 所示。

要求:(1)应该选择哪一种证券?

(2)假定资本资产定价模型成立,如果证券市场平均收益率为 12%,无风险利率是 5%,计算所选择的组合的预期收益率和 β 系数分别是多少?

表 2-7 三种证券的收益率的预测信息

可能的情况	A 证券在各种可能情况下的收益率	B 证券在各种可能情况下的收益率	C 证券在各种可能情况下的收益率
0.5	15%	20%	8%
0.3	10%	10%	14%
0.2	5%	−10%	12%

(1)A 的预期收益率 = 0.5×15% + 0.3×10% + 0.2×5% = 11.5%

B 的预期收益率 = 0.5×20% + 0.3×10% + 0.2×(−10%) = 11%

C 的预期收益率 = 0.5×8% + 0.3×14% + 0.2×12% = 10.6%

B 的标准差 = $\sqrt{(20\%-11\%)^2 \times (10\%-11\%)^2 \times 0.3 + (-10\%-11\%)^2 \times 0.2}$ = 11.36%

C 的标准差 = $\sqrt{(8\%-10.6\%)^2 \times 0.5 + (14\%-10.6\%)^2 \times 0.3 + (12\%-10.6\%)^2 \times 0.2}$ = 2.69%

B 的标准离差率 = 11.36%/11% = 1.03

C 的标准离差率 = 2.69%/10.6% = 0.25

由于 C 证券的标准离差率小于 B 证券的标准离差率,所以应该选择 C 证券。

(2)组合的预期收益率 = 0.6×11.5% + 0.4×10.6% = 11.14%

根据资本资产定价模型:11.14% = 5% + β(12% − 5%)

解得:β = 0.88

财务管理

【知识总结】

本章主要介绍了财务管理的价值理念,包括货币时间价值、债券和股票的估价、投资活动的风险与收益三个部分。

货币时间价值是指货币经历一定时间的投资和再投资所增加的价值。运用现值和终值公式可以将现金流量在其收付时点与任何另一时点之间的等值价值进行转换。一定期限内一系列相等金额的收付款项称为年金,基本类型包括普通年金、先付年金、递延年金和永续年金。

货币时间价值的一个重要运用是证券估价。证券估价是财务管理中十分重要的问题。债券和股票是两种最常见的金融证券。将现金流量贴现法应用到债券和股票估价上,即可得到债券和股票估价的基本模型。其中,股票包括普通股和优先股两种基本类型,应当采用相应的估价方式进行合理计量。

投资者由于承担风险进行投资而获得的超过资金时间价值的额外收益,称为投资的风险价值或风险报酬。在单项投资中,预期收益率、标准差、变异系数是衡量其风险与收益的重要指标。而在投资组合中,还应当考虑协方差与相关系数、β 系数等。资本资产定价模型及证券市场线是分析风险报酬的重要工具。

【思考练习】

一、单选题

1. 如果通货膨胀率很低,可用来表现资金时间价值的是( )。
   A. 企业债券利率　　　　B. 金融债券利率
   C. 政府债券利率　　　　D. 公司可转换债券利率

2. 一定时期内每期期初等额收付的系列款项是( )。
   A. 即付年金　　B. 永续年金　　C. 递延年金　　D. 普通年金

3. 某大学决定建立科研奖金,现准备存入一笔现金,预计以后无限期地在每年年末支取利息 20 000 元用来发放奖金。在存款年利率为 10% 的条件下,现在应存入( )元。
   A. 250 000　　　B. 200 000　　　C. 215 000　　　D. 300 000

4. 如果某人 5 年后想拥有 50 000 元,在年利率为 5%、单利计息的情况下,他现在必须存入银行的款项是( )元。
   A. 50 000　　　B. 40 000　　　C. 39 176.31　　　D. 47 500

5. 甲某拟存入一笔资金以备 3 年后使用。假定银行 3 年期存款年利率为 5%,甲某 3 年

后需用的资金总额为 34 500 元，则在单利计息情况下，目前需存入的资金为（　　）元。

　　A. 30 000　　　　B. 29 803.04　　　　C. 32 857.14　　　　D. 31 500

二、多选题

1. 企业因借款而增加的风险称为（　　）。
　　A. 经营风险　　　　B. 财务风险　　　　C. 市场风险　　　　D. 筹资风险
2. 考虑风险因素后，影响投资报酬率变动的因素有（　　）。
　　A. 无风险报酬率　　B. 风险报酬系数　　C. 投资年限　　　　D. 标准离差率
3. 按照支付的次数和支付的时间不同，年金可分为（　　）。
　　A. 普通年金　　　　B. 即付年金　　　　C. 递延年金　　　　D. 永续年金
4. 永续年金的特点有（　　）。
　　A. 没有终值　　　　B. 期限趋于无穷大　C. 只有现值　　　　D. 每期等额收付
6. 在复利计息方式下，影响复利息大小的因素主要包括（　　）。
　　A. 计息频率　　　　B. 资金额　　　　　C. 期限　　　　　　D. 利率

三、判断题

1. 即使只有一笔款项的发生额不相等，该款项系列也不能称为年金。（　　）
2. 没有经营风险的企业，也就没有财务风险。（　　）
3. 没有财务风险的企业，也就没有经营风险。（　　）
4. 一年复利多次时，实际利率大于名义利率；多年复利一次时，实际利率小于名义利率。（　　）
5. 普通年金现值系数加 1 等于同期、同利率的预付年金现值系数。（　　）

四、思考题

1. 怎样理解货币时间价值？结合实例说明。
2. 为什么在考虑货币时间价值的现金流量计算中通常采用复利模式进行计算？
3. 如何理解贴现率的含义？
4. 年金是否一定是每年发生一次现金流量？请举例说明。
5. 债券的价值由哪些因素决定，为什么？
6. 谈谈你对股票投资收益性和风险性的理解。

五、计算分析题

1. 某人将 10 000 元存入银行，年利率为 2%，按单利计算，3 年后本利和有多少？
2. 某人希望在第 5 年年末取得本利和 10 000 元，用以支付一笔款项。则在利率为 5%，单利方式计算条件下，此人现在应存入银行多少钱？

3. 某投资项目预计 6 年后可获得收益 800 万元，假设投资报酬率为 12%，问这笔收益的现在价值是多少？

4. 时代公司需用一设备，买价为 1 600 万元可用 10 年。如果租用，则每年年初需付租金 200 万元，除此以外，买与租的其他情况相同。假设利率为 6%。

要求计算说明购买与租用何者为优。

5. 某公司拟购置一处房产，房主提出三种付款方案：

① 从现在起，每年年初支付 20 万，连续支付 10 次，共 200 万元；

② 从第 5 年开始，每年年末支付 25 万元，连续支付 10 次，共 250 万元；

③ 从第 5 年开始，每年年初支付 24 万元，连续支付 10 次，共 240 万元。

假设该公司的资金成本率（即最低报酬率）为 10%，你认为该公司应选择哪个方案？

6. A 公司拟投资于一项目，期望在第 5 年末使原投入的资金价值达到 5 000 万元，假定该项目的投资报酬率为 10%，要求计算 A 公司现在应投入的资金数额。[（P/F，10%，5）= 0.620 9]

7. B 公司向保险公司借款，预计 10 年后还本付息总额为 800 000 元。为归还这笔借款，B 公司拟在各年提取相等数额的基金。假定银行的借款年利率为 10%。[（F/A，10%，10）= 15.937]

要求：

（1）如果 B 公司每年年末提取该项基金，计算每年应提取的基金额。

（2）如果 B 公司每年年初提取该项基金，计算每年应提取的基金额。

第三章 筹资管理

【学习目标】

1. 了解筹资管理的内涵、股权筹资、债务筹资、衍生工具筹资；
2. 掌握资金需要量预测、资本成本与资本结构；
3. 重点掌握筹资管理的分类以及资本构成。

【核心概念】

筹资管理　股权筹资　债务筹资　资本成本与资本结构

【案例导入】

某企业计划年初的资本结构如表3-1所示。

表3-1　年初资本结构

各种资本来源	金额/万元
长期债券，年利率10%	600
优先股，年股息率8%	200
普通股，40 000股	800
合计	1 600

普通股每股股票面额200元，今年期望股息20元，预计以后每年股息增加5%，该企业所得税率为25%，假设发行各种证券均无筹资费用。

该企业现拟增资400万元，有甲、乙两个方案：

甲方案：发行长期债券400万元、年利率10%，普通股股息增加到25元，以后每年还可增加6%，但是，由于增加了风险，普通股市价将跌到每股160元。

乙方案：发行长期债券200万元，年利率10%，另发行普通股200万元。普通股股息增加到25元，以后每年再增加5%，由于信誉提高，普通股市价将上升到每股250元。

案例分析：

试选择最佳筹资方案。

第一节 筹资管理概述

筹资活动是企业一项重要的财务活动。如果说企业的财务活动是以现金收支为主的资金流转活动，那么筹资活动则是资金运转的起点。筹资的作用主要有两个。

1. 满足经营运转的资金需要

企业筹资，能够为企业生产经营活动的正常开展提供财务保障。筹集资金，作为企业资金周转运动的起点，决定着企业资金运动的规模和生产经营发展的程度。企业新建时，要按照企业战略所确定的生产经营规模核定长期资本和流动资金的需要量。在企业日常生产经营活动运行期间，需要维持一定数额的资金，以满足营业活动的正常波动需求。这些都需要筹措相应数额的资金，来满足生产经营活动的需要。

2. 满足投资发展的资金需要

企业在成长时期，往往因扩大生产经营规模或对外投资需要大量资金。企业生产经营规模的扩大有两种形式，一种是新建厂房、增加设备，这是外延式的扩大再生产；另一种是引进技术、改进设备，提高固定资产的生产能力，培训工人，提高劳动生产率，这是内涵式的扩大再生产。不管是外延式的扩大再生产还是内涵式的扩大再生产，都会发生扩张性的筹资机动。同时，企业由于战略发展和资本经营的需要，还会积极开拓有发展前途的投资领域，以联营投资、股权投资和债权投资等形式对外投资。经营规模扩张和对外产权投资，往往会产生大额的资金需求。

一、筹资的分类

企业筹资可以按不同的标准进行分类。

（一）股权筹资、债务筹资及衍生工具筹资

按企业所取得资金的权益特性不同，企业筹资分为股权筹资、债务筹资及衍生工具筹资三类，这也是企业筹资方式最常见的分类方法。

股权筹资形成股权资本，是企业依法长期拥有、能够自主调配运用的资本。股权资本在企业持续经营期间内，投资者不得抽回，因而也称之为企业的自有资本、主权资本或股东权益资本。股权资本是企业从事生产经营活动和偿还债务的本钱，是代表企业基本资信状况的一个主要指标。企业的股权资本通过吸收直接投资、发行股票、内部积累等方式取得。股权资本由于一般不用还本，形成了企业的永久性资本，因而财务风险小，但付出的资本成本相对较高。

债务筹资，是企业通过借款、发行债券、融资租赁以及赊销商品或服务等方式取得的资金形成在规定期限内需要清偿的债务。由于债务筹资到期要归还本金和支付利息，对企业的经营状况不承担责任，因而具有较大的财务风险，但付出的资本成本相对较低。从经济意义上来说，债务筹资也是债权人对企业的一种投资，也要依法享有企业使用债务所取得的经济利益，因而也可以称之为债权人权益。

衍生工具筹资包括兼具股权与债务特性的混合融资和其他衍生工具融资。我国上市公司目前最常见的混合融资是可转换债券融资，最常见的其他衍生工具融资是认股权证融资。

（二）直接筹资与间接筹资

按其是否以金融机构为媒介，企业筹资分为直接筹资和间接筹资两种类型。

直接筹资，是企业直接与资金供应者协商融通资本的一种筹资活动。直接筹资方式主要有吸收直接投资、发行股票、发行债券等。通过直接筹资既可以筹集股权资金，也可以筹集债务资金。按法律规定，公司股票、公司债券等有价证券的发行需要通过证券公司等中介机构进行，但证券公司所起到的只是承销的作用，资金拥有者并未向证券公司让渡资金使用权，因此发行股票、债券属于直接向社会筹资。

间接筹资，是企业借助银行等金融机构融通资本的筹资活动。在间接筹资方式下，银行等金融机构发挥了中介的作用，预先集聚资金，资金拥有者首先向银行等金融机构让渡资金的使用权，然后由银行等金融机构将资金提供给企业。间接筹资的基本方式是向银行借款，此外还有融资租赁等筹资方式，间接筹资形成的主要是债务资金，主要用于满足企业资金周转的需要。

（三）内部筹资与外部筹资

按资金的来源范围不同，企业筹资分为内部筹资和外部筹资两种类型。

内部筹资是指企业通过利润留存而形成的筹资来源。内部筹资数额的大小主要取决于企业可分配利润的多少和利润分配政策（股利政策），一般无须花费筹资费用，从而降低了资本成本。

外部筹资是指企业向外部筹措资金而形成的筹资来源。处于初创期的企业，内部筹资的可能性是有限的；处于成长期的企业，内部筹资往往难以满足需要。这就需要企业广泛地开展外部筹资，如发行股票、债券，取得商业信用、向银行借款等。企业向外部筹资大多需要花费一定的筹资费用，从而提高了筹资成本。

因此，企业筹资时首先应利用内部筹资，然后再考虑外部筹资。

（四）长期筹资与短期筹资

按所筹集资金的使用期限不同，企业筹资分为长期筹资和短期筹资两种类型。

长期筹资，是指企业筹集使用期限在1年以上的资金筹集活动。长期筹资的目的主要在于形成和更新企业的生产和经营能力，或扩大企业的生产经营规模，或为对外投资筹集资金。长期筹资通常采取吸收直接投资、发行股票、发行债券、取得长期借款、融资租赁等方式，所形成的长期资金主要用于购建固定资产、形成无形资产、进行对外长期投资、垫支流动资金、产

品和技术研发等。从资金权益性质来看，长期资金可以是股权资金，也可以是债务资金。

短期筹资，是指企业筹集使用期限在1年以内的资金筹集活动。短期资金主要用于企业的流动资产和日常资金周转，一般在短期内需要偿还。短期筹资经常利用商业信用、短期借款、保理业务等方式来筹集。

二、筹资管理的原则

企业筹资管理的基本要求，是在严格遵守国家法律法规的基础上，分析影响筹资的各种因素，权衡资金的性质、数量、成本和风险，合理选择筹资方式，提高筹集效果。

（一）遵循国家法律法规，合法筹措资金

不论是直接筹资还是间接筹资，企业最终都通过筹资行为向社会获取资金。企业的筹资活动不仅为自身的生产经营提供资金来源，而且也会影响投资者的经济利益，影响社会经济秩序。企业的筹资行为和筹资活动必须遵循国家的相关法律法规，依法履行法律法规和投资合同约定的责任，合法合规筹资，依法信息披露，维护各方的合法权益。

（二）分析生产经营情况，正确预测资金需要量

企业筹集资金，首先要合理预测资金的需要量。筹资规模与资金需要量应当匹配一致，既避免因筹资不足，影响生产经营的正常进行，又要防止筹资过多，造成资金闲置。

（三）合理安排筹资时间，适时取得资金

企业筹集资金，还需要合理预测确定资金需要的时间。要根据资金需求的具体情况，合理安排资金的筹集时间，适时获取所需资金。使筹资与用资在时间上相衔接，既避免过早筹集资金形成的资金投放前闲置，又防止取得资金的额时间滞后，错过资金投放的最佳时间。

（四）了解各种筹资渠道，选择资金来源

企业所筹集的资金都要付出资本成本的代价，不同的筹资渠道和筹资方式所取得的资金，其资本成本各有差异。企业应当在考虑筹资难易程度的基础上，针对不同来源资金的成本进行分析，尽可能选择经济、可行的筹资渠道与方式，力求降低筹资成本。

（五）研究各种筹资方式，优化资本结构

企业筹资要综合考虑股权资金与债务资金的关系、长期资金与短期资金的关系、内部筹资与外部筹资的关系，合理安排资本结构，保持适当偿债能力，防范企业财务危机，提高筹资效益。

三、企业资本金制度

资本金制度是国家就企业资本金的筹集、管理以及所有者的责权利等方面所做的法律规范。资本金是企业权益资本的主要部分，是企业长期稳定拥有的基本资金，此外，一定数额的资本金也是企业取得债务资本的必要保证。

（一）资本金的本质特征

设立企业必须有法定的资本金。资本金，是指企业在工商行政管理部门登记的注册资

金，是投资者用以进行企业生产经营、承担民事责任而投入的资金。资本金在不同类型的企业中表现形式有所不同，股份有限公司的资本金被称为股本，股份有限公司以外的一般企业的资本金被称为实收资本。

从性质上看，资本金是投资者创建企业所投入的资本，是原始启动资金；从功能上看，资本金是投资者用以享有权益和承担责任的资金，有限责任公司和股份有限公司以其资本金为限对所负债务承担有限责任；从法律地位来看，资本金要在工商行政管理部门办理注册登记，投资者只能按所投入的资本金而不是所投入的实际资本数额享有权益和承担责任，已注册的资本金如果追加或减少，必须办理变更登记；从时效来看，除了企业清算、减资、转让回购股权等特殊情形外，投资者不得随意从企业收回资本金，企业可以无限期地占用投资者的出资。

（二）资本金的筹集

1. 资本金的最低限额

有关法规制度规定了各类企业资本金的最低限额，我国《公司法》规定，股份有限公司注册资本的最低限额为人民币 500 万元，上市的股份有限公司股本总额不少于人民币 3 000 万元；有限责任公司注册资本的最低限额为人民币 3 万元，一人有限责任公司的注册资本最低限额为人民币 10 万元。

如果需要高于这些最低限额的，可以由法律、行政法规另行规定。比如，《注册会计师法》和《资产评估机构审批管理办法》均规定，设立公司制的会计师事务所或资产评估机构，注册资本应当不少于人民币 30 万元；《保险法》规定，采取股份有限公司形式设立的保险公司，其注册资本的最低限额为人民币 2 亿元。《证券法》规定，可以采取股份有限公司形式设立证券公司，在证券公司中属于经纪类的，最低注册资本为人民币 5 000 万元；属于综合类的，公司注册资本最低限额为人民币 5 亿元。

2. 资本金的出资方式

根据我国《公司法》等法律法规的规定，投资者可以采取货币资产和非货币资产两种形式出资。全体投资者的货币出资金额不得低于公司注册资本的 30%；投资者可以用实物、知识产权、土地使用权等可以依法转让的非货币财产作价出资；法律、行政法规规定不得作为出资的财产除外。

3. 资本金缴纳的期限

资本金缴纳的期限，通常有三种办法：一是实收资本制，在企业成立时一次筹足资本金总额，实收资本与注册资本数额一致，否则企业不能成立；二是授权资本制，在企业成立时不一定一次筹足资本金总额，只要筹集了第一期资本，企业即可成立，其余部分由董事会在企业成立后进行筹集，企业成立时的实收资本与注册资本可能不相一致；三是折中资本制，在企业成立时不一定一次筹足资本金总额，类似于授权资本制，但规定了首期出资的数额或比例及最后一期缴清资本的期限。

我国《公司法》规定，资本金的缴纳采用折中资本制，资本金可以分期缴纳，但首次出

资额不得低于法定的注册资本最低限额。股份有限公司和有限责任公司的股东首次出资额不得低于注册资本的20%，其余部分由股东自公司成立之日起两年内缴足，投资公司可以在5年内缴足。而对于一人有限责任公司，股东应当一次足额缴纳公司章程规定的注册资本额。

4. 资本金的评估

吸收实物、无形资产等非货币资产筹集资本金的，应按照评估确认的金额或者按合同、协议约定的金额计价。其中，为了避免虚假出资或通过出资转移财产，导致国有资产流失，国有及国有控股企业以非货币资产出资或者接受其他企业的非货币资产出资，需要委托有资格的资产评估机构进行资产评估，并以资产评估机构评估确认的资产价值作为投资作价的基础。经国务院、省政府批准实施的重大经济事项涉及的资产评估项目，分别由本级政府国有资产监管部门或者财政部门负责核准，其余资产评估项目一律实施备案制度。严格来说，其他企业的资本金评估时，并不一定要求必须聘请专业评估机构评估，相关当事人或者聘请的第三方专业中介机构评估后认可的价格也可成为作价依据。不过，聘请第三方专业中介机构来评估相关的非货币资产，能够更好地保证评估作价的真实性和准确性，有效地保护公司及其债权人的利益。

（三）资本金的管理原则

企业资本金的管理，应当遵循资本保全这一基本原则。实现资本保全的具体要求，可分为资本确定、资本充实和资本维持三部分内容。

1. 资本确定原则

资本确定，是指企业设立时资本金数额的确定。企业设立时，必须明确规定企业的资本总额以及各投资者认缴的数额。如果投资者没有足够认缴资本总额，企业就不能成立。为了强化资本确定的原则，法律规定由工商行政管理机构进行企业注册资本的登记管理。这是保护债权人利益、明晰企业产权的根本需要。根据《公司法》等法律法规的规定，一方面，投资者以认缴的资本为限对公司承担责任；另一方面，投资者以实际缴纳的资本为依据行使表决权和分取红利。

《企业财务通则》规定，企业获准工商登记（即正式成立）后30日内，应依据验资报告向投资者出具出资证明书等凭证，以此为依据确定投资者的合法权益，界定其应承担的责任。特别是占有国有资本的企业需要按照国家有关规定申请国有资产产权登记，取得企业国有资产产权登记证，但这并不免除企业向投资者出具出资证明书的义务，因为前者仅是国有资产管理的行政手段。

2. 资本充实原则

资本充实，是指资本金的筹集应当及时、足额。企业筹集资本金的数额、方式、期限均要在投资合同或协议中约定，并在企业章程中加以规定，以确保企业能够及时、足额筹得资本金。

对企业登记注册的资本金，投资者应在法律法规和财务制度规定的期限内缴足。如果投资者未按规定出资，即为投资者违约，企业和其他投资者可以依法追究其责任，国家有关部门还将按照有关规定对违约者进行处罚。投资者在出资中的违约责任有两种情况：一是个别

投资者单方违约，企业和其他投资者可以按企业章程的规定，要求违约方支付延迟出资的利息、赔偿经济损失；二是投资各方均违约或外资企业不安规定出资，则由工商行政管理部门进行处罚。

企业筹集的注册资本，必须进行验资，以保证出资的真实可信。对验资的要求，一是依法委托法定的验资机构，二是验资机构要按照规定出具验资报告，三是验资机构依法承担提供验资虚假或重大遗漏报告的法律责任，因出具的验资证明不实给公司债权人造成损失的，除能够证明自己没有过错的外，在其证明不实的金额范围内承担赔偿责任。

3. 资本维持原则

资本维持，指企业在持续经营期间有义务保持资本金的完整性。企业除由股东大会或投资者会议做出增减资本决议并按法定程序办理者外，不得任意增减资本总额。

企业筹集的实收资本，在持续经营期间可以由投资者依照相关法律法规以及企业章程的规定转让或者减少，投资者不得抽逃或者变相抽回出资。除《公司法》等有关法律法规另有规定外，企业不得回购本企业发行的股份。在下列四种情况下，股份公司可以回购本公司股份：减少公司注册资本；与持有本公司股份的其他公司合并；将股份奖励给本公司职工；股东因对股东大会做出的公司合并、分立决议持有异议而要求公司收购其股份。

股份公司依法回购股份，应当符合法定要求和条件，并经股东大会决议。用于将股份奖励给本公司职工而回购本公司股份的，不得超过本公司已发行股份总额的5%；用于收购的资金应当从公司的税后利润中支出；所收购的股份应当在1年内转让给职工。

第二节 股权筹资

企业所能采用的筹资方式，一方面受法律环境和融资市场的制约，另一方面也受企业性质的制约。中小企业和非公司制企业的筹资方式比较受限；股份有限公司和有限责任公司的筹资方式相对多样。

前已述及，股权筹资形成企业的股权资金，也称之为权益资本，是企业最基本的筹资方式。股权筹资又包含吸收直接投资、发行股票和利用留存收益三种主要形式，此外，我国上市公司引入战略投资者的行为，也属于股权筹资的范畴。

一、吸收直接投资

吸收直接投资，是指企业按照"共同投资、共同经营、共担风险、共享收益"的原则，直接吸收国家、法人、个人和外商投入资金的一种筹资方式。吸收直接投资是非股份制企业筹集权益资本的基本方式，采用吸收直接投资的企业，资本不分为等额股份、无须公开发行股票。吸收直接投资实际出资额，注册资本部分形成实收资本；超过注册资本的部分属于资本溢价，形成资本公积。

（一）吸收直接投资的种类

1. 吸收国家投资

国家投资是指有权代表国家投资的政府部门或机构，以国有资产投入公司，这种情况下形成的资本叫国有资本。根据《公司国有资本与公司财务暂行办法》的规定，在公司持续经营期间，公司以盈余公积、资本公积转增实收资本的，国有公司和国有独资公司由公司董事会或经理办公会决定，并报主管财政机关备案；股份有限公司和有限责任公司由董事会决定，并经股东大会审议通过。吸收国家投资一般具有以下特点：① 产权归属国家；② 资金的运用和处置受国家约束较大；③ 在国有公司中采用比较广泛。

2. 吸收法人投资

法人投资是指法人单位以其依法可支配的资产投入公司，这种情况下形成的资本称为法人资本。吸收法人资本一般具有以下特点：① 发生在法人单位之间。② 以参与公司利润分配或控制为目的。③ 出资方式灵活多样。

3. 吸收外商直接投资

企业可以通过合资经营或合作经营的方式吸收外商直接投资，即与其他国家的投资者共同投资，创办中外合资经营企业或者中外合作经营企业，共同经营、共担风险、共负盈亏、共享利益。

4. 吸收社会公众投资

社会公众投资是指社会个人或本公司职工以个人合法财产投入公司，这种情况下形成的资本称为个人资本。吸收社会公众投资一般具有以下特点：① 参加投资的人员较多。② 每人投资的数额相对较少。③ 以参与公司利润分配为基本目的。

（二）吸收直接投资的出资方式

1. 以货币资产出资

以货币资产出资是吸收直接投资中最重要的出资方式。企业有了货币资产，便可以获取其他物质资源，支付各种费用，满足企业创建时的开支和随后的日常周转需要。我国《公司法》规定，公司全体股东或者发起人的货币出资金额不得低于公司注册资本的30%。

2. 以实物资产出资

实物出资是指投资者以房屋、建筑物、设备等固定资产和材料、燃料、商品产品等流动资产所进行的投资。实物投资应符合以下条件：① 适合企业生产、经营、研发等活动的需要；② 技术性能良好；③ 作价公平合理。

实物出资中实物的作价，可以由出自各方协商确定，也可以聘请专业资产评估机构评估确定。国有及国有控股企业接受其他企业的非货币资产出资，需要委托有资格的资产评估机构进行资产评估。

3. 以土地使用权出资

土地使用权是指土地经营者对依法取得的土地在一定期限内有进行建筑、生产经营或其他活动的权利。土地使用权具有相对的独立性，在土地使用权存续期间，包括土地所有者在

内的其他任何人和单位，不能任意收回土地和非法干预使用权人的经营活动。企业吸收土地使用权投资应符合以下条件：① 适合企业科研、生产、经营、研发等活动的需要；② 地理、交通条件适宜；③ 作价公平合理。

4. 以工业产权出资

工业产权通常是指专有技术、商标权、专利权、非专利技术等无形资产。投资者以工业产权出资应符合以下条件：① 有助于企业研究、开发和生产出新的高科技产品；② 有助于企业提高生产效率，改进产品质量；③ 有助于企业降低生产消耗、能源消耗等各种消耗；④ 作价公平合理。

吸收工业产权等无形资产出资的风险较大。因为以工业产权投资，实际上是把技术转化为资本，使技术的价值固定化。而技术具有强烈的时效性，会因其不断老化落后而导致实际价值不断减少甚至完全丧失。

此外，对无形资产出资方式的限制，《公司法》规定，股东或发起人不得以劳务、信用、自然人姓名、商誉、特许经营权或者设定担保的财产等作价出资。对于非货币资产出资，需要满足三个条件：可以用货币估价；可以依法转让；法律不禁止。

《公司法》对无形资产出资的比例要求没有明确限制，但《外企企业法实施细则》另有规定，外资企业的工业产权、专有技术的作价应与国际上通常的作价原则相一致，且作价金额不得超过注册资本的20%。

（三）吸收直接投资的程序

1. 确定筹资数量

企业在新建在扩大经营时，首先确定资金的需要量。资金的需要量应根据企业的生产经营规模和供销条件等来核定，确保筹资数量与资金需要量相适应。

2. 寻找投资单位

企业既要广泛了解有关投资者的资信、财力和投资意向，又要通过信息交流和宣传，使出资方了解企业的经营能力、财务状况以及未来预期，以便于公司从中寻找最合适的合作伙伴。

3. 协商和签署投资协议

找到合适的投资伙伴后，双方进行具体协商，确定出资数额、出资方式和出资时间。企业应尽可能吸收货币投资，如果投资方确有先进而适合需要的固定资产和无形资产，亦可采取非货币投资方式。对实物投资、工业产权投资、土地使用权投资等非货币资产，双方应按公平合理的原则协商定价。当出资数额、资产作价确定后，双方须签署投资的协议或合同，以明确双方的权利和责任。

4. 取得所筹集的资金

签署投资协议后，企业应按规定或计划取得资金。如果采取现金投资方式，通常还要编制拨款计划，确定拨款期限、每期数额及划拨方式，有时投资者还要规定拨款的用途，如把拨款区分为固定资产投资拨款、流动资金拨款、专项拨款等。如为实物、工业产权、非专利

技术、土地使用权投资，一个重要的问题就是核实财产。财产数量是否准确，特别是价格有无高估低估的情况，关系到投资各方的经济利益，必须认真处理，必要时可聘请专业资产评估机构来评定，然后办理产权的转移手续取得资产。

（四）吸收直接投资的筹资特点

1. 能够尽快形成生产能力。吸收直接投资不仅可以取得一部分货币资金，而且能够直接获得所需的先进设备和技术，尽快形成生产经营能力。

2. 容易进行信息沟通。吸收直接投资的投资者比较单一，股权没有社会化、分散化，甚至于有的投资者直接担任公司管理层职务，公司与投资者易于沟通。

3. 吸收投资的手续相对比较简便，筹资费用较低。

4. 资本成本较高。相对于股票筹资来说，吸收直接投资的资本成本较高。当企业经营较好，盈利较多时，投资者往往要求将大部分盈余作为红利分配，因为企业向投资者支付的报酬是按其出资数额和企业实现利润的比率来计算的。

5. 企业控制权集中，不利于企业治理。采用吸收直接投资方式筹资，投资者一般都要求获得与投资数额相适应的经营管理权。如果某个投资者的投资额比例较大，则该投资者对企业的经营管理就会有相当大的控制权，容易损害其他投资者的利益。

6. 不利于产权交易。吸收投入资本由于没有证券为媒介，不利于产权交易，难以进行产权转让。

二、发行普通股股票

股票是股份有限公司为筹措股权资本而发行的有价证券，是公司签发的证明股东持有公司股份的凭证。股票作为一种所有权凭证，代表着股东对发行公司净资产的所有权。股票只能由股份有限公司发行。

（一）股票的特征与分类

1. 股票的特点

（1）永久性。公司发行股票所筹集的资金属于公司的长期自有资金，没有期限，不需归还。换言之，股东在购买股票之后，一般情况下不能要求发行企业退还股金。

（2）流通性。股票作为一种有价证券，在资本市场上可以自由转让、买卖和流通，也可以继承、赠送或作为抵押品。股票特别是上市公司发行的股票具有很强的变现能力，流动性很强。

（3）风险性。由于股票的永久性，股东成了企业风险的主要承担者。风险的表现形式有：股票价格的波动性、红利的不确定性、破产清算时股东处于剩余财产分配的最后顺序等。

（4）参与性。股东作为股份公司的所有者，拥有参与企业管理的权利，包括重大决策权、经营者选择权、财务监控权、公司经营的建议和质询权等。此外，股东还有承担有限责任、遵守公司章程等义务。

2. 股东的权利

股东最基本的权利是按投入公司的股份额，依法享有公司收益获取权、公司重大决策参与权和选择公司管理者的权利，并以其所持股份为限对公司承担责任。

（1）公司管理权。股东对公司的管理权主要体现在重大决策参与权、经营者选择权、财务监控权、公司经营的建议和质询权、股东大会召集权等方面。

（2）收益分享权。股东有权通过股利方式获取公司的税后利润，利润分配方案由董事会提出并经过股东大会批准。

（3）股份转让权。股东有权将其所持有的股票出售或转让。

（4）优先认股权。原有股东拥有优先认购本公司增发股票的权利。

（5）剩余财产要求权。当公司解散、清算时，股东有对清偿债务、清偿优先股股东以后的剩余财产索取的权利。

3. 股票的种类

（1）按股东权利和义务，分为普通股股票和优先股股票。

普通股股票简称普通股，是公司发行的代表着股东享有平等的权利、义务，不加特别限制的，股利不固定的股票。普通股是最基本的股票，股份有限公司通常情况只发行普通股。

优先股股票简称优先股，是公司发行的相对于普通股具有一定优先权的股票。其优先权利主要表现在股利分配优先权和分取剩余财产优先权上。优先股股东在股东大会上无表决权，在参与公司经营管理上受到一定限制，仅对涉及优先股权利的问题有表决权。

（2）按票面有无记名，分为记名股票和无记名股票。

记名股票是在股票票面上记载有股东姓名或将名称记入公司股东名册的股票，无记名股票不登记股东名称，公司只记载股票数量、编号及发行日期。

我国《公司法》规定，公司向发起人、国家授权投资机构、法人发行的股票，为记名股票；向社会公众发行的股票，可以为记名股票，也可以为无记名股票。

（3）按发行对象和上市地点，分为A股、B股、H股、N股和S股等。

A股即人民币普通股票，由我国境内公司发行，境内上市交易，它以人民币标明面值，以人民币认购和交易。B股即人民币特种股票，由我国境内公司发行，境内上市交易，它以人民币标明面值，以外币认购和交易。H股是注册地在内地、上市在香港的股票，依此类推，在纽约和新加坡上市的股票，就分别称为N股和S股。

（二）股份有限公司的设立、股票的发行与上市

1. 股份有限公司的设立

设立股份有限公司，应当有2人以上200人以下为发起人，其中须有半数以上的发起人在中国境内有住所。股份有限公司的设立，可以采取发起设立或者募集设立的方式。发起设立，是指由发起人认购公司应发行的全部股份而设立公司。募集设立是指由发起人认购公司应发行股份的一部分，其余股份向社会公开募集或者向特定对象募集而设立公司。

以发起设立方式设立股份有限公司的，公司全体发起人的首次出资额不得低于注册资本

的 20%，其余部分由发起人自公司成立之日起 2 年内缴足（投资公司可以在 5 年内缴足）。

以募集设立方式设立股份有限公司的，发起人认购的股份不得少于公司股份总数的 35%；法律、行政法规另有规定的，从其规定。

股份有限公司的发起人应当承担下列责任：① 公司不能成立时，发起人对设立行为所产生的债务和费用负连带责任；② 公司不能成立时，发起人对认股人已缴纳的股款，负返还股款并加算银行同期存款利息的连带责任；③ 在公司设立过程中，由于发起人的过失致使公司利益受到损害的，应当对公司承担赔偿责任。

2. 股份有限公司首次发行股票的一般程序

（1）发起人认足股份、缴付股资。发起方式设立的公司，发起人认购公司的全部股份；募集方式设立的公司，发起人认购的股份不得少于公司股份总数的 35%。发起人可以用货币出资，也可以非货币资产作价出资。在发起设立方式下，发起人缴付全部股资后，应选举董事会、监事会，由董事会办理公司设立的登记事项；在募集设立方式下，发起人认足其应认购的股份并缴付股资后，其余部分向社会公开募集。

（2）提出公开募集股份的申请。以募集方式设立的公司，发起人向社会公开募集股份时，必须向国务院证券监督管理部门递交募股申请，并报送批准设立公司的相关文件，包括公司章程、招股说明书等。

（3）公告招股说明书，签订承销协议。公开募集股份申请经国家批准后，应公告招股说明书。招股说明书应包括公司的章程、发起人认购的股份数、本次每股票面价值和发行价格、募集资金的用途等。同时，与证券公司等证券承销机构签订承销协议。

（4）招认股份，缴纳股款。发行股票的公司或其承销机构一般用广告或书面通知的办法招募股份。认股者一旦填写了认股书，就要承担认股书中约定的缴纳股款义务。如果认股者的总股数超过发起人拟招募的总股数，可以采取抽签的方式确定哪些认股者有权认股。认股者应在规定的期限内向代收股款的银行缴纳股款，同时交付认股书。股款认足后，发起人应委托法定的机构验资，出具验资证明。

（5）召开创立大会，选举董事会、监事会。发行股份的股款募足后，发起人应在规定期限内（法定 30 天）主持召开创立大会。创立大会由发起人、认股人组成，应有代表股份总数半数以上的认股人出席方可举行。创立大会通过公司章程，选举董事会和监事会成员，并有权对公司的设立费用进行审核，对发起人用于抵作股款的财产作价进行审核。

（6）办理公司设立登记，交割股票。经创立大会选举的董事会，应在创立大会结束后 30 天内，办理申请公司设立的登记事项。登记成立后，即向股东正式交付股票。

3. 股票上市交易

（1）股票上市的目的。股票上市的目的是多方面的，主要包括：① 便于筹措新资金。证券市场是资本商品的买卖市场，证券市场上有众多的资金供应者。同时，股票上市经过了政府机构的审查批准并接受严格的管理，执行股票上市和信息披露的规定，容易吸引社会资本投资者。公司上市后，还可以通过增发、配股、发行可转换债券等方式进行再融资。

② 促进股权流通和转让。股票上市后便于投资者购买，提高了股权的流动性和股票的变现力，便于投资者认购和交易。③ 促进股权分散化。上市公司拥有众多的股东，加之上市股票的流通性强，能够避免公司的股权集中，分散公司的控制权，有利于公司治理结构的完善。④ 便于确定公司价值。股票上市后，公司股价有市价可循，便于确定公司的价值。对于上市公司来说，即时的股票交易行情，就是对公司价值的市场评价。同时，市场行情也能够为公司收购兼并等资本运作提供询价基础。

但股票上市也有对公司不利的一面，这主要有：上市成本较高，手续复杂严格；公司将负担较高的信息披露成本；信息公开的要求可能会暴露公司的商业机密；股价有时会歪曲公司的实际情况，影响公司声誉；可能会分散公司的控制权，造成管理上的困难。

（2）股票上市的条件。公司公开发行的股票进入证券交易所交易，必须受严格的条件限制。我国《证券法》规定，股份有限公司申请股票上市，应当符合下列条件：① 股票经国务院证券监督管理机构核准已公开发行；② 公司股本总额不少于人民币3 000万元；③ 公开发行的股份达到公司股份总数的25%以上；公司股本总额超过人民币4亿元的，公开发行股份的比例为10%以上；④ 公司最近3年无重违法行为，筹资管理报告无虚假记载。

（3）股票上市的暂停、终止与特别处理。当上市公司出现经营情况恶化、存在重大违法违规行为或其他原因导致不符合上市条件时，就可能被暂停或终止上市。

上市公司出现财务状况或其他状况异常的，其股票交易将被交易所"特别处理（ST：specialTreatment）"。"财务状况异常"是指以下几种情况：① 最近2个会计年度的审计结果显示的净利润为负值；② 最近1个会计年度的审计结果显示其股东权益低于注册资本；③ 最近1个会计年度经审计的股东权益扣除注册会计师和有关部门不予确认的部分后，低于注册资本；④ 注册会计师对最近1个会计年度的财产报告出具无法表示意见或否定意见的审计报告；⑤ 最近一份经审计的财务报告对上年度利润进行调整，导致连续2个会计年度亏损；⑥ 经交易所或中国证监会认定为财务状况异常的。"其他状况异常"是指自然灾害、重大事故等导致生产经营活动基本中止，公司涉及的可能赔偿金额超过公司净资产的诉讼等情况。

在上市公司的股票交易被实行特别处理期间，其股票交易遵循下列规则：① 股票报价日涨跌幅限制为5%；② 股票名称改为原股票名前加"ST"；③ 上市公司的中期报告必须经过审计。

（三）上市公司的股票发行

上市的股份有限公司在证券市场上发行股票，包括公开发行和非公开发行两种类型。公开发行股票又分为首次上市公开发行股票和上市公开发行股票，非公开发行即向特定投资者发行，也叫定向发行。

1. 首次上市公开发行股票（IPO）

首次上市公开发行股票（InitialPublic Offering，以下简称IPO），是指股份有限公司对社会公开发行股票并上市流通和交易。实施IPO的公司，应当符合中国证监颁布的《首次公开发行股票并上市管理办法》规定的相关条件，并经中国证监会核准。

实施 IPO 的基本程序是：① 公司董事会应当依法就本次股票发行的具体方案、本次募集资金使用的可行性及其他事项做出决议，并提请股东大会批准；② 公司股东大会就本次发行股票做出的决议；③ 由保荐人保荐并向证监会申报；④ 证监会受理，并审核批准；⑤ 自证监会核准发行之日起，公司应在 6 个月内公开发行股票；超过 6 个月未发行的，核准失效，须经证监会重新核准后方可发行。

2. 上市公开发行股票

上市公开发行股票，是指股份有限公司已经上市后，通过证券交易所在证券市场上对社会公开发行股票。上市公司公开发行股票，包括增发和配股两种方式。其中，增发是指增资发行，即上市公司向社会公众发售股票的再融资方式，而配股是指上市公司向原有股东配售发行股票的再融资方式。增发和配股也应符合证监会规定的条件，并经过证监会的核准。

3. 非公开发行股票

上市公司非公开发行股票，是指上市公司采用非公开方式，向特定对象发行股票的行为，也叫定向募集增发。其目的往往是为了引入该机构的特定能力，如管理、渠道等。定向增发的对象可以是老股东，也可以是新投资者。总之，定向增发完成之后，公司的股权结构往往会发生较大变化，甚至发生控股权变更的情况。

在公司设立时，上市公开发行股票与非上市不公开发行股票相比较，上市公开发行股票方式的发行范围广，发行对象多，易于足额筹集资本，同时还有利于提高公司的知名度。但公开发行方式审批手续复杂严格，发行成本高。在公司设立后再融资时，上市公司定向增发和非上市公司定向增发相比较，上市公司定向增发优势在于：① 有利于引入战略投资者和机构投资者；② 有利于利用上市公司的市场化估值溢价，将母公司资产通过资本市场放大，从而提升母公司的资产价值；③ 定向增发是一种主要的并购手段，特别是资产并购型定向增发，有利于集团企业整体上市，并同时减轻并购的现金流压力。

（四）引入战略投资者

1. 战略投资者的概念与要求

我国在新股发行中引入战略投资者，允许战略投资者在公司发行新股中参与配售。按照证监会的规则解释，战略投资者是指与发行人具有合作关系或有合作意向和潜力，与发行公司业务联系紧密且欲长期持有发行公司股票的法人。从国外风险投资机构对战略投资者的定义来看，一般认为战略投资者是能够通过帮助公司融资、提供营销与销售支持的业务，或通过个人关系增加投资价值的公司或个人投资者。

一般来说，作为战略投资者的基本要求是：① 要与公司的经营业务联系紧密；② 要出于长期投资目的而较长时期地持有股票；③ 要具有相当的资金实力，且持股数量较多。

2. 引入战略投资者的作用

战略投资者具有资金、技术、管理、市场、人才等方面的优势，能够增强企业的核心竞争力和创新能力。上市公司引入战略投资者，使其能够和上市公司之间形成紧密的、伙伴式的合作关系，并由此增强公司经营实力、提高公司管理水平、改善公司治理结构。因此，对战略投资者的基本资质条件要求是：拥有比较雄厚的资金、核心的技术、先进的管理等，同时要有较好的实业基础和较强的投融资能力。

（1）提升公司形象，提高资本市场认同度。战略投资者往往都是实力雄厚的境内外大公司、大集团，甚至是国际、国内 500 强，他们对公司股票的认购，是对公司潜在未来价值的认可和期望。

（2）优化股权结构，健全公司法人治理。战略投资者在公司占一定股权份额并长期持股，能够分散公司控制权，战略投资者参与公司管理，能够改善公司治理结构。战略投资者带来的不仅是资金和技术，更重要的是能带来先进的管理水平和优秀的管理团队。

（3）提高公司资源整合能力，增强公司的核心竞争力。战略投资者往往都有较好的实业基础，能够带来先进的工艺技术和广阔的产品营销市场，并致力于长期投资合作，能够促进公司产品结构和产业结构的调整升级，有助于形成产业集群，整合公司的经营资源。

（4）达到阶段性的融资目标，加快实现公司上市融资的进程。战略投资者具有较强的资金实力，并与发行人签订有关配售协议，长期持有发行人股票，能够新上市的公司提供长期稳定的资本，帮助上市公司用较低的成本融得较多的资金，提高了公司的融资效率。

从现有情况来看，目前我国上市公司确定战略投资者还处于募集资金最大化的实用原则阶段。谁的申购价格高，谁就能成为战略投资者，管理型、技术型的战略投资者还很少见。资本市场中的战略投资者，目前多是追逐持股价差、有较大承受能力的股票持有者，一般都是大型证券投资机构。

（五）发行普通股的筹资特点

1. 所有权与经营权相分离，分散公司控制权，有利于公司自主管理、自主经营。普通股筹资的股东众多，公司的日常经营管理事务主要由公司的董事会和经理层负责。

2. 没有固定的股息负担，资本成本较低。公司有盈利，并认为适于分配时才分派股利；公司盈利较少，或者虽有盈利但现金短缺或有更好的投资机会，也可以少支付或不支付股利。相对于吸收直接投资来说，普通股筹资的资本成本较低。

3. 能增强公司的社会声誉。普通股筹资使得股东大众化，由此给公司带来了广泛的社会影响。特别是上市公司，其股票的流通性强，有利于市场确认公司的价值。

4. 促进股权流通和转让。普通股筹资以股票作为媒介的方式便于股权的流通和转让，便于吸收新的投资者。

5. 筹资费用较高，手续复杂。

6. 不易尽快形成生产能力。普通股筹资吸收的一般都是货币资金，还需要通过购置和建造形成生产经营能力。

7. 公司控制权分散，容易被经理人控制。同时，流通性强的股票交易，也容易被恶意收购。

三、留存收益

（一）留存收益的性质

从性质上看，企业通过合法有效地经营所实现的税后净利润，都属于企业的所有者。企业将本年度的利润部分甚至全部留存下来的原因很多，主要包括：第一，收益的确认和计量是建立在权责发生制基础上的，企业有利润，但企业不一定有相应的现金净流量增加，因而企业不一定有足够的现金将利润全部或部分派给所有者。第二，法律法规从保护债权人利益和要求企业可持续发展等角度出发，限制企业将利润全部分配出去。《公司法》规定，企业每年的税后利润，必须提取10%的法定盈余公积金。第三，企业基于自身扩大再生产和筹资的需求，也会将一部分利润留存下来。

（二）留存收益的筹资途径

1. 提取盈余公积金

盈余公积金，是指有指定用途的留存净利润。盈余公积金是从当期企业净利润中提取的积累资金，其提取基数是本年度的净利润。盈余公积金主要用于企业未来的经营发展，经投资者审议后也可以用于转增股本（实收资本）和弥补以前年度经营亏损，但不得用于以后年度的对外利润分配。

2. 未分配利润

未分配利润，是指未限定用途的留存净利润。未分配利润有两层含义：第一，这部分净利润本年没有分配给公司的股东投资者；第二，这部分净利润未指定用途，可以用于企业未来的经营发展、转增资本（实收资本）、弥补以前年度的经营亏损及以后年度的利润分配。

（三）利用留存收益的筹资特点

1. 不用发生筹资费用

企业从外界筹集长期资本，与普通股筹资相比较，留存收益筹资不需要发生筹资费用，资本成本较低。

2. 维持公司的控制权分布

利用留存收益筹资，不用对外发行新股或吸收新投资者，由此增加的权益资本不会改变公司的股权结构，不会稀释原有股东的控制权。

3. 筹资数额有限

留存收益的最大数额是企业到期的净利润和以前年度未分配利润之和，不像外部筹资一次性可以筹集大量资金。如果企业发生亏损，那么当年就没有利润留存。另外，股东和投资者从自身期望出发，往往希望企业每年发放一定的利润，保持一定的利润分配比例。

四、股权筹资的优缺点

（一）股权筹资的优点

1. 股权筹资是企业稳定的资本基础

股权资本没有固定的到期日，无须偿还，是企业的永久性资本，除非企业清算时才有可能予以偿还。这对于保障企业对资本的最低需求，促进企业长期持续稳定经营具有重要意义。

2. 股权筹资是企业良好的信誉基础

股权资本作为企业最基本的资本，代表了公司的资本实力，是企业与其他单位组织开展经营业务，进行业务活动的信誉基础。同时，股权资本也是其他方式筹资的基础，尤其可为债务筹资，包括银行借款、发行公司债券等提供信用保障。

3. 企业财务风险较小

股权资本不用在企业正常运营期内偿还，不存在还本付息的财务风险。相对于债务资本而言，股权资本筹资限制少，资本使用上也无特别限制。另外，企业可以根据其经营状况和业绩的好坏，决定向投资者支付报酬的多少，资本成本负担比较灵活。

（二）股权筹资的缺点

1. 资本成本负担较重

尽管股权资本的资本成本负担比较灵活，但一般而言，股权筹资的资本成本要高于债务筹资。这主要是由于投资者投资于股权特别是投资于股票的风险较高，投资者或股东相应要求得到较高的报酬率。企业长期不派发利润和股利，将会影响企业的市场价值。从企业成本开支的角度来看，股利、红利从税后利润中支付，而使用债务资本的资本成本允许税前扣除。此外，普通股的发行、上市等方面的费用也十分庞大。

2. 容易分散企业的控制权

利用股权筹资，由于引进了新的投资者或出售了新的股票，必然会导致企业控制权结构的改变，分散了企业的控制权。控制权的频繁迭变，势必要影响企业管理层的人事变动和决策效率，影响企业的正常经营。

3. 信息沟通与披露成本较大

投资者或股东作为企业的所有者，有了解企业经营业务、财务状况、经营成果等的权利。企业需要通过各种渠道和方式加强与投资者的关系管理，保障投资者的权益。特别是上市公司，其股东众多而分散，只能通过公司的公开信息披露了解公司状况，这就需要公司花更多的精力，有些还需要设置专门的部分，用于公司的信息披露和投资者关系管理。

第三节 债务筹资

债务筹资主要是企业通过向银行借款、向社会发行公司债券、融资租赁以及赊购商品或劳务等方式筹集和取得的资金。向银行借款、发行债券、融资租赁和商业信用，是债务筹资的基本形式。其中不足1年的短期借款在企业经常发生，与企业资金营运有密切关系；另外，商业信用与企业间的商品或劳务交易密切相关，我们将在第五章对上述两部分内容予以介绍。

一、银行借款

银行借款是指企业向银行或其他非银行金融机构借入的、需要还本付息的款项，包括偿还期限超过1年的长期借款和不足1年的短期借款，主要用于企业购建固定资产和满足流动资金周转的需要。

（一）银行借款的种类

1. 按提供贷款的机构，分为政策性银行贷款、商业银行贷款和其他金融机构贷款

政策性银行贷款是指执行国家政策性贷款业务的银行向企业发放的贷款，通常为长期贷款。如国家开发银行贷款，主要满足企业承建国家重点建设项目的资金需要；中国进出口信贷银行贷款，主要为大型设备的进出口提供的买方信贷或卖方信贷；中国农业发展银行贷款，主要用于确保国家对粮、棉、油等政策性收购资金的供应。

商业性银行贷款是指由各商业银行，如中国工商银行、中国建设银行、中国农业银行、中国银行等，向工商企业提供的贷款，用以满足企业生产经营的资金需要，包括短期贷款和长期贷款。

其他金融机构贷款，如从信托投资公司取得实物或货币形式的信托投资贷款，从财务公司取得的各种中长期贷款，从保险公司取得的贷款等。其他金融机构的贷款一般较商业银行贷款的期限要长，要求的利率较高，对借款企业的信用要求和担保的选择比较严格。

2. 按机构对贷款有无担保要求，分为信用贷款和担保贷款

信用贷款是指以借款人的信誉或保证人的信用为依据而获得的贷款。企业取得这种贷款，无须以财产作抵押。对于这种贷款，由于风险较高，银行通常要收取较高的利息，往往还附加一定的限制条件。

担保贷款是指由借款人或第三方依法提供担保而获得的贷款。担保包括保证责任、财务抵押、财产质押，由此，担保贷款包括保证贷款、抵押贷款和质押贷款。

保证贷款是指按《担保法》规定的保证方式，以第三人作为保证人承诺在借款人不能偿还借款时，按约定承担一定保证责任或连带责任而取得的贷款。

抵押贷款是指按《担保法》规定的抵押方式，以借款人或第三人的财产作为抵押物而取得的贷款。抵押是指债务人或第三人不转移财产的占有，将该财产作为债权的担保，债务人不履行债务时，债权人有权将该财产折价或者以拍卖、变卖的价款优先受偿。作为贷款担保的抵押品，可以是不动产、机器设备、交通运输工具等实物资产，可以是依法有权处分的土地使用权，也可以是股票、债券等有价证券等，它们必须是能够变现的资产。如果贷款到期借款企业不能活不愿偿还贷款，银行可取消企业对抵押品的赎回权。抵押贷款有利于降低银行贷款的风险，提高贷款的安全性。

质押贷款是指按《担保法》规定的质押方式，以借款人或第三人的动产或财产权利作为质押物而取得的贷款。质押是指债务人或第三人将其动产或财产权利移交给债权人占有，将该动产或财务权利作为债权的担保，债务人不履行债务时，债权人有权以该动产或财产权利折价或者以拍卖、变卖的价款优先受偿。作为贷款担保的质押品，可以是汇票、支票、债券、存款单、提单等信用凭证，可以是依法可以转让的股份、股票等有价证券，也可以是依法可以转让的商标专用权、专利权、著作权中的财产权等。

3. 按企业取得贷款的用途，分为基本建设贷款、专项贷款和流动资金贷款

基本建设贷款是指企业因从事新建、改建、扩建等基本建设项目需要资金而向银行申请借入的款项。

专项贷款是指企业因为专门用途而向银行申请借入的款项，包括更新改造技改贷款、大修理贷款、研发和新产品研制贷款、小型技术措施贷款、出口专项贷款、引进技术转让费周转金贷款、进口设备外汇贷款、进口设备人民币贷款及国内配套设备贷款等。

流动资金贷款是指企业为满足流动资金的需求而向银行申请借入的款项，包括流动基金借款、生产周转借款、临时借款、结算借款和卖方信贷。

（二）银行借款的程序与保护性条款

1. 银行借款的程序

（1）提出申请。企业根据筹资需求向银行书面申请，按银行要求的条件和内容填报借款申请书。

（2）银行审批。银行按照有关政策和贷款条件，对借款企业进行信用审查，依据审批权限，核准公司申请的借款金额和用款计划。银行审查的主要内容是：公司的财务状况；信用情况；盈利的稳定性；发展前景；借款投资项目的可行性；抵押品和担保情况。

（3）签订合同。借款申请获批准后，银行与企业进一步协商贷款的具体条件，签订正式的借款合同，规定贷款的数额、利率、期限和一些约束性条款。

（4）取得借款。借款合同签订后，企业在核定的贷款指标范围内，根据用款计划和实际需要，一次或分次将贷款转入公司的存款结算户，以便使用。

2. 长期借款的保护性条款

由于银行等金融机构提供的长期贷款金额高、期限长、风险大，因袭，除借款合同的基本条款之外，债权人通常还在借款合同中附加各种保护性条款，以确保企业按要求使用借款和按时足额偿还借款。保护性条款一般有以下三类。

（1）例行性保护条款。这类条款作为例行常规，在大多数借款合同中都会出现。主要包括：① 要求定期向提供贷款的金融机构提交财务报表，以使债权人随时掌握公司的财务状况和经营成果。② 不准在正常情况下出售较多的非产成品存货，以保持企业正常生产经营能力。③ 如期清偿应缴纳税金和其他到期债务，以防被罚款而造成不必要的现金流失。④ 不准以资产作其他承诺的担保或抵押。⑤ 不准贴现应收票据或出售应收账款，以避免或有负债等。

（2）一般性保护条款。一般性保护条款是对企业资产的流动性及偿债能力等方面的要求条款，这类条款应用于大多数借款合同，主要包括：① 保持企业的资产流动性。要求企业需持有一定最低限度的货币资金及其他流动资产，以保持企业资产的流动性和偿债能力，一般规定了企业必须保持的最低营运资金数额和最低流动比率数值。② 限制企业非经营性支出。如限制支付现金股利、购入股票和职工加薪的数额规模，以减少企业资金的过度外流。③ 限制企业资本支出的规模。控制企业资产结构中的长期性资产的比例，以减少公司日后不得不变卖固定资产以偿还贷款的可能性。④ 限制公司再举债规模。目的是以防止其他债权人取得对公司资产的优先索偿权。⑤ 限制公司的长期投资。如规定公司不准投资于短期内不能收回资金的项目，不能未经银行等债权人同意而与其他公司合并等。

（3）特殊性保护条款。这类条款是针对某些特殊情况而出现在部分借款合同中的条款，只有在特殊情况下才能生效。主要包括：要求公司的主要领导人购买人身保险；借款的用途不得改变；违约惩罚条款等等。

上述各项条款结合使用，将有利于全面保护银行等债权人的权益。但借款合同是经双方充分协商后决定的，其最终结果取决于双方谈判能力的大小，而不是完全取决于银行等债权人的主观愿望。

（三）银行借款的筹资特点

1. 筹资速度快

与发行债券、融资租赁等债权筹资方式相比，银行借款的程序相对简单，所花时间较短，公司可以迅速获得所需资金。

2. 资本成本较低

利用银行借款筹资，比发行债券和融资租赁的利息负担要低。而且，无须支付证券发行费用、租赁手续费用等筹资费用。

3. 筹资弹性较大

在借款之前，公司根据当时的资本需求与银行等贷款机构直接商定贷款的时间、数量和条件。在借款期间，若公司的财务状况发生某些变化，也可与债权人再协商，变更借款数量、时间和条件，或提前偿还本息。因此，借款筹资对公司具有较大的灵活性，特别是短期借款更是如此。

4. 限制条款多

与债券筹资相比较，银行借款合同对借款用途有明确规定，通过借款的保护性条款，对

公司资本支出额度、再筹资、股利支付等行为有严格的约束，以后公司的生产经营活动和财务政策必将受到一定程度的影响。

5. 筹资数额有限

银行借款的数额往往受到贷款机构资本实力的制约，不可能像发行债券、股票那样一次筹集到大笔资金，无法满足公司大规模筹资的需要。

二、发行公司债券

企业债券又称公司债券，是企业依照法定程序发行的、约定在一定期限内还本付息的有价证券。债券是持有人拥有公司债权的书面证书，它代表持券人同发债公司之间的债权债务关系。

（一）发行债券的条件与种类

1. 发行债券的条件

在我国，根据《公司法》的规定，股份有限公司、国有独资公司和两个以上的国有公司或者两个以上的国有投资主体投资设立的有限责任公司，具有发行债券的资格。

根据《证券法》规定，公开发行公司债券，应当符合下列条件：① 股份有限公司的净资产不低于人民币3 000万元，有限责任公司的净资产不低于人民币6 000万元；② 累计债券余额不超过公司净资产的40%；③ 最近3年平均可分配利润足以支付公司债券1年的利息；④ 筹集的资金投向符合国家产业政策；⑤ 债券的利率不超过国务院限定的利率水平；⑥ 国务院规定的其他条件。

公开发行公司债券筹集的资金，必须用于核准的用途，不得用于弥补亏损和非生产性支出。

根据《证券法》规定，公司申请公司债券上市交易，应当符合下列条件：① 公司债券的期限为1年以上；② 公司债券实际发行额不少于人民币5 000万元；③ 公司申请债券上市时仍符合法定的公司债券发行条件。

2. 公司债券的种类

（1）按是否记名，分为记名债券和无记名债券

记名公司债券，应当在公司债券存根簿上载明债券持有人的姓名及住所、债券持有人取得债券的日期及债券的编号等债券持有人信息。记名公司债券，由债券持有人以背书方式或者法律、行政法规规定的其他方式转让；转让后由公司将受让人的姓名或者名称及住所记载于公司债券存根簿。

无记名公司债券，应当在公司债券存根簿上载明债券总额、利率、偿还期限和方式、发行日期及债券的编号。无记名公司债券的转让，由债券持有人将该债券交付给受让人后即发生转让的效力。

（2）按是否能够转换成公司股权，分为可转换债券与不可转换债券

可转换债券，债券持有者可以在规定的时间内按规定的价格转换为发债公司的股票。这种债券在发行时，对债券转换为股票的价格和比率等都做了详细规定。《公司法》规定，可

转换债券的发行主体是股份有限公司中的上市公司。

不可转换债券，是指不能转换为发债公司股票的债券，大多数公司债券属于这种类型。

（3）按有无特定财产担保，分为担保债券和信用债券

担保债权是指以抵押方式担保发行人按期还本付息的债券，主要是指抵押债券。抵押债券按其抵押品的不同，又分为不动产抵押债券、动产抵押债券和证券信托抵押债券。

信用债券是无担保债券，是仅凭公司自身的信用发行的、没有抵押品作抵押担保的债券。在公司清算时，信用债券的持有人因无特定的资产作担保品，只能作为一般债权人参与剩余财产的分配。

（二）发行债券的程序

1. 做出决议

公司发行债券要由董事会制定方案，股东大会做出决议。

2. 提出申请

我国规定，公司申请发行债券由国务院证券管理部门批准。证券管理部门按照国务院确定的公司债券发行规模，审批公司债券的发行。公司申请应提交公司登记证明、公司章程、公司债券募集办法、资产评估报告和验资报告。

3. 公告募集办法

企业发行债券的申请经批准后，向社会公告债券募集办法。公司债券分私募发行和公募发行，私募发行是以特定的少数投资者为对象发行债券，而公募发行则是在证券市场上以非特定的广大投资者为对象公开发行债券。

4. 委托证券经营机构发售

公募间接发行是各国通行的公司债券发行方式，在这种发行方式下，发行公司与承销团签订承销协议。承销团由数家证券公司或投资银行组成，承销方式有代销和包销两种。代销是指承销机构代为推销债券，在约定期限内未售出的余额可退还发行公司，承销机构不承担发行风险。包销是由承销团先购入发行公司拟发行的全部债券，然后再售给社会上的投资者，如果约定期限内未能全部售出，余额要由承销团负责认购。

5. 交付债券，收缴债券款，登记债券存根簿

发行债券通常不需经过填写认购证过程，由债券购买人直接向承销机构付款购买，承销单位付给企业债券。然后，发行公司向承销机构收缴债券款并结算代理费及预付款项。

（三）债券的偿还

债券偿还时间按其实际发生与规定的到期日之间的关系，分为提前偿还与到期偿还两类，其中后者又包括分批偿还和一次偿还两种。

1. 提前偿还

提前偿还又称提前赎回或收回，是指在债券尚未到期之前就予以偿还。只有在公司发行债券的契约中明确规定了有关允许提前偿还的条款，公司才可以进行此项操作。提前偿还所支付的价格通常要高于债券的面值，并随到期日的临近而逐渐下降。具有提前偿还条款的

债券可使公司筹资有较大的弹性。当公司资金有结余时，可提前赎回债券；当预测利率下降时，也可提前赎回债券，而后以较低的利率来发行新债券。

2. 分批偿还

如果一个公司在发行同一种债券的当时就为不同编号或不同发行对象的债券规定了不同的到期日，这种债券就是分批偿还债券。因为各批债券的到期日不同，它们各自的发行价格和票面利率也可能不相同，从而导致发行费较高；但由于这种债券便于投资人挑选最合适的到期日，因而便于发行。

3. 一次偿还

到期一次偿还的债券是最为常见的。

（四）发行公司债券的筹资特点

1. 一次筹资数额大

利用发行公司债券筹资，能够筹集大额的资金，满足公司大规模筹资的需要。这是在银行借款、融资租赁等债权筹资方式中，企业选择发行公司债券筹资的主要原因，也能够适应大型公司经营规模的需要。

2. 提高公司的社会声誉

公司债券的发行主体，有严格的资格限制。发行公司债券，往往是股份有限公司和有实力的有限责任公司所为。通过发行公司债券，一方面筹集了大量资金，另一方面也扩大了公司的社会影响。

3. 筹集资金的使用限制条件少

与银行借款相比，债券筹资筹集资金的使用具有相对的灵活性和自主性。特别是发行债券所筹集的大额资金，能够也主要用于流动性较差的公司长期资产上。从资金使用的性质来看，银行借款一般期限短、额度小，主要用途为增加适量存货、增加小型设备等；反之，期限较长、额度较大，用于公司扩展、增加大型固定资产和基本建设投资的需求多采用发行债券方式。

4. 能够锁定资本成本的负担

尽管公司债券的利息比银行借款高，但公司债券的期限长、利率相对固定。在预计市场利率持续上升的金融市场环境下，发行公司债券筹资，能够锁定资本成本。

5. 发行资格要求高，手续复杂

发行公司债券，实际上是公司面向社会负债，债权人是社会公众，因此国家为了保护投资者利益，维护社会经济秩序，对发债公司的资格有严格的限制。从申报、审批、承销到取得资金，需要经过众多环节和较长时间。

6. 资本成本较高

相对于银行借款筹资，发行债券的利息负担和筹资费用都比较高。而且债券不能像银行借款一样进行债务展期，加上大额的本金和较高的利息，在固定的到期日，将会对公司现金流量产生巨大的财务压力。

三、融资租赁

租赁，是指通过签订资产出让合同的方式，使用资产的一方（承租方）通过支付租金，向出让资产的一方（出租方）取得资产使用权的一种交易行为。在这项交易中，承租方通过得到所需资产的使用权，完成了筹集资金的行为。

（一）租赁的特征与分类

1. 租赁的基本特征

（1）所有权与使用权相分离。租赁资产的所有权与使用权分离是租赁的主要特点之一。银行信用虽然也是所有权与使用权相分离，但载体是货币资金，租赁则是资金与实物相结合基础上的分离。

（2）融资与融物相结合。租赁是以商品形态与货币形态相结合提供的信用活动，出租人在向企业出租资产的同时，解决了企业的资金需求，具有信用和贸易双重性质。它不同于一般的借钱还钱、借物还物的信用形式，而是借物还钱，并以分期支付租金的方式来体现。租赁的这一特点银行信贷和财产信贷融合在一起，成为企业融资的一种新形式。

（3）租金的分歧归流。在租金的偿还方式上，租金与银行信用到期还本付息不一样，采取了分期回流的方式。出租方的资金一次投入，分期收回。对于承租方而言，通过租赁可以提前获得资产的使用价值，分期支付租金便于分期规划未来的现金流出量。

2. 租赁的分类

租赁分为融资租赁和经营租赁。

经营租赁是由租赁公司向承租单位在短期内提供设备，并提供维修、保养、人员培训等的一种服务性业务，又称服务性租赁。经营租赁的特点主要是：① 出租的设备一般由租赁公司根据市场需要选定，然后再寻找承租企业。② 租赁期较短，短于资产的有效使用期，在合理的限制条件内承租企业可以中途解约。③ 租赁设备的维修、保养由租赁公司负责。④ 租赁期满或合同中止以后，出租资产由租赁公司收回。经营租赁比较适用于租用技术过时较快的生产设备。

融资租赁是由租赁公司按承租单位要求出资购买设备，在较长的合同期内提供给承租单位使用的融资信用业务，它是以融通资金为主要目的的租赁。融资租赁的主要特点是：① 出租的设备由承租企业提出要求购买，或者由承租企业直接从制造商或销售商那里选定。② 租赁期较长，接近于资产的有效使用期，在租赁期间双方无权取消合同。③ 由承租企业负责设备的维修、保养。④ 租赁期满，按事先约定的方法处理设备，包括退还租赁公司，或继续租赁，或企业留购。通常采用企业留购办法，即以很少的"名义价格"（相当于设备残值）买下设备。两者的区别如表3-2所示。

表 3-2　融资租赁与经营租赁的区别

对比项目	融资租赁（Financial lease）	经营租赁（Operational lease）
业务原理	融资融物于一体	无融资租赁特征，只是一种融物方式
租赁目的	融通资金，添置设备	暂时性使用，预防无形损耗风险
租期	较长，相当于设备经济寿命的大部分	较短
租金	包括设备价款	只是设备使用费
契约法律效力	不可撤销合同	经双方同意可中途撤销合同
租赁标的	一般为专用设备，也可为通用设备	通用设备居多
维修与保养	专用设备多为承租人负责，通用设备多为出租人负责	全部为出租人负责
承租人	一般为一个	设备经济寿命期内轮流租给多个承租人
灵活方便	不明显	明显

（二）融资租赁的基本程序与形式

1.融资租赁的基本程序

（1）选择租赁公司，提出委托申请。当企业决定采用融资租赁方式以获取某项设备时，需要了解各个租赁公司的资信情况、融资条件和租赁费率等，分析比较选定一家作为出租单位。然后，向租赁公司申请办理融资租赁。

（2）签订购货协议。由承租企业和租赁公司中的一方或双方，与选定的设备供应厂商进行购买设备的技术谈判和商务谈判，在此基础上与设备供应厂商签订购货协议。

（3）签订租赁合同。承租企业与租赁公司签订租赁设备的合同，如需要进口设备，还应办理设备进口手续。租赁合同是租赁业务的重要文件，具有法律效力。融资租赁合同的内容可分为一般条款和特殊条款两部分。

（4）交货验收。设备供应厂商将设备发运到指定地点，承租企业要办理验收手续。验收合格后签发交货及验收证书交给租赁公司，作为其支付货款的依据。

（5）定期交付租金。承租企业按租赁合同规定，分期交纳租金，这也就是承租企业对所筹资金的分期还款。

（6）合同期满处理设备。承租企业根据合同约定，对设备续租、退租或留购。

2.融资租赁的基本形式

（1）直接租赁。直接租赁是融资租赁的主要形式，承租方提出租赁申请时，出租方按照承租方的要求选购，然后再出租给承租方。

（2）售后回租。售后回租是指承租方由于急需资金等各种原因，将自己资产售给出租方，然后以租赁的形式从出租方原封不动地租回资产的使用权。在这种租赁合同中，除资产所有者的名义改变之外，其余情况均无变化。

（3）杠杆租赁。杠杆租赁是指涉及承租人、出租人和资金出借人三方的融资租赁业务。一般来说，当所涉及的资产价值昂贵时，出租方自己只投入部分资金，通常为资产价值的20%～40%，其余资金则通过将该资产抵押担保的方式，向第三方（通常为银行）申请贷款解决。租赁公司然后将购进的设备出租给承租方，用收取的租金偿还贷款，该资产的所有权属于出租方。出租人既是债权人也是债务人，如果出租人到期不能按期偿还借款，资产所有权则转移给资金的出借者。

（三）融资租赁租金的计算

1. 租金的构成

融资租赁每期租金的多少，取决于以下几项因素：① 设备原价及预计残值，包括设备买价、运输费、安装调试费、保险费等，以及该设备租赁期满后，出售可得的市价。② 利息，指租赁公司为承租企业购置设备垫付资金所应支付的利息。③ 租赁手续费，指租赁公司承办租赁设备所发生的业务费用和必要的利润。

2. 租金的支付方式

租金的支付方式有以下几种分类方式：① 按支付间隔期长短，分为年付、半年付、季付和月付等方式。② 按在期初和期末支付，分为先付和后付。③ 按每次支付额，分为等额支付和不等额支付。实务中，承租企业与租赁公司商定的租金支付方式，大多为后付等额年金。

3. 租金的计算

我国融资租赁实务中，租金的计算大多采用等额年金法。等额年金法下，通常要根据利率和租赁手续费率确定一个租费率，作为折现率。

【例3-1】A公司于2013年12月10日与B租赁公司签订了一份设备租赁合同。合同主要条款如下：

（1）租赁标的物：甲生产设备。

（2）起租日：2013年12月31日。

（3）租赁期：2013年12月31日至2017年12月31日。

（4）租金支付方式：2014年至2017年每年年末支付租金800万元。

（5）租赁期满时，甲生产设备的估计余值为400万元，其中A公司担保的余值为300万元，未担保的余值为100万元。

（6）甲生产设备2013年12月31日的公允价值为3 100万元，已使用3年，预计还可使用5年。

（7）租赁合同年利率为6%。

（8）2017年12月31日，A公司将甲生产设备归还给B租赁公司。

甲生产设备于2013年12月31日运抵A公司，当日投入使用。其固定资产均采用平均年限法计提折旧，与租赁有关的未确认融资费用均采用实际利率法摊销，并假定未确认融资费用在相关资产的折旧期限内摊销。

试计算：编制 A 公司在 2014 年年末至 2017 年年末与租金支付以及其他与租赁事项有关的会计分录（假定相关事项均在年末进行账务处理）。（金额单位用万元表示）（利率为 6%，期数为 4 期的普通年金现值系数为 3.465 1；利率为 6%，期数为 4 期的复利现值系数为 0.792 1。）（结果除不尽的保留两位小数）

（1）2014 年 12 月 31 日

支付租金：

借：长期应付款——应付融资租赁款 800

贷：银行存款 800

确认当年应分摊的融资费用：

当年应分摊的融资费用 = 3 009.71 × 6% = 180.58 万元

借：财务费用 180.58

贷：未确认融资费用 180.56

计提折旧：

计提折旧 =（3 009.71 – 300）/4 = 677.427 5（万元）

借：制造费用——折旧费 677.427 5

贷：累计折旧 677.427 5

（2）2015 年 12 月 31 日

支付租金：

借：长期应付款——应付融资租赁款 800

贷：银行存款 800

确认当年应分摊的融资费用：

当年应分摊的融资费用 = [3 009.71 –（800 – 180.58）]× 6% = 143.42（万元）

借：财务费用 143.42

贷：未确认融资费用 143.42

计提折旧：

计提折旧 =（3 009.71 – 300）/4 = 677.427 5（万元）

借：制造费用——折旧费 677.427 5

贷：累计折旧 677.427 5

（3）2016 年 12 月 31 日

支付租金：

借：长期应付款——应付融资租赁款 800

贷：银行存款 800

确认当年应分摊的融资费用：

当年应分摊的融资费用 = [3 009.71 –（800 – 180.58）–（800 – 143.42）]× 6% = 104.02（万元）

借：财务费用 104.02

贷：未确认融资费用 104.02

计提折旧：

计提折旧 =（3 009.71 – 300）/4 = 677.427 5 万元

借：制造费用——折旧费 677.427 5

贷：累计折旧 677.427 5

（4）2017 年 12 月 31 日

支付租金：

借：长期应付款——应付融资租赁款 800

贷：银行存款 800

确认当年应分摊的融资费用：

当年应分摊的融资费用 = 490.29 – 180.58 – 143.42 – 104.02 = 62.27（万元）

借：财务费用 62.27

贷：未确认融资费用 62.27

计提折旧：

计提折旧 =（3 009.71 – 300）/4 = 677.427 5（万元）

借：制造费用——折旧费 677.427 5

贷：累计折旧 677.427 5

归还设备：

借：长期应付款——应付融资租赁款 300

累计折旧 2 709.71

贷：固定资产——融资租入固定资产 3 009.71

（四）融资租赁的筹资特点

1. 在资金缺乏情况下，能迅速获得所需资产

融资租赁集"融资"与"融物"于一身，融资租赁使企业在资金短缺的情况下引进设备成为可能。特别是针对中小企业、新创企业而言，融资租赁是一条重要的融资途径。有时，大型企业对于大型设备、工具等固定资产，也需要融资租赁解决巨额资金的需要，如商业航空公司的飞机，大多是通过融资租赁取得的。

2. 财务风险小，财务优势明显

融资租赁与购买的一次性支出相比，能够避免一次性支付的负担，而且租金支出是未来的、分期的，企业无须一次筹集大量资金偿还。还款时，租金可以通过项目本身产生的收益来支付，是一种基于未来的"借鸡生蛋、卖蛋还钱"的筹资方式。

3. 融资租赁筹资的限制条件较少

企业运用股票、债券、长期借款等筹资方式，都受到相当多的资格条件的限制，如足够的抵押品、银行贷款的信用标准、发行债券的政府管制等。相比之下，租赁筹资的限制条件很少。

4. 租赁能延长资金融通的期限

通常为设备而贷款的借款期限比该资产的物理寿命要短得多，而租赁的融资期限却可接近其全部使用寿命期限；并且其金额随设备价款金额而定，无融资额度的限制。

5. 免遭设备陈旧过时的风险

随着科学技术的不断进步，设备陈旧过时的风险很高，而多数租赁协议规定此种风险由出租人承担，承租企业可免受这种风险。

6. 资本成本高

其租金通常比举借银行借款或发行债券所负担的利息高得多，租金总额通常要高于设备价值的30%。尽管与借款方式比，融资租赁能够避免到期一次性集中偿还的财务压力，到高额的固定租金也给各期的经营带来了分期的负担。

四、债务筹资的优缺点

（一）债务筹资的优点

1. 筹资速度较快

与股权筹资比，债务筹资不需要经过复杂的审批手续和证券发行程序，如银行借款、融资租赁等，可以迅速地获得资金。

2. 筹资弹性大

发行股票等股权筹资，一方面需要经过严格的政府审批；另一方面从企业的角度出发，由于股权不能退还，股权资本在未来永久性地给企业带来了资本成本的负担。利用债务筹资，可以根据企业的经营情况和财务状况，灵活商定债务条件，控制筹资数量，安排取得资金的时间。

3. 资本成本负担较轻

一般来说，债务筹资的资本成本要低于股权筹资。其一是取得资金的手续费用等筹资费用较低；其二是利息、租金等用资费用比股权资本要低；其三是利息等资本成本可以在税前支付。

4. 可以利用财务杠杆

债务筹资不改变公司的控制权，因而股东不会出于控制权稀释原因反对负债。债权人从企业那里只能获得固定的利息或租金，不能参加公司剩余收益的分配。当企业的资本报酬率高于债务利率时，会增加普通股股东的每股收益，提高净资产报酬率，提升企业价值。

5. 稳定公司的控制权

债权人无权参加企业的经营管理，利用债务筹资不会改变和分散股东对公司的控制权。

（二）债务筹资的缺点

1. 不能形成企业稳定的资本基础

债务资本有固定的到期日，到期需要偿还，只能作为企业的补充性资本来源。再加上去的债务往往需要进行信用评级，没有信用基础的企业和新创企业，往往难以取得足够的债务资本。现有债务资本在企业的资本结构中达到一定比例后，往往由于财务风险升高而不容易再取得新的债务资金。

2. 财务风险较大

债务资本有固定的到期日，有固定的利息负担，抵押、质押等担保方式取得的债务，资本使用上可能会有特别的限制。这些都要求企业必须有一定的偿债能力，要保持资产流动性及其资产报酬水平，作为债务清偿的保障，对企业的财务状况提出了更高的要求，否则会给企业带来财务危机，甚至导致企业破产。

3. 筹资数额有限

债务筹资的数额往往受到贷款机构资本实力的制约，不可能像发行债券股票那样一次筹集到大笔资本，无法满足公司大规模筹资的需要。

第四节 衍生工具筹资

衍生工具筹资主要包括兼具股权与债务特性的混合融资和其他衍生工具融资。我国上市公司目前最常见的主要有可转换债券、认股权证。

一、可转换债券

可转换债券是一种混合型证券，是公司普通债券与证券期权的组合体。可转换债券的持有人在一定期限内，可以按照事先规定的价格或者转换比例，自由地选择是否转换为公司普通股。按照转股权是否与可转换债券分离，可转换债券可以分为两类：一类是一般可转换债券，其转股权与债券不可分离，持有者直接按照债券面额和约定的转股价格，在约定的期限内将债券转换为股票；一类是可分离就交易的可转换债券，这类债券在发行时附有认股权证，是认股权证和公司债券的组合，又被称为"可分离的附认股权证的公司债"，发行上市后公司债券和认股权证各自独立流通、交易。认股权证的持有者认购股票时，需要按照认购价（行权价）出资购买股票。

（一）可转换债券的基本性质

1. 证券期权性

可转换债券给予了债券持有者未来的选择权，在事先约定的期限内，投资者可以选择将债券转换为普通股票，也可以放弃转换权利，持有至债券到期还本付息。由于可转换债券持有人具有在未来按一定的价格购买股票的权利，因此可转换债券实质上是一种未来的买入期权。

2. 资本转换性

可转换债券在正常持有期，属于债权性质；转换成股票后，属于股权性质。在债券的转换期间中，持有人没有将其转换为股票，发行企业到期必须无条件地支付本金和利息。

转换成股票后，债券持有人成为企业的股权投资者。资本双重性的转换，取决于投资者是否行权。

3. 赎回与回售

可转换债券一般都会有赎回条款，发债公司在可转换债券转换前，可以按一定条件赎回债券。通常，公司股票价格在一段时期内连续高于转股价格达到某一幅度时，公司会按事先约定的价格买回未转股的可转换公司债券。同样，可转换债券一般也会有回售条款，公司股票价格在一段时期内连续低于转股价格达到某一幅度时，债券持有人可按事先约定的价格将所持债券回卖给发行公司。

（二）可转换债券的基本要素

可转换债券的基本要素是指构成可转换债券基本特征的必要因素，它们代表了可转换债券与一般债券的区别。

1. 标的股票

可转换债券转换期权的标的物，就是可转换成的公司股票。标的股票一般是发行公司自己的普通股票，不过也可以是其他公司的股票，如该公司的上市子公司的股票。

2. 票面利率

可转换债券的票面利率一般会低于普通债券的票面利率，有时甚至还低于同期银行存款利率。因为可转换债券的投资收益中，除了债券的利息收益外，还附加了股票买入期权的收益部分。一个设计合理的可转换债券在大多数情况下，其股票买入期权的收益是以弥补债券利息收益的差额。

3. 转换价格

转换价格是指可转换债券在转换期间内据以转换为普通股的折算价格，即将可转换债券转换为普通股的每股普通股的价格。如每股 30 元，即是指可转换债券到期时，将债券金额按每股 30 元转换为相应股数的股票。由于可转换债券在未来可以行权转换成股票，在债券发售时，所确定的转换价格一般比发售日股票市场价格高出一定比例，如高出 10% ~ 30%。我国《可转换公司债券管理暂行办法》规定，上市公司发行可转换公司债券，以发行前 1 个月股票的平均价格为基准，上浮一定幅度作为转股价格。

4. 转换比率

转换比率是指每一份可转换债券在既定的转换价格下能转换为普通股股票的数量。在债券面值和转换价格确定的前提下，转换比率为债券面值与转换价格之商：

$$换转比率 = 债券面值 / 转换价值$$

5. 转换期

转换期指的是可转换债券持有人能够行使转换权的有效期限。可转换债券的转换期可以与债券的期限相同，也可以短于债券的期限。转换期间的设定通常有四种情形：债券发行日至到期日；发行日至到期前；发行后某日至到期日；发行后某日至到期前。至于选择哪种，要看公司的资本使用状况、项目情况、投资者要求等。由于转换价格高于公司发债时股价，投资者一般不会在发行后立即行使转换权。

6. 赎回条款

赎回条款是指发债公司按事先约定的价格买回未转股债券的条件规定，赎回一般发生在公司股票价格在一段时期内连续高于转股价格达到某一幅度时。赎回条款通常包括：不可赎回期间与赎回期；赎回价格（一般高于可转换债券的面值）；赎回条件（分为无条件赎回和有条件赎回）等。

发债公司在赎回债券之前，要向债券持有人发出赎回通知，要求他们在将债券转股与卖回给发债公司之间做出选择。一般情况下，投资者大多会将债券转换为普通股。可见，设置赎回条款最主要的功能是强制债券持有者积极行使转股权，因此又被称为加速条款。同时也能使发债公司避免在市场利率下降后，继续向债券持有人支付较高的债券利率所蒙受的损失。

7. 回售条款

回售条款是指债券持有人有权按照事前约定的价格将债券卖回给发债公司的条件规定。回售一般发生在公司股票价格在一段时期内连续低于转股价格达到某一幅度时。回售对于投资者而言实际上是一种卖权，有利于降低投资者的持券风险。与赎回一样，回售条款也有回售时间、回售价格和回收条件等规定。

8. 强制性转换调整条款

强制性转换调整条款是指在某些条件具备之后，债券持有人必须将可转换债券转换为股票，无权要求偿还债权本金的规定。可转换债券发行之后，其股票价格可能出现巨大波动。如果股价长期表现不佳，又未设计回售条款，投资者就不会转股。公司可设置强制性转换调整条款，保证可转换债券顺利地转换成股票，预防投资者到期集中挤兑引发公司破产的悲剧。

（三）可转换债券的发行条件

1. 最近 3 年连续盈利，且最近 3 年净资产收益率平均在 10% 以上；属于能源、原材料、基础设施类的公司可以略低，但是不得低于 7%。
2. 可转换债券发行后，公司资产负债率不高于 70%。
3. 累计债券余额不超过公司净资产额的 40%。
4. 上市公司发行可转换债券，还应当符合关于公开发行股票的条件。

发行分离交易的可转换公司债券，除符合公开发行证券的一般条件外，还应当符合的规定包括：公司最近一期末经审计的净资产不低于人民币 15 亿元；最近 3 个会计年度实现的年均可分配利润不少于公司债券 1 年的利息；最近 3 个会计年度经营活动产生的现金流量净额平均不少于公司债券 1 年的利息；本次发行后累计公司债券余额不超过最近一期末净资产额的 40%，预计所附认股权全部行权后募集的资金总量不超过拟发行公司债券金额等。分离交易的可转换公司债券募集说明书应当约定，上市公司改变公告的募集资金用途的，赋予债券持有人一次回售的权利。

需要注意的是，所附认股权证的行权价格应不低于公告募集说明书日前20个交易日公司股票均价和前1个交易日的均价；认股权证的存续期间不超过公司债券的期限，自发行结束之日起不少于6个月；募集说明书公告的权证存续期限不得调整；认股权证自发行结束至少已满6个月起方可行权，行权期间为存续期限届满前的一段期间，或者是存续期限内的特定交易日。

（四）可转换债券的筹资特点

1. 筹资灵活性

可转换债券将传统的债务筹资功能和股票筹资功能结合起来，筹资性质和时间上具有灵活性。债券发行企业先以债务方式取得资金，到了债券转换期，如果股票市价较高，债券持有人将会年约定的价格转换为股票，避免了企业还本付息之负担。如果公司股票长期低迷，投资者不愿意将债券转换为股票，企业即时还本付息清偿债务，也能避免未来长期的股权资本成本负担。

2. 资本成本较低

可转换债券的利率低于同一条件下普通债券的利率，降低了公司的筹资成本；此外，在可转换债券转换为普通股时，公司无须另外支付筹资费用，又节约了股票的筹资成本。

3. 筹资效率高

可转换债券在发行时，规定的转换价格往往高于当时本公司的股票价格。如果这些债券将来都转换成了股权，这相当于在债券发行之际，就以高于当时股票市价的价格新发行了股票，以较少的股份代价筹集了更多的股权资金。因此，在公司发行新股时机不佳时，可以先发行可转换债券，以其将来变相发行普通股。

4. 存在不转换的财务压力

如果在转换期内公司股价处于恶化性的低位，持券者到期不会转股，会造成公司的集中兑付债券本金的财务压力。

5. 存在回售的财务压力

若可转换债券发行后，公司股价长期低迷，在设计有回售条款的情况下，投资者集中在一段时间内将债券回售给发行公司，加大了公司的财务支付压力。

6. 股价大幅度上扬风险

如果债券转换时公司股票价格大幅度上扬，公司只能以较低的固定转换价格换出股票，便会降低公司的股权筹资额。

二、认股权证

认股权证全称为股票认购授权证，是一种由上市公司发行的证明文件，持有人有权在一定时间内以约定价格认购该公司发行的一定数量的股票。广义的权证（Warrant），是一种持有人有权于某一特定期间或到期日，按约定的价格，认购或估出一定数量的标的资产的期权。按买或卖的不同权利，权证可分为认购权证和认沽权证，又称为看涨权证和看跌权证。本书仅介绍认购权证（即认股权证）。

（一）认股权证的基本性质

1. 证券期权性

认股权证本质上是一种股票期权，属于衍生金融工具，具有实现融资和股票期权激励的双重功能。但认股权证本身是一种认购普通股的期权，它没有普通股的红利收入，也没有普通股相应的投票权。

2. 认股权证是一种投资工具

投资者可以通过购买认股权证获得市场价与认购价之间的股票差价收益，因此它是一种具有内在价值的投资工具。

（二）认股权证的种类

1. 美式认股证与欧式认股证

美式认股证，指权证持有人在到期日前，可以随时提出履约要求，买进约定数量的标的股票。而欧式认股证，则是指权证持有人只能于到期日当天，才可买进标的股票。无论股证属欧式或美式，投资者均可在到期日前在市场出售转让其持有的认股权证。事实上，只有小部分权证持有人会选择行权，大部分投资者均会在到期前估出权证。

2. 长期认股权证与短期认股权证

短期认股权证的认股期限一般在90天以内。认股权证期限超过90天的，为长期认股权证。

（三）认股权证的筹资特点

1. 认股权证是一种融资促进工具，它能促使公司在规定的期限内完成股票发行计划，顺利实现融资。

2. 有助于改善上市公司的治理结构。采用认股权证进行融资，融资的实现是缓期分批实现的，上市公司及其大股东的利益和投资者是否在到期之前执行认股权证密切相关，因此，在认股权证有效期间，上市公司管理层及其大股东任何有损公司价值的行为，都可能降低上市公司的股价，从而降低投资者执行认股权证的可能性，这将损害上市公司管理层及其大股东的利益。因此，认股权证将有效约束上市公司的败德行为，并激励他们更加努力地提升上市公司的市场价值。

3. 作为激励机制的认股权证有利于推进上市公司的股权激励机制。认股权证是常用的员工激励工具，通过给予管理者和重要员工一定的认股权证，可以把管理者和员工的利益与企业价值成长紧密联系在一起，建立一个管理者与员工通过提升企业价值再实现自身财富增值的利益驱动机制。

第五节　资金需要量预测

资金的需要量是筹资的数量依据，必须科学合理地进行预测。筹资数量预测的基本目

的，是保证筹集的资金既能满足生产经营的需要，又不会产生资金多余而闲置。

一、因素分析法

因素分析法又称分析调整法，是以有关项目基期年度的平均资金需要量为基础，根据预测年度的生产经营任务和资金周转加速的要求，进行分析调整，来预测资金需要量的一种方法。这种方法计算简便，容易掌握，但预测结果不太精确。它通常用于品种繁多、规格复杂、资金用量小的项目。因素分析法的计算公式如下：

资金需要量 =（基期资金平均占用额 – 不合理资金占用额）×（1 ± 预测期销售增减额）×（1 ± 预测期资金周转速度变动率）

【例 3-2】新兴公司上年度资金平均占用额为 2 000 万元，经分析，其中不合理部分 500 万元，预计本年度销售增长 8%，资金周转加速 5%。则：

预测本年度资金需要量 =（2 000 – 500）×（1 + 8%）×（1 – 5%）= 1 539（万元）

二、销售百分比法

（一）基本原理

销售百分比法，是根据销售增长与资产增长之间的关系，预测未来资金需要量的方法。企业的销售规模扩大时，要相应增加流动资产；如果销售规模增加很多，还必须增加长期资产。为取得扩大销售所需增加的资产，企业需要筹措资金。这些资金，一部分来自留存收益，另一部分通过外部筹资取得。通常，销售增长率较高时，仅靠留存收益不能满足资金需要，即使获利良好的企业也需外部筹资。因此，企业需要预先知道自己的筹资需求，提前安排筹资计划，否则就可能发生资金短缺问题。

销售百分比法，将反映生产经营规模的销售因素与反映资金占用的资产因素连接起来，根据销售与资产之间的数量比例关系，预计企业的外部筹资需要量。销售百分比法首先假设某些资产与销售额存在稳定的百分比关系，根据销售与资产的比例关系预计资产额，根据资产额预计相应的负债和所有者权益，进而确定筹资需要量。

（二）基本步骤

1. 确定随销售额变动而变动的资产和负债项目

资产是资金使用的结果，随着销售额的变动，经营性资产项目将占用更多的资金。同时，随着经营性资产的增加，相应的经营性短期债务也会增加，如存货增加会导致应付账款增加，此类债务称之为"自动性债务"，可以为企业提供暂时性资金。经营性资产与经营性负债的差额通常与销售额保持稳定的比例关系。这里，经营性资产项目包括库存现金、应收账款、存货等项目；而经营性负债项目包括应付票据、应付账款等项目，不包括短期借款、短期融资券、长期负债等筹资性负债。

2. 确定经营性资产与经营性负债有关项目与销售额的稳定比例关系

如果企业资金周转的营运效率保持不变，经营性资产与经营性负债会随销售额的变动而呈正比例变动，保持稳定的百分比关系。企业应当根据历史资料和同业情况，剔除不合理的资金占用，寻找与销售额的稳定百分比关系。

3. 确定需要增加的筹资数量

预计由于销售增长而需要的资金需求增长额，扣除利润留存后，即为所需要的外部筹资额。即有：

$$外部融资需求量 = \frac{A}{S_1} \times \Delta S - \frac{B}{S_1} \times \Delta S - P \times E \times S_2$$

式中：A 为随销售而变化的敏感性资产；B 为随销售而变化的敏感性负债；S_1 为基期销售额；S_2 为预测期销售额；ΔS 为销售变动额；P 为销售净利率；E 为利润留存率；A/S_1 为敏感资产与销售额的关系百分比；B/S_2 为敏感负债与销售额的关系百分比。

需要说明的是，如果非敏感性资产增加，则外部筹资需要量也应相应增加。

【例 3-3】新兴公司 2018 年 12 月 31 日的简要资产负债及相关信息如表 3-3 所示。假定该公司 2018 年销售额 20 000 万元，销售净利率为 5%，利润留存率 20%。2019 年销售额预计增长 10%，公司有足够的生产能力，无须追加固定资产投资。

表 3-3 新兴公司资产负债及相关信息表（2018 年 12 月 31 日）

单位：万元

资　产	金额	与销售关系%	负债与权益	金额	与销售关系%
现　　金	500	2.5	短期借款	2 500	N
应收账款	1 500	7.5	应付账款	1 000	5
存　　货	3 000	15	预提费用	500	2.5
固定资产	3 000	N	公司债券	1 000	N
			实收资本	2 000	N
			留存收益	1 000	N

首先，确定有关项目及其与销售额的关系百分比。在表 3-3 中，N 表示不变动，是指该项目不随销售的变化而变化。

其次，确定需要增加的资金量。

最后，确定外部融资需求的数量。

根据新兴公司的资料，可求得对外融资的需求量为：

外部融资需求量 = 25% × 2 000 − 7.5% × 2 000 − 5% × 20% × 22 000 = 130（万元）

销售百分比法的优点，是能为筹资管理提供短期预计的财务报表，以适应外部筹资的需要，且易于使用。但在有关因素发生变动的情况下，必须相应地调整原有的销售百分比。

三、资金习性预测法

资金习性预测法，是指根据资金习性预测未来资金需要量的一种方法。所谓资金习性，

是指资金的变动同产销量变动之间的依存关系。按照资金同产销量之间的依存关系，可以把资金区分为不变资金、变动资金和半变动资金。

不变资金是指在一定的产销量范围内，不受产销量变动的影响而保持固定不变的那部分资金。也就是说，产销量在一定范围内变动，这部分资金保持不变。这部分资金包括：为维持营业而占用的最低数额的现金，原材料的保险储备，必要的成品储备，厂房、机器设备等固定资产占用的资金。

变动资金是指随产销量的变动而同比例变动的那部分资金。它一般包括直接构成产品实体的原材料、外购件等占用的资金。另外，在最低储备以外的现金、存货、应收账款等也具有变动资金的性质。

半变动资金是指虽然受产销量变化的影响，但不成同比例变动的资金，如一些辅助材料上占用的资金。半变动资金可采用一定的方法划分为不变资金和变动资金两部分。

（一）根据资金占用总额与产销量的关系预测

这种方式是根据历史上企业资金占用总额与产销量之间的关系，把资金分为不变和变动两部分，然后结合预计的销售量来预测资金需要量。

设产销量为自变量 X，资金占用为因变量 Y，它们之间的关系可用下式表示：

$$Y = a + bX$$

式中，a 为不变资金，b 为单位产销量所需变动资金。

可见，只要求出 a 和 b，并知道预测期的产销量，就可以用上述公式测算资金需求情况。a 和 b 可用回归直线方程求出。

（二）采用逐项分析法预测

这种方式是根据各资金占用项目（如现金、存货、应收账款、固定资产）同产销量之间的关系，把各项目的资金都分成变动和不变两部分，然后汇总在一起，求出企业变动资金总额和不变资金总额，进而来预测资金需求量。

进行资金习性分析，把资金划分为变动资金和不变资金两部分，从数量上掌握了资金同销售量之间的规律性，对准确地预测资金需要量有很大帮助。实际上，销售百分比法是资金习性分析法的具体运用。

应用线性回归法必须注意以下几个问题：①资金需要量与营业业务量之间线性关系的假定应符合实际情况；②确定 a、b 数值，应利用连续若干年的历史资料，一般要有3年以上的资料；③应考虑价格等因素的变动情况。

【知识总结】

企业筹资是指企业为了满足其经营活动、投资活动等需要，运用一定的筹资方式，筹措和获取所需资金的一种行为。资金是企业的血液，是企业设立、生存和发展的物质基础，是企业开展生产经营业务活动的基本前提。任何一个企业，为了形成生产经营能力、保证生产经营正常运行，必须拥有一定数量的资金。本章主要讲解了筹资管理的概念、内涵。读者需要了解股权筹资、债务筹资、衍生工具筹资。掌握资金需要量预测等内容。

【思考练习】

一、单选择题

1. 下列各项中，属于银行借款筹资方式缺点的是（　　）。
   A. 资本成本高　　B. 灵活性差　　C. 弹性小　　D. 限制条件多

2. 新兴公司按年利率8%向工商银行借款600万元，期限3年，银行要求其保持贷款总额的20%补偿性余额，不按复利计算，该公司实际负担的年利率是（　　）。
   A.30%　　B.8%　　C.10%　　D.6.67%

3. 根据我国《公司法》的规定，发行公司流通在外的债券累计总额不超过公司净资产的（　　）。
   A.30%　　B.40%　　C.50%　　D.60%

4. 下列各项当中，属于融资渠道的是（　　）。
   A. 国家财政资本　　B. 发行股票　　C. 发行债券　　D. 银行借款

5. 下列各项当中，不属于企业筹资方式的是（　　）。
   A. 银行信贷资本　　B. 发行股票　　C. 发行债券　　D. 银行借款

6. 属于股权筹资方式的有（　　）。
   A. 发行股票　　B. 发行债券　　C. 商业信用　　D. 长期借款

7. 相对于股票筹资而言，银行借款的缺点是（　　）。
   A. 筹资速度慢　　B. 筹资成本高　　C. 筹资限制少　　D. 财务风险大

二、多选题

1. 筹资动机有（　　）。
   A. 投资性动机　　B. 扩张性动机　　C. 调整性动机　　D. 混合性动机

2. 决定发行债券价格的主要因素有（　　）。
   A. 债券面值　　　B. 票面利率　　　C. 市场利率　　　D. 债券期限
3. 债券发行的价格有（　　）形式。
   A. 平价　　　　　B. 折价　　　　　C. 溢价　　　　　D. 中间价
4. 相对于发行股票，下列各项属于发行债券的优点是（　　）。
   A. 资本成本低　　　　　　　B. 财务风险低
   C. 发挥财务杠杆作用　　　　D. 保障股东的控制权
5. 融资租赁的优点主要有（　　）。
   A. 限制条件少　　　　　　　B. 租赁筹资成本低
   C. 能够迅速获得所需资产　　D. 租金可以在税前扣除，承租企业能够享受节税利益

三、判断题

1. 在债券面额、票面利率和期限一定的情况下，发行价格因市场利率不同而不同。（　　）
2. 企业采用借入资金方式比采用自有资金方式付出的资金成本低，但承担风险大。（　　）
3. 股票发行价格可以等于票面金额，也可以低于票面金额，还可以超过票面金额，以超过票面金额发行的股票，须经国务院证券管理部门批准。（　　）
4. 普通股东在公司增发新股时，具有优先认购股票的权利。（　　）
5. 在债券面值和票面利率一定的情况下，市场利率越高，则债券发行价格越高。（　　）

四、简答题

1. 筹资管理的目标是什么？
2. 什么是资金需要量预测？
3. 资本成本与资本结构有哪些？
4. 讨论债务筹资、衍生工具筹资的区别于联系。

五、计算题

某公司 20X7 年 12 月 31 日的资产负债表如下：

资产负债表

2017 年 12 月 31 日　　　　　　　　　　　　　　　　　　　　　　　　　　　　单位：万元

资产	期末数	负债及所有者权益	期末数
现金	5 000	应付费用	10 000
应收账款	15 000	应付账款	5 000
存货	30 000	短期借款	25 000

续　表

资产	期末数	负债及所有者权益	期末数
固定资产净值	30 000	公司债券	10 000
		实收资本	20 000
		留存收益	10 000
总计	80 000	总计	80 000

假定该公司 2017 年的销售收入为 100 000 万元，销售净利率为 10%，股利支付率为 60%，公司现有生产能力尚未饱和，增加销售无需追加固定资产投资。流动资产和流动负债（除短期借款外）与销售收入成正比例变动。经预测，2018 年公司销售收入将提高到 120 000 万元，企业销售净利率和利润分配政策不变。

（1）计算 2018 年销售收入增长率。

（2）计算敏感资产项目占销售收入的百分比和敏感负债项目占销售收入百分比。

（3）计算 2017 年留存收益增加额。

（4）计算 2018 年外部筹资数额。

第四章 资本成本和资本结构

【学习目标】

1. 了解资本成本的含义与作用,以及西方资本结构理论的发展脉络;
2. 熟练掌握资本成本的计算方法;
3. 理解杠杆的作用原理;
4. 掌握经营拉杆、财务杠杆和复合杠杆系数的测算及其应用;
5. 熟悉影响资本结构决策的因素;
6. 掌握资本结构决策的定量分析方法,确定公司最佳的资本结构。

【核心概念】

资本成本　经营拉杆财务杠杆　总杠杆　资本结构

【案例导入】

某公司目前的资本结构为:40%为普通股或留存收益,10%为优先股,50%为长期负债。该公司从多年的经营中断定这一资本结构是最佳的。

公司管理层认为明年最佳资本预算为140万元,其来源如下:按面值发行利率为10%的债券70万元,发行股息率为11%的优先股14万元,其余部分用明年的留存收益来支持。

公司当前普通股市价为每股25元,明年普通股红利预计为每股2元,目前公司流通在外的普通股为25万股,预计明年可提供给普通股股东的净收益(包括明年资本预算的净收益)为106万元。该公司过去10年的股利和收益增长率均为5.7%,但在可预见的将来,两者的增长率估计仅为5%。公司所得税率为25%。

案例分析:

根据材料,计算该公司明年预计的留存收益。并分析该企业明年加权平均的边际资本成本是否会发生变化(假设股利政策不变)?

第一节 资本成本

资本成本是衡量资本结构优化程度的标准，也是对投资获得经济效益的最低要求。企业筹得的资本付诸使用以后，只有投资报酬率高于资本成本，才能表明所筹集的资本取得了较好的经济效益。

一、资本成本的含义

资本成本是指企业为筹集和使用资本而付出的代价，包括筹资费用和占用费用。资本成本是资本所有权与资本使用权分离的结果。对出资者而言，由于让渡了资本使用权，必须要求去的一定的补偿，资本成本表现为让渡资本使用权所带来的投资报酬。对筹资者而言，由于取得了资本使用权，必须支付一定代价，资本成本表现为去的资本使用权所付出的代价。

1.筹资费

筹资费，是指企业在资本筹措过程中为获得资本而付出的代价，如想银行支付的借款手续费，因发行股票、公司债券而支付的发行费等。筹资费用通常在资本筹集时一次性发生，在资本使用过程中不再发生，因此，视为筹资数额的一项扣除。

2.占用费

占用费，是指企业在资本使用过程中因占用资本而付出的代价，如向银行等债权人支付的利息，向股东支付的股利等。占用费用是因为占用了他人资金而必须支付的，是资本成本的主要内容。

二、资本成本的作用

1.资本成本是比较筹资方式、选择筹资方案的依据

各种资本的资本成本率，是比较、评价各种筹资方式的依据。在评价各种筹资方式时，一般会考虑的因素包括对企业控制权的影响、对投资者吸引力的大小、融资的难易和风险、资本成本的高低等，而资本成本是其中的重要因素。在其他条件相同时，企业筹资应选择资本成本最低的方式。

2.平均资本成本是衡量资本结构是否合理的依据

企业财务管理目标是企业价值最大化，企业价值是企业资产带来的未来经济利益的现值。计算现值时采用的贴现率通常会选择企业的平均资本成本，当平均资本成本率最小时，企业价值最大，此时的资本结构是企业理想的最佳资本结构。

3.资本成本是评价投资项目可行性的主要标准

资本成本通常用相对数表示，它是企业对投入资本所要求的报酬率（或收益率），即最低必要报酬率。任何投资项目，如果它预期的投资报酬率超过该项目使用资金的资本成本

率，则该项目在经济上就是可行的。因此，资本成本率是企业用以确定项目要求达到的投资报酬率的最低标准。

4. 资本成本是评价企业整体业绩的重要依据

一定时期企业资本成本的高低，不仅反映企业筹资管理的水平，还可作为评价企业整体经营业绩的标准。企业的生产经营活动，实际上就是所筹集资本经过投放后形成的资产营运，企业的总资产报酬率应高于其平均资本成本率，才能带来剩余收益。

三、影响资本成本的因素

1. 总体经济环境

总体经济环境和状态决定企业所处的国民经济发展状况和水平，以及预期的通货膨胀。总体经济环境变化的影响，反映在无风险报酬率上，如果国民经济保持健康、稳定、持续增长，整个社会经济的资金供给和需求相对均衡且通货膨胀水平低，资金所有者投资的风险小，预期报酬率低，筹资的资本成本相应就比较低。相反，如果国民经济不景气或者经济过热，通货膨胀持续居高不下，投资者投资风险大，预期报酬率高，筹资的资本成本就高。

2. 资本市场条件

资本市场效率表现为资本市场上的资本商品的市场流动性。资本商品的流动性高，表现为容易变现且变现时价格波动较小。如果资本市场缺乏效率，证券的市场流动性低，投资者投资风险大，要求的预期报酬率高，那么通过资本市场筹集的资本其资本成本就比较高。

3. 企业经营状况和融资状况

企业内部经营风险是企业投资决策的结果，表现为资产报酬率的不确定性；企业融资状况导致的财务风险是企业筹资决策的结果，表现为股东权益资本报酬率的不确定性。两者共同构成企业总体风险，如果企业经营风险高，财务风险大，则企业总体风险水平高，投资者要求的预期报酬率高，企业筹资的资本成本相应就大。

4. 企业对筹资规模和时限的需求

在一定时期内，国民经济体系中资金供给总量是一定的，资本是一种稀缺资源。因此企业一次性需要筹集的资金规模越大、占用资金时限越长，资本成本就越高。当然，融资规模、时限与资本成本的正向相关性并非线性关系，一般说来，融资规模在一定限度内，并不引起资本成本的明显变化，当融资规模突破一定限度时，才引起资本成本的明显变化。

四、个别资本成本的计算

个别资本成本是指单一融资方式的资本成本，包括银行借款资本成本、公司债券资本成本、融资租赁资本成本、普通股资本成本和留存收益成本等，其中前三类是债务资本成本，后两类是权益资本成本。个别资本成本率可用于比较和评价各种筹资方式。

1. 资本成本计算的基本模式

（1）一般模式。为了便于分析比较，资本成本通常不考虑时间价值的一般通用模型计

算，用相对数即资本成本率表达。计算时，将初期的筹资费用作为筹资额的一项扣除，扣除筹资费用后的筹资额称为筹资净额。

$$资本成本率 = \frac{年资金占用费}{筹资总额 - 筹资费用} = \frac{年资金占用费}{筹资总额 \times (1 - 筹资费用率)}$$

（2）折现模式。对于金额大、时间超过一年的长期资本，更准确一些的资本成本计算方式是采用折现模式，即将债务未来还本付息或股权未来股利分红的折现值与目前筹资净额相等时的折现率作为资本成本率。即

由：筹资净额现值 - 未来资本清偿额现金流量现值 = 0

得：资本成本率 = 所采用的折现率

2. 银行借款资本成本的计算

银行借款资本成本包括借款利息和借款手续费用。利息费用税前支付，可以起抵税作用，一般计算税后资本成本率，税后资本成本率与权益资本成本率具有可比性。

$$K_b = \frac{年利率 \times (1 - 所得税率)}{1 - 手续费率} \times 100\% = \frac{i(1-T)}{1-f} \times 100\%$$

式中：K_b：银行借款资本成本率；i：银行借款年利率；f：筹资费用率；T：所得税率。

对于长期借款，考虑货币时间价值问题，还可以用贴现模式计算资本成本率。

【例4-1】 新兴公司取得5年期长期借款100万元，年利率8%，每年付息一次到期一次还本，借款费用率0.2%，企业所得税税率20%，该项借款的资本成本率为

$$K_b = \frac{8\%(1-20\%)}{1-0.2\%} = 6.41\%$$

假设考虑时间价值，该项长期借款的资本成本计算如下（M为名义借款额）

$$M(1-f) = \sum_{t=1}^{n} \frac{I_t(1-T)}{(1+K_b)^t} + \frac{M}{(1+K_b)^n}$$

即 $100 \times (1 - 0.2\%) = 100 \times 8\% \times (1 - 20\%) \times (P/A, K_b, 5) + 100 \times (P/F, K, 5)$

按插值法计算其资金成本，$K_b = 6.47\%$。

3. 公司债券的资本成本率

公司债券资本成本，包括债券利息和借款发行费用。债券可以溢价发行，也可以折价发行，其资本成本率按一般模式计算为：

$$K_b = \frac{年利息 \times (1 - 所得税税率)}{债券筹资总额 (1 - 手续费率)} \times 100\% = \frac{I(1-T)}{L(1-f)} \times 100\%$$

式中：L：公司债券筹资总额；I：公司债券年利息。

【例4-2】 新兴公司以1 200元的价格，溢价发行面值为1 000元、期限5年、票面利率为10%的公司债券一批。每年付息一次，到期一次还本，发行费用率2%，所得税税率20%，该批债券的资本成本率为

$$K_b = \frac{1\,000 \times 10\% \times (1-20\%)}{1\,200 \times (1-2\%)} = 6.8\%$$

考虑时间价值，该项公司债券的资本成本计算如下：

$1\,200 \times (1-2\%) = 1\,000 \times 10\% \times (1-20\%) \times (P/A, K_b, 5) + 1\,000 \times (P/F, K_b, 5)$

按插值法计算，得：$K_b = 6.85\%$

4. 融资租赁的资本成本计算

融资租赁各期的租金中，包含有本金每期的偿还和各期手续费用（即租赁公司的各期利润），其资本成本率只能按贴现模式计算。

5. 优先股的资本成本率

优先股的资本成本主要是向优先股东支付的各期股利。对于固定股息率优先股而言，如果各期股利是相等的，优先股的资本成本率按一般模式计算为

$$K_s = \frac{D}{P_n \times (1-f)}$$

式中：K_s：优先股资本成本率；D：优先股年固定股息；P_n：优先股发行价格；f：筹资费用率。

【例4-3】 某上市公司发行面值100元的优先股，规定的年股息率为10%。该优先股溢价发行，发行价格为110元；发行时筹资费用率为发行价的2%。则该优先股的资本成本率为

$$K_s = \frac{100 \times 10\%}{110 \times (1-2\%)} \approx 9.28\%$$

本例可见，该优先股票面股息率10%，但实际资本成本率只有9.28%，主要原因是因为该优先股溢价发行。

6. 普通股的资本成本率

普通股资本成本主要是向股东支付的各期股利。由于各期股利并不一定固定，随企业各期收益波动，因此普通股的资本成本只能按贴现模式计算，并假定各期股利的变化呈一定规律性。如果是上市公司普通股，其资本成本还可以根据该公司股票收益率与市场收益率的相关性，按资本资产定价模型法估计。

（1）股利增长模型法。假定资本市场有效，股票市场价格与价值相等。假定某股票本期支付的股利为D_0，未来各期股利按g速度增长。目前股票市场价格为P_0，则普通股资本成本为

$$K_s = \frac{D_0(1+g)}{P_0(1-f)} + g = \frac{D_1}{P_0(1-f)} + g$$

【例4-4】 新兴公司普通股市价10元，筹资费用率2%，本年发放现金股利每股0.1元，预期股利年增长率为5%。则

$$K_s = \frac{0.1(1+5\%)}{10(1-2\%)} + 5\% = 6.17\%$$

（2）资本资产定价模型法。假定资本市场有效，股票市场价格与价值相等。假定无风险报酬率为 R_f，市场平均报酬率为 R_m，某股票 β 系数，则普通股资本成本率为：

$$K_s = R_f + \beta(R_m - R_f)$$

【例4-5】新兴公司普通股 β 系数为1.8，此时一年期国债利率2%，市场平均报酬率10%，则该普通股资本成本率为：

$$K_s = 2\% + 1.8 \times (10\% - 2\%) = 16.4\%$$

7. 留存收益的资本成本率

留存收益是由企业税后净利润形成的，是一种所有者权益，其实质是所有者向企业的追加投资。企业利用留存收益筹资无须发生筹资费用。如果企业将留存收益用于再投资，所获得的收益率低于股东自己进行一项风险相似的投资项目的收益率，企业就应该将其分配给股东。留存收益的资本成本率，表现为股东追加投资要求的报酬率，其计算与普通股成本相同，也分为股利增长模型法和资本资产定价模型法，不同点在于不考虑筹资费用。

五、平均资本成本的计算

平均资本成本是指多元化融资方式下的综合资本成本，反映了企业资本成本整体水平的高低。在衡量和评价单一融资方案时，需要计算个别资本成本；在衡量和评价企业筹资总体的经济性时，需要计算企业的平均资本成本。平均资本成本用于衡量企业资本成本水平，确立企业理想的资本结构。

平均资本成本的计算，存在着权数价值的选择问题，即各项个别资本按什么权数来确定资本比重。通常，可供选择的价值形式有账面价值、市场价值、目标价值等。

1. 账面价值权数

即以各项个别资本的会计报表账面价值为基础来计算资本权数，确定各类资本占总资本的比重。其优点是资料容易取得，可以直接从资产负债表中得到，而且计算结果比较稳定。其缺点是，当债券和股票的市价与账面价值差距较大时，导致按账面价值计算出来的资本成本，不能反映目前从资本市场上筹集资本的现时机会成本，不适合评价现时的资本结构。

2. 市场价值权数

即以各项个别资本的现行市价为基础来计算资本权数，确定各类资本占总资本的比重。其优点是能够反映现时的资本成本水平，有利于进行资本结构决策。但现行市价处于经常变动之中，不容易取得，而且现行市价反映的只是现时的资本结构，不适用未来的筹资决策。

3. 目标价值权数

即以各项个别资本预计的未来价值为基础来确定资本权数，确定各类资本占总资本的比重。目标价值是目标资本结构要求下的产物，是公司筹措和使用资金对资本结构的一种要求。对于公司筹措新资金，需要反映期望的资本结构来说，目标价值是有益的，适用于未来

的筹资决策，但目标价值的确定难免具有主观性。

【例题4-6】新兴公司2018年年末长期资本账面总额为1 200万元，其中，银行长期贷款600万元，普通股600万元（共100万股，每股面值5元，市价10元），个别资金成本分别为5%，10%。则该公司的平均资本成本为

银行长期贷款比重 = $\dfrac{600}{1200}$ = 50%

普通股资金比重 = 50%

按账面价值计算新兴公司平均资本成本 = 5%×50%+10%×50% = 7.5%

按市场价值计算新兴公司平均资本成本 = $\dfrac{5\%\times 600+10\%\times 10\times 100}{600+10\times 100}$ = 8.125%

六、边际资本成本的计算

边际资本成本是企业追加筹资的成本。企业的个别资本成本和平均资本成本，是企业过去筹集的单项资本的成本和目前使用全部资本的成本。然而，企业在追加筹资时，不能仅仅考虑目前所使用资本的成本，还要考虑新筹集资金的成本，即边际资本成本。边际资本成本，是企业进行追加筹资的决策依据。筹资方案组合时，边际资本成本的权数采用目标价值权数。

【例题4-7】新兴公司设定的目标资本结构为：银行借款40%，普通股60%。现拟追加筹资500万元（银行借款筹资额200万元，普通股筹资300万元），按此资本结构来筹资，个别资本成本率预计分别为5%，10%。追加筹资500万元的边际资本成本计算如下：

边际资本成本 = 5%×40%+10%×60% = 8%

第二节 杠 杆 效 应

财务管理中存在着类似于物理学中的杠杆效应，表现为：由于特定固定支出或费用的存在，导致当某一财务变量以较小幅度变动时，另一相关变量会以较大幅度变动。财务管理中的杠杆效应，包括经营杠杆、财务杠杆和总杠杆三种效应形式。杠杆效应既可以产生杠杆利益，也可能带来杠杆风险。

一、经营杠杆效应

（一）经营杠杆

经营杠杆，是指由于固定性经营成本的存在，而使得企业的资产报酬（息税前利润）变动率大于业务量变动率的现象。经营杠杆反映了资产报酬的波动性，用以评价企业的经营风险。用息税前利润（EBIT）表示资产总报酬，则

$$EBIT = S - V - F = (P - V_c)Q - F = M - F$$

式中：EBIT 为息税前利润；S 为销售额；V 为变动性经营成本；F 为固定性经营成本；Q 为产销业务量；P 为销售单价；V_c 为单位变动成本；M 为边际贡献。

上式中，影响 EBIT 的因素包括产品售价、产品需求、产品成本等因素。当产品成本中存在固定成本时，如果其他条件不变，产销业务量的增加虽然不会改变固定成本总额，但会降低单位产品分摊的固定成本，从而提高单位产品利润，使息税前利润的增长率大于产销业务量的增长率，进而产生经营杠杆效应。当不存在固定性经营成本时，所有成本都是变动性经营成本，边际贡献等于息税前利润，此时息税前利润变动率与产销业务量的变动率完全一致。

（二）经营杠杆系数

只要企业存在固定性经营成本，就存在经营杠杆效应。但不同的产销业务量，其反映杠杆效应的大小程度是不一致的。测算经营杠杆效应程度，常用指标为经营杠杆系数。经营杠杆系数（DOL），是息税前利润变动率与产销业务量变动率的比。

【例 4-8】新兴公司，固定成本 300 万元，变动成本率 60%。年产销额 2 000 万元时，变动成本 1 200 万元，固定成本 300 万元，息税前利润 500 万元；年产销额 5 000 万元时，变动成本为 3 000 万元，固定成本仍为 300 万元，息税前利润为 1700 万元。可以看出，该公司产销量增长了 150%，息税前利润增长了 240%，产生了 1.6 倍的经营杠杆效应。

$$DOL = \frac{\Delta EBIT}{EBIT_0} / \frac{\Delta Q}{Q_0} = \frac{1200}{500} / \frac{3000}{2000} = 1.6 (倍)$$

$$DOL = \frac{M_0}{EBIT_0} = \frac{2000 \times (1-60\%)}{500} = 1.6 (倍)$$

（三）经营杠杆与经营风险

经营风险是指企业由于生产经营上的原因而导致的资产报酬波动的风险。引起企业经营风险的主要原因是市场需求和生产成本等因素的不确定性，经营杠杆本身并不是资产报酬不确定的根源，只是资产报酬波动的表现。但是，经营杠杆放大了市场和生产等因素变化对利润波动的影响。经营杠杆系数越高，表明资产报酬等利润波动程度越大，经营风险也就越大。

【例 4-9】新兴公司生产 A 产品，固定成本 500 万元，变动成本率 60%，当销售额分别为 2 000 万元，1 500 万元时，经营杠杆系数分别为：

$$DOL = \frac{2000 \times (1-60\%)}{2000 \times (1-60\%) - 500} = 2.67$$

$$DOL = \frac{1500 \times (1-60\%)}{1500 \times (1-60\%) - 500} = 6$$

上例计算结果表明：在其他因素不变的情况下，销售额越小，经营杠杆系数越大，经营风险也就越大，反之亦然。如销售额为 2 000 万元，DOL 为 2.67，销售额为 1 500 万元，DOL 为 6，显然后者的不稳定性大于前者，经营风险也大于前者。

二、财务杠杆效应

（一）财务杠杆

财务杠杆，是指由于固定性资本成本的存在，而使得企业的普通股收益（或每股收益）变动率大于息税前利润变动率的现象。财务杠杆反映了股权资本报酬的波动性，用以评价企业的财务风险。用普通股收益或每股收益表示普通股权益资本报酬，则

$$TE = (EBIT - I)(1 - T) - D$$
$$EPS = [(EBIT - I)(1 - T) - D]/N$$

式中：TE 为全部普通股净收益；EPS 为每股收益；I 为债务资本利息；T 为所得税税率；N 为普通股股数。

上式中，影响普通股收益的因素包括资产报酬、资本成本、所得税税率等因素。当有固定利息费用等资本成本存在时，如果其他条件不变，息税前利润的增加虽然不改变固定利息费用总额，但会降低每一元息税前利润分摊的利息费用，从而提高每股收益，使得普通股收益的增长率大于息税前利润的增长率，进而产生财务杠杆效应。当不存在固定利息、股息等资本成本时，息税前利润就是利润总额，此时利润总额变动率与息税前利润变动率完全一致。如果两期所得税税率和普通股股数保持不变，每股收益的变动率与利润总额变动率也完全一致，进而与息税前利润变动率一致。

（二）财务杠杆系数

只要企业融资方式中存在固定性资本成本，就存在财务杠杆效应。如固定利息、固定融资租赁费等的存在，都会产生财务杠杆效应。在同一固定的资本成本支付水平上，不同的息税前利润水平，对固定的资本成本的承受负担是不一样的，其财务杠杆效应的大小程度是不一致的。测算财务杠杆效应程度，常用指标为财务杠杆系数。财务杠杆系数（DFL），是每股收益变动率与息税前利润变动率的倍数。

$$DFL = \frac{\text{普通股盈余变动率}}{\text{息税前利润变动率}} = \frac{\text{EPS变动率}}{\text{EBIT变动率}}$$

在不存在优先股股息的情况下，上式经整理，财务杠杆系数的计算也可以简化为

$$DFL = \frac{\text{基期息税前利润}}{\text{基期利润总额}} = \frac{EBIT_0}{EBIT_0 - I_0}$$

如果企业既存在固定利息的债务，也存在固定股息的优先股，则财务杠杆系数的计算进一步调整为：

$$DFL = \frac{EBIT_0}{EBIT_0 - I_0 - \frac{D_P}{1 - T}}$$

式中：D_P：优先股股利；T：所得税税率。

【例4-10】有甲、乙、丙三个公司，资本总额均为1 000万元，所得税率均为30%，每股面值均为1元。A公司资本全部由普通股组成；B公司债务资金300万元（利率10%），普通股700万元；C公司债务资金500万元（利率10.8%），普通股500万元。三个公司20×7年EBIT均为200万元，20×8年EBIT均为300万元，EBIT增长了50%。有关财务指标如表4-1所示：

表4-1　普通股盈余及财务杠杆的计算

利润项目		A公司	B公司	C公司
普通股股数		1 000万股	700万股	500万股
利润总额	20×7年	200	170	146
	20×8年	300	270	246
	增长率	50%	58.82%	68.49%
净利润	20×7年	140	119	102.2
	20×8年	210	189	172.2
	增长率	50%	58.82%	68.49%
普通股盈余	20×7年	140	119	102.2
	20×8年	210	189	172.2
	增长率	50%	58.82%	68.49%
每股收益	20×7年	0.14元	0.17元	0.20元
	20×8年	0.21元	0.27元	0.34元
	增长率	50%	58.82%	68.49%
财务杠杆系数		1.000	1.176	1.370

（三）财务杠杆与财务风险

财务风险是指企业由于筹资原因产生的资本成本负担而导致的普通股收益波动的风险。引起企业财务风险的主要原因是资产报酬的不利变化和资本成本的固定负担。由于财务杠杆的作用，当企业的息税前利润下降时，企业仍然需要支付固定的资本成本，导致普通股剩余收益以更快的速度下降。财务杠杆放大了资产报酬变化对普通股收益的影响，财务杠杆系数越高，表明普通股收益的波动程度越大，财务风险也就越大。只要有固定性资本成本存在，财务杠杆系数总是大于1。

（四）影响财务杠杆的因素

1.企业资本结构中债务资本比重。

2. 普通股收益水平。
3. 所得税税率水平。

其中，普通股收益水平又受息税前利润、固定资本成本（利息）高低的影响。债务成本比重越高、固定的资本成本支付额越高、息税前利润水平越低，财务杠杆效应越大，反之亦然。

三、总杠杆效应

（一）总杠杆

经营杠杆和财务杠杆可以独自发挥作用，也可以综合发挥作用，总杠杆是用来反映两者之间共同作用结果的，即权益资本报酬与产销业务量之间的变动关系。由于固定性经营成本的存在，产生经营杠杆效应，导致产销业务量变动对息税前利润变动有放大作用；同样，由于固定性资本成本的存在，产生财务杠杆效应，导致息税前利润变动对普通股收益有放大作用。两种杠杆共同作用，将导致产销业务量的变动引起普通股每股收益更大的变动。

总杠杆，是指由于固定经营成本和固定资本成本的存在，导致普通股每股收益变动率大于产销业务量的变动率的现象。

（二）总杠杆系数

只要企业同时存在固定性经营成本和固定性资本成本，就存在总杠杆效应。产销量变动通过息税前利润的变动，传导至普通股收益，使得每股收益发生更大的变动。用总杠杆系数（DTL）表示总杠杆效应程度，可见，总杠杆系数是经营杠杆系数和财务杠杆系数的乘积，是普通股每股收益变动率相当于产销量变动率的倍数。

$$DTL = \frac{普通股盈余变动率}{产销量变动率}$$

在不存在优先股股息的情况下，上式经整理，总杠杆系数的计算也可以简化为：

$$DTL = DOL \times DFL$$
$$= \frac{基期边际贡献}{基期利润总额} = \frac{基期税后边际贡献}{基期税后利润}$$

【例4-11】某企业有关资料如表4-2所示，可以分别计算其20×7年经营杠杆系数、财务杠杆系数和总杠杆系数。

表4-2　杠杆效应计算表

（单位：万元）

项目	20×6年	20×7年	变动率
销售额（售价10元）	1 000	1 200	+20%
边际贡献（单位4元）	400	480	+20%

续表

项目	20×6年	20×7年	变动率
固定成本	200	200	—
息税前利润（EBIT）	200	280	+40%
利息	50	50	—
利润总额	150	230	+53.33%
净利润（税率20%）	120	184	+53.33%
每股收益（200万股，元）	0.60	0.92	+53.33%
经营杠杆（DOL）			2.000
财务杠杆（DFL）			1.333
总杠杆（DTL）			2.667

（三）总杠杆与公司风险

公司风险包括企业的经营风险和财务风险。总杠杆系数反映了经营杠杆和财务杠杆之间的关系，用以评价企业的整体风险水平。在总杠杆系数一定的情况下，经营杠杆系数与财务杠杆系数此消彼长。总杠杆效应的意义在于：第一，能够说明产销业务量变动对普通股收益的影响，据以预测未来的每股收益水平；第二，揭示了财务管理的风险管理策略，即要保持一定的风险状况水平，需要维持一定的总杠杆系数，经营杠杆和财务杠杆可以有不同的组合。

一般来说，固定资产比较重大的资本密集型企业，经营杠杆系数高，经营风险大，企业筹资主要依靠权益资本，以保持较小的财务杠杆系数和财务风险；变动成本比重较大的劳动密集型企业，经营杠杆系数低，经营风险小，企业筹资主要依靠债务资本，保持较大的财务杠杆系数和财务风险。

一般来说，在企业初创阶段，产品市场占有率低，产销业务量小，经营杠杆系数大，此时企业筹资主要依靠权益资本，在较低程度上使用财务杠杆；在企业扩张成熟期，产品市场占有率高，产销业务量大，经营杠杆系数小，此时，企业资本结构中可扩大债务资本，在较高程度上使用财务杠杆。

第三节 资本结构

资本结构及其管理是企业筹资管理的核心问题。企业应综合考虑有关影响因素，运用适当的方法确定最佳资本结构，提升企业价值。如果企业现有资本结构不合理，应通过筹资活动优化调整资本结构，使其趋于科学合理。

一、资本结构的含义

资本结构是指企业资本总额中各种资本的构成及其比例关系。筹资管理中，资本结构有广义和狭义之分。广义的资本结构包括全部债务与股东权益的构成比率；狭义的资本结构则指长期负债与股东权益资本构成比率。狭义资本结构下，短期债务作为营运资金来管理。本书所指的资本结构通常仅是狭义的资本结构，也就是债务资本在企业全部资本中所占的比重。

不同的资本结构会给企业带来不同的后果。企业利用债务资本进行举债经营具有双重作用，既可以发挥财务杠杆效应，也可能带来财务风险。因此企业必须权衡财务风险和资本成本的关系，确定最佳的资本结构。评价企业资本结构最佳状态的标准应该是能够提高股权收益或降低资本成本，最终目的是提升企业价值。股权收益，表现为净资产报酬率或普通股每股收益；资本成本，表现为企业的平均资本成本率。根据资本结构理论，当公司平均资本成本最低时，公司价值最大。所谓最佳资本结构，是指在一定条件下使企业平均资本成本率最低、企业价值最大的资本结构。资本结构优化的目标，是降低平均资本成本率或提高普通股每股收益。

从理论上讲，最佳资本结构是存在的，但由于企业内部条件和外部环境的经常性变化，动态地保持最佳资本结构十分困难。因此在实践中，目标资本结构通常是企业结合自身实际进行适度负债经营所确立的资本结构。

二、影响资本结构的因素

资本结构是一个产权结构问题，是社会资本在企业经济组织形式中的资源配置结果。资本结构的变化，将直接影响社会资本所有者的利益。

1.企业经营状况的稳定性和成长率

企业产销业务量的稳定程度对资本结构有重要影响：如果产销业务量稳定，企业可较多地负担固定的财务费用；如果产销业务量和盈余有周期性，则要负担固定的财务费用将承担较大的财务风险。经营发展能力表现为未来产销业务量的增长率，如果产销业务量能够以较高的水平增长，企业可以采用高负债的资本结构，以提升权益资本的报酬。

2.企业的财务状况和信用等级

企业财务状况良好，信用等级高，债权人愿意向企业提供信用，企业容易获得债务资本。相反，如果企业财务情况欠佳，信用等级不高，债权人投资风险大，这样会降低企业获得信用的能力，加大债务资本筹资的资本成本。

3.企业资产结构

资产结构是企业筹集资本后进行资源配置和使用后的资金占用结构，包括长短期资产构成和比例，以及长短期资产内部的构成和比例。资产结构对企业资本结构的影响主要包括：拥有大量固定资产的企业主要通过长期负债和发行股票筹集资金；拥有较多流动资产的企业

更多地依赖流动负债筹集资金；资产适用于抵押贷款的企业负债较多；以技术研发为主的企业则负债较少。

4. 企业投资人和管理当局的态度

从企业所有者的角度看，如果企业股权分散，企业可能更多地采用权益资本筹资以分散企业风险。如果企业为少数股东控制，股东通常重视企业控股权问题，为防止控股权稀释，企业一般尽量避免普通股筹资，而是采用优先股或债务资本筹资。从企业管理当局的角度看，高负债资本结构的财务风险高，一旦经营失败或出现财务危机，管理当局将面临市场接管的威胁或者被董事会解聘。因此，稳健的管理当局偏好于选择低负债比例的资本结构。

5. 行业特征和企业发展周期

不同行业资本结构差异很大。产品市场稳定的成熟产业经营风险低，因此可提高债务资本比重，发挥财务杠杆作用。高新技术企业的产品、技术、市场尚不成熟，经营风险高，因此可降低债务资本比重，控制财务杠杆风险。在同一企业不同发展阶段，资本结构安排不同。企业初创阶段，经营风险高，在资本结构安排上应控制负债比例；企业发展成熟阶段，产品产销业务量稳定和持续增长，经营风险低，可适度增加债务资本比重，发挥财务杠杆效应；企业收缩阶段，产品市场占有率下降，经营风险逐步加大，应逐步降低债务资本比重，保证经营现金流量能够偿付到期债务，保持企业持续经营能力，减少破产风险。

6. 经济环境的税务政策和货币政策

资本结构决策必然要研究理财环境因素，特别是宏观经济状况。政府调控经济的手段包括财政税收政策和货币金融政策，当所得税税率较高时，债务资本的抵税作用大，企业可以充分利用这种作用来提高企业价值。货币金融政策影响资本供给，从而影响利率水平的变动，当国家执行紧缩的货币政策时，市场利率较高，企业债务资本成本增大。

三、资本结构优化

资本结构优化，要求企业权衡负债的低资本成本和高财务风险的关系，确定合理的资本结构。资本结构优化的目标，是降低平均资本成本率或提高普通股每股收益。

1. 每股收益分析法

可以用每股收益的变化来判断资本结构是否合理，即能够提高普通股每股收益的资本结构，就是合理的资本结构。在资本结构管理中，利用债务资本的目的之一，就在于债务资本能够提供财务杠杆效应，利用负债筹资的财务杠杆作用来增加股东财富。

每股收益受到经营利润水平、债务资本成本水平等因素的影响，分析每股收益与资本结构的关系，可以找到每股收益无差别点。所谓每股收益无差别点，是指不同筹资方式下每股收益都相等时的息税前利润和业务量水平。根据每股收益无差别点，可以分析判断在什么样的息税前利润水平或产销业务量水平前提下，适于采用何种筹资组合方式，进而确定企业的资本结构安排。

在每股收益无差别点上，无论是采用债务还是股权筹资方案，每股收益都是相等的。当

预期息税前利润或业务量水平大于每股收益无差别点时，应当选择财务杠杆效应较大的筹资方案，反之亦然。在每股收益无差别点时，不同筹资方案的 EPS 是相等的。

$$\frac{(\overline{EBIT-I_1})\cdot(1-T)-DP_1}{N_1}=\frac{(\overline{EBIT-I_2})\cdot(1-T)-DP_2}{N_2}$$

式中，EBIT 息税前利润平衡点，即每股收益无差别点；I_1，I_2：两种筹资方式下的债务利息；DP_1，DP_2：两种筹资方式下的优先股股利；N_1，N_2：两种筹资方式下普通股股数；T：所得税税率。

【例 4-12】新兴公司目前资本结构为：总资本 2 000 万元，其中债务资金 800 万元（年利息率 10%，利息费用 80 万元）；普通股资本 1 200 万元（1 200 万股，面值 1 元，市价 5 元）。企业由于有一个较好的新投资项目，需要追加筹资 600 万元，有以下两种筹资方案。

甲方案：增发普通股 200 万股，每股发行价 3 元。

乙方案：向银行取得长期借款 600 万元，利息率 10%。

根据财务人员测算，追加筹资后销售额可望达到 2 400 万元，变动成本率 60%，固定成本为 500 万元，所得税税率 20%，不考虑筹资费用因素。根据上述数据，代入无差别点状态式：

$$\frac{(EBIT-I_1)\times(1-T)}{N_1}=\frac{(EBIT-I_2)\times(1-T)}{N_2}$$

$$\frac{(EBIT-80)\times(1-20\%)}{1200+200}=\frac{(EBIT-80-60)\times(1-20\%)}{1200}$$

EBIT = 980（万元）

这里，EBIT 为 980 万元是两个筹资方案的每股收益无差别点。在此点上，两个方案的每股收益相等。企业预期追加筹资后销售额 2 400 万元，预期获利 460 万元，低于无差别点，应当采用财务风险较小的甲方案，即增发普通股方案。

2. 平均资本成本比较法

平均资本成本比较法，是通过计算和比较各种可能的筹资组合方案的平均资本成本，选择平均资本成本率最低的方案。即能够降低平均资本成本的资本结构，就是合理的资本结构。这种方法侧重于从资本投入的角度对筹资方案和资本结构进行优化分析。

【例 4-13】新兴公司需筹集 100 万元长期资本，可以从贷款、发行债券、发行普通股三种方式筹集，其个别资本成本率已分别测定，有关资料如表 4-3 所示。

表 4-3 新兴公司资本成本与资本结构数据表

筹资方式	资本结构 A 方案	资本结构 B 方案	资本结构 C 方案	个别资本成本率
贷款	40%	30%	20%	5%

续 表

筹资方式	资本结构 A方案	资本结构 B方案	资本结构 C方案	个别资本成本率
债券	10%	15%	20%	8%
普通股	50%	55%	60%	10%
合计	100%	100%	100%	

首先，分别计算三个方案的综合资本成本 K。
A 方案：K = 40% × 5% + 10% × 8% + 50% × 10% = 5.5 %
B 方案：K = 30% × 5% + 15% × 8% + 55% × 10% = 8.2 %
C 方案：K = 20% × 5% + 20% × 8% + 60% × 10% = 8.6 %

其次，根据企业筹资评价的其他标准，考虑企业的其他因素，对各个方案进行修正；之后，再选择其中成本最低的方案。本例中，我们假设其他因素对方案选择影响甚小，别 A 方案的综合资本成本最低。这样，该公司筹资的资本结构为贷款 40 万元，发行债券 10 万元，发行普通股 50 万元。

3. 公司价值分析法

以上两种方法都是从账面价值的角度进行资本结构优化分析，没有考虑市场反应，也没有考虑风险因素。公司价值分析法，是在考虑市场风险的基础上，以公司市场价值为标准，进行资本结构优化。即能够提升公司价值的资本结构，就是合理的资本结构。这种方法主要用于对现有资本结构进行调整，适用于资本规模较大的上市公司资本结构优化分析。同时，在公司价值最大的资本结构下，公司的平均资本成本率也是最低的。

第四章 资本成本和资本结构

【知识总结】

本章主要介绍了资本成本与资本结构的相关内容，包括资本成本的基本内容和计算、杠杆效应的主要内容和作用以及资本机构的内容和优化几个部分。

资本结构是指企业各种资本的价值构成及其比例关系，是企业一定时期筹资组合的结果。广义的资本结构是指企业全部资本的构成及其比例关系。企业一定时期的资本可分为债务资本和股权资本，也可分为短期资本和长期资本。狭义的资本结构是指企业各种长期资本的构成及其比例关系，尤其是指长期债务资本与（长期）股权资本之间的构成及其比例关系。介绍债务资本成本、普通股资本成本、留存收益资本成本和加权平均资本成本的计算，经营杠杆系数、财务杠杆系数和总杠杆系数的计算、每股盈余无差别点的计算的决策以及公司资本结构调整对公司的股权价值、实体价值的影响的决策。

【思考练习】

一、选择题

1. 下列关于综合资金成本的说法不正确的是（　　）。
　　A. 包括加权平均资金成本和边际资金成本
　　B. 边际资金成本采用加权平均法计算，其权数为账面价值权数
　　C. 当企业拟筹资进行某项目投资时，应以边际资金成本作为评价该投资项目可行性的经济指标
　　D. 边际资金成本，是指资金每增加一个单位而增加的成本

2. 已知企业目标资本结构中长期债务的比重为20%，债务资金的增加额在0～10 000元范围内，其利率维持5%不变。该企业与此相关的筹资总额分界点为（　　）元。
　　A. 5 000　　　　　B. 20 000　　C. 50 000　　　D. 200 000

3. 在实务中，计算加权平均资金成本时通常采用的权数为（　　）。
　　A. 目标价值权数　　B. 市场价值权数
　　C. 账面价值权数　　D. 评估价值权数

4. A企业负债资金的市场价值为4 000万元，股东权益的市场价值为6 000万元。债务的税前资金成本为15%，股票的β为1.41，企业所得税税率为34%，市场风险溢酬9.2%，国债的利率为11%。则加权平均资金成本为（　　）。
　　A. 23.97%　　　　B. 9.9%　　　C. 18.34%　　　D. 18.67%

123

5. 某企业希望在筹资计划中确定期望的加权平均资金成本，为此需要计算个别资金占全部资金的比重。此时，最适宜采用的计算基础是（　　）。

　　A. 目前的账面价值　　　　　　　　B. 目前的市场价值

　　C. 预计的账面价值　　　　　　　　D. 目标市场价值

6. 在下列各项中，属于半固定成本的是（　　）。

　　A. 计件工资费用　　　　　　　　　B. 按年支付的广告费

　　C. 按直线法计提的折旧费用　　　　D. 按月薪制开支的质检人员工资费用

7. 下列各项中属于酌量性固定成本的是（　　）。

　　A. 固定资产直线法计提的折旧费　　B. 长期租赁费

　　C. 直接材料费　　　　　　　　　　D. 研究与开发费

8. 如果企业一定期间内的固定生产经营成本和固定财务费用均不为零，则由上述因素共同作用而导致的杠杆效应属于（　　）。

　　A. 经营杠杆效应　　　　　　　　　B. 财务杠杆效应

　　C. 复合杠杆效应　　　　　　　　　D. 风险杠杆效应

9. 下列关于经营杠杆的说法不正确的是（　　）。

　　A. 经营杠杆，是指由于固定成本的存在而导致税前利润变动率大于产销量变动率的杠杆效应

　　B. 经营杠杆本身并不是利润不稳定的根源，但是经营杠杆扩大了市场和生产等不确定因素对利润变动的影响

　　C. 在其他因素一定的情况下，固定成本越高，经营杠杆系数越大

　　D. 按照简化公式计算经营杠杆系数时，本期边际贡献的大小并不影响本期的经营杠杆系数

二、多选题

1. 下列属于用资费用的有（　　）

　　A. 向股东支付的股利　　　　　　　B. 向银行支付的手续费

　　C. 向银行支付的借款利息　　　　　D. 向证券经纪商支付的佣金

2. 个别资金成本主要包括（　　）

　　A. 债券成本　　　B. 普通股成本　　　C. 留存收益成本　　　D. 资金的边际成本

3. 影响加权平均资金成本高低的因素有（　　）。

　　A. 个别资金成本　　　　　　　　　B. 边际资金成本

　　C. 各种资金在总资金中所占的比重　D. 货币时间价值

4. 计算个别资金成本时必须考虑所得税因素的是（　　）。

　　A. 优先股资金成本　　　　　　　　B. 普通股资金成本

　　C. 债券成本　　　　　　　　　　　D. 银行借款成本

5. 债务比例（ ），财务杠杆系数（ ），财务风险（ ）。
   A. 越高，越大，越高 B. 越低，越小，越低
   C. 越高，越小，越高 D. 越低，越大，越低

三、判断题

1. 资金成本的高低是企业筹资决策中考虑的唯一因素。（ ）
2. 留存收益是企业利润所形成的，所以留存收益没有资金成本。（ ）
3. 在各种资金来源中，普通股的成本最高。（ ）
4. 留存收益是自有资金，企业没有代价，故留存收益没有成本。（ ）
5. 在个别资金成本不变的情况下，不同时期的加权平均资金成本也可能高低不等。（ ）
6. 提高个别资金成本，必定导致加权平均资金成本提高。（ ）

四、简答题

1. 简述资本成本、综合资本成本、边际资本成本的定义、作用及其相互关系。
2. 为什么企业财务决策会依据加权资本成本而非个别资本成本？
3. 为什么说"经营风险是不可避免的，而财务风险是可以选择的"？
4. 什么叫经营杠杆、财务杠杆和总杠杆？有关这些杠杆的知识对企业经营者有何用处？
5. 什么叫资本结构？企业是否真的存在最佳资本结构？
6. 简述你对资本结构中债务资本作用的认识。
7. 简述西方资本结构理论的基本观点及其现实意义。

五、计算题

1. 已知：某公司 2013 年 12 月 31 日的长期负债及所有者权益总额为 18 000 万元，其中，发行在外的普通股 8 000 万股（每股面值 1 元），公司债券 2 000 万元（按面值发行，票面年利率为 8%，每年年末付息，三年后到期），资本公积 4 000 万元，其余均为留存收益。2014 年 1 月 1 日，该公司拟投资一个新的建设项目需追加筹资 2 000 万元，现有 A、B 两个筹资方案可供选择。A 方案为：发行普通股，预计每股发行价格为 5 元。B 方案为：按面值发行票面年利率为 8% 的公司债券（每年年末付息）。假定该建设项目投产后，2014 年度公司可实现息税前利润 4 000 万元。假设公司无发行费用，公司适用的所得税税率为 25%。要求：

（1）计算 A 方案的下列指标：
① 增发普通股的股份数；② 2014 年公司的全年债券利息。

（2）① 计算 A、B 两方案的每股收益无差别点；② 为该公司做出筹资决策。

2. 某公司目前财务杠杆系数为 1.5，税后利润 420 万元，所得税率 25%。公司全年的固定成本和费用为 2 280 万元，其中公司年初按面值发行了一种债券，数量为 10 000 张，年利息为当年利息总额的 40%，发行价格为 1 000 元/张，该债券期限为 5 年，每年付息一次。

要求：

（1）计算当年利息总额； （2）计算当年利息保障倍数；

（3）计算经营杠杆系数； （4）计算债券筹资的资本成本；

（5）若预计年度销售额将增长20%，公司没有增发普通股的计划，也没有优先股，试计算预计年度的税后利润增长率。

第五章 证券投资管理

◀【学习目标】

1. 熟悉证券投资的种类及基本程序，并掌握证券投资的风险；
2. 了解证券信用评级；
3. 掌握债券估价方法以及收益率的计算；
4. 掌握股票估价方法以及收益率的计算；
5. 掌握基金估价方法以及收益率的计算；
6. 熟悉证券投资组合的风险及证券投资组合的策略方法；
7. 掌握证券投资组合的风险收益和资本资产定价模型。

◀【核心概念】

证券　证券投资　债券　股票　基金

◀【案例导入】

某公司是一家以开发与生产食品为主的上市公司，多年来经营状况比较稳定，财务状况较为稳健，积累了一定的资金实力。在2016年的年度财务总结会上、中层以上干部经过讨论分析，认为公司以前的精力全部集中在主营业务（即食品的销售）的提高上，利润的来源较为单一，而且目前食品加工行业竞争激烈，利润提升的空间不大。因此，该公司拟转变经营观念，使利润构成呈多元化，决定将5 000万元资金投入到证券市场上，以更好地实现公司长期与短期的经营目标。

公司董事会经过讨论后拟定证券投资方案如下：由于公司首次尝试证券投资，需采用较为保守的投资策略。决定对收益稳定性、流动性最强的国债投资600万元，以调节闲置资金的余缺；对发展前景较好的能源公司发行的可转换公司债券投资900万元，待2018年再根据当时股价的水平决定是否进行转股；对食品加工原材料生产公司的股票投资3 500万元，以求可以对该公司实施重大影响，从而控制原材料供应的价格。

案例分析：

根据以上资料，试分析证券投资决策为什么要考虑证券投资组合？

第一节 证券投资管理

企业除了直接将资金投入生产经营活动，进行直接投资外，常常还将资金投放于有价证券，进行证券投资。证券投资相对于项目投资而言，变现能力强，少量资金也能参与投资，便于随时调用和转移资金，这为企业有效利用资金、充分挖掘资金的潜力提供了十分理想的途径，所以证券投资已经成为企业投资的重要组成部分。

一、证券投资的概念和目的

（一）证券的概念及特点

证券是指具有一定票面金额，代表财产所有权和债权，可以有偿转让的凭证，如股票、债券等。

证券具有流动性、收益性和风险性三个特点。流动性又称变现性，是指证券可以随时抛售取得现金。收益性是指证券持有者凭借证券可以获得相应的报酬。证券收益一般由当前收益和资本利得构成。以股息、红利或利息所表示的收益称为当前收益。由证券价格上升（或下降）而产生的收益（或亏损），称为资本利得或差价收益。风险性是指证券投资者达不到预期的收益或遭受各种损失的可能性。证券投资既有可能获得收益，更有可能带来损失，具有很强的不确定性。流动性与收益性往往成反比，而风险性则一般与收益性成正比。

（二）证券投资的概念和目的

证券投资是指企业为获取投资收益或特定经营目的而买卖有价证券的一种投资行为。不同企业进行证券投资的目的各有千秋，但总的来说有以下几个方面。

1. 充分利用闲置资金，获取投资收益

企业正常经营过程中有时会有一些暂时多余的资金闲置，为了充分有效地利用这些资金，可购入一些有价证券，在价值较高时抛售，以获取较高的投资收益。

2. 为了控制相关企业，增强企业竞争能力

企业有时从经营战略上考虑需要控制某些相关企业，可通过购买该企业大量股票，从而取得对被投资企业的控制权，以增强企业的竞争能力。

3. 为了积累发展基金或偿债基金，满足未来的财务需求

企业如欲在将来扩建厂房或归还到期债务，可按期拨出一定数额的资金投入一些风险较小的证券，以便到时售出，满足所需的整笔资金的需求。

4. 满足季节性经营对现金的需求

季节性经营的公司在某些月份资金有余，而有些月份则会出现短缺金剩余时购入有价证券，短缺时则售出。

二、证券投资的种类

(一) 证券的种类

1. 按证券体现的权益关系分类

按证券体现的权益关系，可分为所有权证券、信托投资证券和债权证券。所有权证券是一种既不定期支付利息，也无固定偿还期的证券，它代表着投资者在被投资企业所占权益的份额，在被投资企业赢利且宣布发放股利的情况下，才可能分享被投资企业的部分净收益，股票是典型的所有权证券。信托投资证券是由公众投资者共同筹集、委托专门的证券投资机构投资于各种证券，以获取收益的股份或收益凭证，如投资基金。债权证券是一种必须定期支付利息，并要按期偿还本金的有价证券，各种债券如国库券、企业债券、金融债券都是债权证券。所有权证券的投资风险要大于债权证券。投资基金的风险低于股票投资而高于债券投资。

2. 按证券的收益状况分类

按证券收益状况，可分为固定收益证券和变动收益证券。固定收益证券是指在证券票面上规定有固定收益率，投资者可定期获得稳定收益的证券，如优先股股票、债券等。变动收益证券是指证券票面无固定收益率，其收益情况随企业经营状况而变动的证券。变动收益证券风险大，投资报酬也相对较高；固定收益证券风险小，投资报酬也相对较低。

3. 按证券发行主体分类

按证券发行主体，可分为政府证券、金融证券和公司证券三种。政府证券是指中央或地方政府为筹集资金而发行的证券，如国库券等。金融证券是指银行或其他金融机构为筹集资金而发行的证券。公司证券又称企业证券，是工商企业发行的证券。

4. 按证券到期日的长短分类

按证券到期日的长短，可分为短期证券和长期证券。短期证券是指一年内到期的有价证券，如银行承兑汇票、商业本票、短期融资券等。长期证券是指到期日在一年以上的有价证券，如股票、债券等。

(二) 证券投资的分类

1. 债券投资

债券投资是指企业将资金投入各种债券，如国债、公司债和短期融资券等，相对于股票投资，债券投资一般风险较小，能获得稳定收益，但要注意投资对象的信用等级。

2. 股票投资

股票投资是指企业购买其他企业发行的股票作为投资，如普通股、优先股股票。股票投资风险较大，收益也相对较高。

3. 组合投资

组合投资是指企业将资金同时投放于债券、股票等多种证券，这样可分散证券投资风险。组合投资是企业证券投资的常用投资方式。

4. 基金投资

基金就是投资者的钱和其他许多人的钱合在一起，然后由基金公司的专家负责管理，用来投资于多家公司的股票或者债券。基金按受益凭证可否赎回分为封闭式基金与开放式基金。封闭式基金在信托契约期限未满时，不得向发行人要求赎回；而开放式基金就是说投资者可以随时要求基金公司收购所买基金（即"赎回"），当然目标应该是卖出价高于买入价，同时在"赎回"的时候，要承担一定的手续费。而投资者的收益主要来自于基金分红。与封闭式基金普遍采取的年终分红有所不同，根据行情和基金收益状况的"不定期分红"是开放式基金的主流分红方式。基金投资由于出专家经营管理，风险相对较小，正越来越受广大投资者的青睐。

三、证券投资助程序

（一）合理选择投资对象

合理选择投资对象是证券投资成败的关键，企业应根据一定的投资原则，认真分析投资对象的收益水平和风险程度，以便合理选择投资对象，将风险降低到最低限度，取得较好的投资收益。

企业在选择投资对象时一股应遵循三个原则。

1. 安全性原则

投资证券存在风险，风险在于超过预期，也许会带来超出预期的收益，也许带来超出预期的损失，即使风险较小的债券依旧存在着由于利率的变化而导致二级市场价格的变动。投资债券的本身目的在于获息，但二级市场价格的波动却使投资者蒙受资本品价格变动的风险。投资者在进行证券买卖的时候，首先考虑证券投资的本金是否安全，是否有遭受损失的危险，为增加投资的安全性，投资者在投资时应当认识到风险与收益的匹配。

2. 流动性原则

投资者所投资的证券是否具有较强的流通变现能力是投资时必须注意的，便于转让的流通证券可使投资者在需要资金的时候及时变现并获得收益。考察流通性关键在于存在活跃的二级市场，随时可以变现，保证证券持有人可按自己的需要转让证券换取现金。

3. 收益性原则

投资者最关心从证券中能否获得收益，债券获取利息，股票获取红利，利息和红利等都是投资者出让资本使用权应取得的回报。当然有价证券的收益不仅仅在于利息和红利，也包括二级市场中证券买卖的差价。在衡量收益多少时，投资者需要综合考虑风险、税金和手续费等交易成本及其他相关因素。

（二）确定合适的证券买入价格

确定证券买入价格就要做好证券的估价与收益的预期，证券的买卖对于企业来说，往往不是一次性全部买入，一般都遵循阶段性买入的策略，可制定一个切实可行的购买步骤，分批购进，低价位多买，高价位时少买。

（三）委托买卖

由于投资者无法直接进场交易，买卖证券业务需委托证券商代理。企业可通过电话委托、电脑终端委托、递单委托等方式委托券商代为买卖有关证券。

在证券买卖中，委托投资指示主要有以下几种。

1. 随市指示

随市指示指投资者向证券经纪人发出按当时市场价格买卖某种证券的指令。

2. 限定性指示

限定性指示指投资者向证券经纪人发出的买卖某种证券并对买卖价格有所限制的指令。

3. 停止损失指示

停止损失指示指投资者为保障既得利益或限制可能的更大的损失，向证券经纪人发出的当某种证券的价格上涨或下跌到超过所指定的限度时，便代其按市价买入或卖出。

4. 撤销前有效委托指示

撤销前有效委托指示指当投资者发现以前的委托指令失误时，向经纪人发出的撤销以前委托的指示。

（四）成交

证券买卖双方通过中介券商的场内交易员分别出价委托，若买卖双方的价值与数量合适，交易即可达成，这个过程叫成交。

（五）清算与交割

企业委托券商买入某种证券成功后，即应结交款项，收取证券。清算即指证券买卖双方结清价款的过程。

在证券实行无纸化交易方式以后，结算在事实上只需要通过证券交易所将各券商买卖证券的数量和金额分别予以抵消，计算应收、应付证券和应收、应付服款的差额，就可以了。交割是结算过程中，投资者与证券商之间的资金结算。

投资者应注意的是，我国目前实施的T+1制度当日买入的证券当日不能卖出，而当日卖出的股票是可以买入的。

投资者进行证券委托买卖以后，应及时办理交割手续，如发现有疑问，可在一定期限内（一般为3天），向证券营业部提出质疑。对于因此而产生的损失，如果证据确凿，理由充分，完全可以要求证券营业部进行赔偿。

（六）办理证券过户

股权与债权的过户是指股权与债权在投资者之间的转移。证券过户只限于记名证券的买卖业务。当企业委托买卖某种记名证券成功后，必须办理证券持有人的姓名变更手续。

现代证券交易的对象大多是非实物的记名式证券，由于没有实物载体，股东（或债权人）对相应证券的所有权无法凭借实物券来体现，而是通过在股东名册（或债权人名册）上对股东（或债权人）的姓名等资料加以登记从而确认其股东（或债权人）身份，并明确相应权利义务法律关系，这即是股权（债权）登记的由来。

在证券交易中，股东（债权人）的身份会不断发生改变，权利义务不断在交易者之间转移，从而要求能够对已有的股权（债权）登记进行修改，这便是股权（债权）的过户。

对于大多数的证券投资来说在购买成功的同时自动完成过户，对于一些非流通性和不上市的证券依旧需要专门的过户办理。

四、证券交易方式

证券交易方式有许多分类方法，例如，按交易场所的角度来分类，可以分为交易所交易、柜台交易和第三市场交易等。按买卖双方结合方式不同，可以分为议价买卖和竞价买卖。按交割期限和对象的不同，可以分为以下四类。

（一）现货交易

现货交易也称现金交易，是指证券买卖双方在成交之后，便按规定及时办理交割支付现金，收取证券，卖方交出证券，收回现金，双方钱货两清。

（二）期货交易

期货交易是在现在时点买进或卖出证券而以将来某一特定日期作为交割日的证券交易。

（三）指数期货交易

指数期货交易是一种以证券交易所的股票指数变动作为买卖对象的期货交易。

（四）期权交易

股票期权交易是通过签订期权合约来进行的一种交易。期权交易按合约规定的权利划分，可以分为买进期权和卖出期权。

1. 买进期权

买进期权赋予合约购买者按约定的价格，在约定的日期购买一定数量的资产或金融指标的权利。

2. 卖出期权

卖出期权又称看跌期权，它赋予投资者在合约有效期限内按某一确定价格卖出一定数量的有价证券或期货的权利。

五、证券投资的风险

（一）证券投资风险

风险性是证券投资的基本特征之一。在证券投资活动中，投资者买卖证券是希望获取预期的收益。在投资者持有证券期间，各种因素的影响可能使预期收益不确定；持有期间越长，各种因素产生影响的可能性越大。与证券投资活动相关的所有风险统称为总风险。总风险按是否可以通过投资组合加以规避及消除，可分为系统性风险与非系统性风险。

1. 系统性风险

系统性风险是指由于政治、经济及社会环境的变动而影响证券市场上所有证券的风险。这类风险的共同特点是：其影响不是作用于某一种证券，而是对整个证券市场发生作用，导

致证券市场上所有证券出现风险；由于系统性风险对所有证券的投资总是存在的，并且大法通过投资多样化的方法加以分散、规避与消除，故称不可分散风险。它包括市场风险、利率风险、购买力风险等。

（1）市场风险

市场风险是指由有价证券的"空头"和"多头"等市场因素所引起的证券投资收益变动的可能性。

空头市场即熊市，是证券市场价格指数从某个较高点（波峰）下降开始，一直呈下降趋势至某一较低点（波谷）结束。多头市场即牛市，是证券市场价格指数从某一个较低点开始上升，一直呈上升趋势至某个较高点并开始下降时结束。从这一点开始，证券市场又进入空头市场。多头市场和空头市场的这种交替，导致市场证券投资收益发生变动，进而引起市场风险。多头市场的上升和空头市场的下跌都是就市场的总趋势而言，显然，市场风险是无法回避的。

（2）利率风险

利率风险是指小于市场利率变动引起证券投资收益变动的可能性。

因为市场利率与证券价格具有负相关件，即当利率下降时，证券价格上升；当利率上升时，证券价格下降。由于市场利率变动引起证券价格变动，进而引起证券投资收益变动，这就是利率风险。市场利率的波动是基于市场资金供求状况与基准利率水平的波动。不同经济发展阶段市场资金供求状况不同，中央银行根据宏观金融调控的要求调节基准利率水平，当中央银行调整利率时，各种金融资产的利率和价格必然做出灵敏的市场反应，所以利率风险是无法回避的。

（3）购买力风险

购买力风险又称通货膨胀风险，是指由于通货膨胀所引起的投资者实际收益水平下降的风险。

由于通货膨胀必然引起企业制造成本、管理成本、融资成本的提高，当企业无法通过涨价或内部消化加以弥补时，就会导致企业经营状况与财务状况的恶化，投资者因此会丧失对股票投资的信心，股市价格随之跌落。一旦投资者对通货膨胀的未来态势产生持久的不良预期时，股价暴跌风潮也就无法制止。世界证券市场发展的历史经验表明，恶性通货膨胀是引发证券市场混乱的祸根。

此外，通货膨胀还会引起投资者本金与收益的贬值，使投资者货币收入增加却并不一定真的获利。通货膨胀是一种常见的经济现象，它的存在必然使投资者承担购买力风险，而且这种风险不会因为投资者退出证券市场就可以避免。

2. 非系统性风险

非系统性风险是指由于市场、行业以及企业本身等因素影响个别企业证券的风险。它是由单一因素造成的只影响某一证券收益的风险，属个别风险，能够通过投资多样化来抵消，又称可分散风险或公司特别风险。它包括行业风险、经营风险、违约风险等。

（1）行业风险

行业风险是指出证券发行企业所处的行业特征所引起的该证券投资收益变动的可能性。

有些行业本身包含较多的不确定因素，如高新技术行业较少的不确定因素，如电力、煤气等公用事业。

（2）经营风险

经营风险是指由于经营不善竞争失败，企业业绩下降而使投资者无法获取预期收益或者亏损的可能性。

（3）违约风险

违约风险是指企业不能按照证券发行契约或发行承诺支付投资者债息、股息、红利及偿还债券本金而使投资者遭受损失的风险。

（二）单一证券投资风险的衡量

衡量单一证券的投资风险对于证券投资者具有极为重要的意义，它是投资者选择合适投资对象的基本出发点。投资者在选择投资对象时，如果各种证券具有相同的期望收益率，显然会倾向于风险低的证券。

单一证券投资风险的衡量一般包括算术平均法与概率测定法两种。

1. 算术平均法

算术平均法是最早产生的单一证券投资风险的测定方法。其计算公式为

$$平均价差率 = \frac{\sum_{i=1}^{n} 各种价差率}{n}$$

$$各期价差率 = (该时期最高价 - 最低价) \div \frac{(该时期最高价 + 最低价)}{2}$$

式中，n 为计算时期数。

如果将风险理解为证券价格可能的波动，平均价差率则是一个衡量证券投资风险的较好指标。证券投资决策可以根据平均价差率的大小来判断该证券的风险大小，平均价差率大的证券风险也大；平均价差率小的证券风险也小。

利用算术平均法对证券投资风险的测定，其优点是简单明了，但其测定范围有限，着重于过去的证券价格波动，风险所包含的内容过于狭窄。因此，不能准确地反映该证券投资未来风险的可能趋势。

2. 概率测定法

概率测定法是衡量单一证券投资风险的主要方法，它依据概率分析原理，计算各种可能收益的标准差与标准离差率，以反映相应证券投资的风险程度。

（1）标准差

判断实际可能的收益率与期望收益率的偏离程度，一般可采用标准差指标。其计算公式为：

$$\sigma = \sqrt{\sum_{i=1}^{n}\left(K_i - \overline{K}\right)^2 P_i}$$

式中，符号及其含义如下：

$\overline{K}$——期望收益率 $\sum_{i=1}^{n}(K_i \cdot P_i)$。

K_i——第 i 种可能结果的收益率。

P_i——第 i 种可能结果的概率。

n——可能结果的个数。

σ——标准差。

一般来说，标准差越大，说明实际可能的结果与期望收益率偏离越大，实际收益率不稳定，因而该证券投资的风险大；标准差越小，说明实际可能的结果与期望收益率偏离越小，实际收益率比较稳定，因而该证券投资的风险较小。但标准差只能用来比较期望收益率相同的证券投资风险程度，而不能用来比较期望收益率不同的证券投资的风险程度。

（2）标准离差率

标准离差率又称标准差系数，可用来比较不同期望收益率的证券投资风险程度。其计算公式为。

$$q = \sigma \div \overline{K} \times 100\%$$

标准差系数通过标准差与期望收益率的对比，以消除期望收益率水平高低的影响，可比较不同收益率水平的证券投资风险程度的大小。一般来说，标准差系数越小，说明该证券投资风险程度相对较低；反之则较高。

第二节 债券投资

一、债券投资的种类与目的

（一）债券投资的种类

1. 按发行主体不同进行的分类

按发行主体不同，债券可分为国债、金融债券、公司债券等。

2. 按还本期限的长短进行的分类

按还本期限的长短可分为短期债券（还本期限在 1 年及以下）、中期债券（还本期限在 1~5 年）、长期债券（还本期限在 5 年以上）。

3. 按利息支付方式的不同进行的分类

按利息支付方式的不同可分为以下几类。

（1）一次性还本付息债券。一次性还本付息债券，也称为利随本清债券或累计债券，是利息和本金一次性兑付的债券。

（2）贴现债券。贴现债券是指按低于面值的价格发行，到期后按面值兑现的债券。贴现债券是期限比较短的债券。

（3）附息债券。附息债券是指每年付一次或多次利息的债券。

（4）可转换公司债券。可转换公司债券是指可转换成股票的公司债券。

（二）债券投资的目的

企业进行短期债券投资的目的主要是为了合理利用暂时的闲置资金，调节现金金额，获得收益。当企业现金余额太多时，便投资于债券，使现金余额降低；反之，当现金余额太少时，则出售原来投资的债券，收回现金，使现金余额调高。企业进行长期债券投资的目的主要是为了获得稳定的收益。

二、债券投资的优缺点

（一）债券投资的优点

1. 本金安全性高

债券的安全性是因为债券具有固定的利率，尤其是政府债券，一般视之为无风险证券，即便是企业债券也因受偿权在前，损失本金的可能性较小，投资者可以按照预定的期限和利率收到筹资人支付的利息，直到债券到期。债券利率一般不受银行利率的影响。包括我同在内许多国家都对发行债券的企业有严格的限制条件，保证发债企业有足够的偿还能力，很多公司债券还没有担保。

2. 收益比较稳定

债券的收益性体现在两个方面：债券可以获得固定的、高于储蓄存款的利息；也可以通过在证券市场上买卖，获得比一直持有至到期更高的收益。债券的交易价格受市场利率的升降波动影响，当市场利率下降时，债券价格会上涨；当市场利率上升的时候，债券价格会下跌。投资者根据债券市场的行情，于价格高时卖出，于价格低时买入，得到比一直持有债券更高的收益。但是这里所说的债券波动小、收益稳定是相对的，美国次贷危机实际说明在一些极端的情况下、债券的风险也是很大的。

3. 市场流动性强

债券变现能力较强，首先在于其期满后可以得到本金和利息，其次在于存在着可以迅速交易的金融市场，投资者在购买债券后，并不一定持有至到期，而是可以选择适当的时机在债券市场上出售，收回投资并获取收益，还在于当投资者需要现金时，又不想出售债券，可以选择到银行用债券进行抵押办理债券抵钾贷款。债券的流动性表现在不影响筹资者所筹资金稳定的同时，使得投资者也拥有了随时转卖、变现的投资品。

（二）债券投资的缺点

1. 通货膨胀风险较大

债券的面值和票面利率在发行时就已经确定了，如果投资期间的通货膨胀率较高，则本

金和利息的购买力将不同程度地受到侵蚀，当通货膨胀率达到一定程度时，债券持有人虽然获得了名义上的固定票面利息，但实际上受到购买力下降的损失。

2.没有经营管理权

投资于债券只是获得收益的一种手段，投资者无权对债券发行方的战略实施控制及施加影响，没有权力参与企业的经营管理。

3.收益率比较低

债券投资收益通常是事先约定的，收益率通常不及股票高。

三、债券投资的收益评价

1.债券的价值

债券的价值，又称债券的内在价值。根据资产的收入资本化定价理论，任何资产的内在价值都是在投资者预期的资产可获得的现金收入的基础上进行贴现决定的。运用到债券上，债券的价值是指进行债券投资时投资者预期可获得的现金流入的现值。债券的现金流入主要包括利息和到期收回的本金或出售时获得的现金两部分。当债券的购买价格低于债券价值时，才值得购买。

（1）债券价值计算的基本模型

债券价值的基本模型主要是指按复利方式计算的每年定期付息，到期一次还本情况下的债券的估价模型。

$$V = \sum_{t=1}^{n} \frac{i \times F}{(1+K)^t} + \frac{F}{(1+K)^n}$$
$$= i \cdot F(P/A, K, n) + F \cdot (P/F, K, n)$$
$$= I \cdot (P/A, K, n) + F \cdot (P/F, K, n)$$

式中，符号及其含义如下：

V——债券价值。

I——债券票面利息率。

L——债券利息。

F——债券面值。

K——市场利率或投资人要求的必要收益率。

n——付息总期数。

【例5-1】新兴公司发行债券，面值1 000元，期限10年，每年支付利息一次，到期归还本金，目前市场利率为8%，若债券票面利率为10%，求债券的发行价格。

V = 1 000×10%（P/A，8%，10）+1 000（P/F，8%，10）= 100×6.710 1+1 000×0.463 2 = 1 134.21（元）

（2）一次还本付息的单利债券价值模型

我国很多债券属于一次还本付息、单利计算的存单式债券，其价值模型为：

$$V = F(1+i \cdot n)/(1+K)^n$$
$$= F(1+i \cdot n) \cdot (P/F, K, n)$$

公式中符号含义同前式。

【例5-2】新兴公司发行债券，面值1 000元，期限10年，到期一次还本付息，目前市场利率为8%，若债券票面利率为10%，求债券的发行价格。

V = 1 000（1+10%×10）（P/F，8%，10）= 2 000×0.463 2 = 926.4（元）

（3）零息债券的价值模型

零息债券的价值模型是指到期只能按面值收回，期内不计息债券的估价模型。

$$P = F/(1+K)^n = F \times (P/F, K, n)$$

公式中符号含义同前式。

【例5-3】新兴公司发行零息债券，面值1 000元，期限10年，到期一次还本，目前市场利率为8%，求债券的发行价格。

V = 1 000×（P/F，8%，10）= 1 000×0.463 2 = 463.2（元）

2. 债券的收益率

（1）短期债券收益率的计算

短期债券由于期限较短，一般不用考虑货币时间价值因素，只需考虑债券价差及利息，将其与投资额相比，即可求出短期债券收益率。其基本计算公式为：

$$K = \frac{S_1 - S_0 + I}{S_0}$$

式中，符号及其含义如下：

S_0——债券购买价格；

S_1——债券出售价格；

I——债券利息；

K——债券投资收益率。

（2）长期债券收益率的计算

对于长期债券，由于涉及时间较长，需要考虑货币时间价值，其投资收益率一般是指购进债券后一直持有至到期日可获得的收益率，它是使债券利息的年金现值和债券到期收回本分的复利现值之和等于债券购买价格时的贴现率。

一般债券收益率的计算的价值模型为：

$$V = I \cdot (P/A, K, n) + F \cdot (P/F, K, n)$$

式中，符号及其含义如下：

V——债券的购买价格；

I——每年获得的固定利息；

F——债券到期收回的本金或中选出售收回的资金；

K——债券的投资收益率；

n——投资期限。

由于无法直接计算收益率，必须采用逐步测试法及内插法来计算，即先设定一个贴现率代入上式，如计算出的 V 正好等于债券买价，该贴现率即为收益率；如计算出的 V 与债券买价不等，则须继续测试，再用内插法求出收益率。

一次还本还息的单利债券价值模型为

$$V = F(1+i \cdot n) \cdot (P/F, K, n)$$

债券的收益率是进行债券投资时选购债券的重要标准，它可以反映债券投资按复利计算的实际收益率。如果债券的收益率高于投资人要求的必要报酬率，则可购进债券；否则就应放弃此项投资。

四、债券投资的风险特征及价格影响因素

（一）债券的风险特征

1. 利息率风险

债券的价格决定于债券的价值，债券的价值是未来利息与债券面值的贴现，因此贴现率的大小决定了债券价格的高低，而贴现率的大小与无风险收益的大小有关，银行利率作为无风险收益的重要参考指标，因此银行利率上升，债券价格下跌，银行利率下降，债券价格上涨，债券价格与利率之间的关系相对比较密切。

2. 债券购买力风险

由于债券票面利率的固定性，使得债券不能有效地抵御由于通货膨胀所造成的购买力风险。这一点股票要好于债券，股票购买力风险的抵御能力较强。

3. 债券违约风险

债券发行人无法按期交付利息或者偿还本金的风险称之为违约风险。在各种债券中国家债券违约风险较小，其次是金融债券，公司债券最大。雷曼兄弟债券在美国次贷危机中一天跌幅达到80%，原因不仅仅是利息不能支付，更多的是投资者对本金不能收回的预期。

4. 债券流动性风险

债券流动性风险指的是投资者想要出售债券获取现金而不能立即出售，或者能够出售但是要蒙受较大的资本损失的风险。作为债券，一般流动性风险是较小的，在一些特殊情况下，债券一般也不会不能出售，但会存在出售的时候遭受较大的资本损失的风险。流动性的大小在债券中不是相同的，比如国库券的流动性要好于公司债券。

5. 债券期限性风险

债券期限性风险是由于证券期限较长给投资者带来的风险。一项投资，到期日越长，投资人遭受的不确定性越多，承担的风险也越大。债券一般在距离到期日时间越长，价格波动

越大，反之越小。比如同一家企业发行的 10 年期债券要比 1 年期债券的风险大，这就是债券特有的期限性风险。

6. 债券再投资风险

债券再投资风险是由于市场利率的下降而造成的无法通过再投资实现预期收益。2008 年以来由于国内外经济形势大环境影响，中国进入了利率下降的阶段，这个阶段中，到期的债券面临着如何选择投资品种的再投资风险。

（二）债券价格的影响因素

1. 待偿期

债券的待偿期愈短，债券的价格就愈接近其终值（兑换价格 M）；债券的待偿期愈长，其价格就愈低。另外，待偿期愈长，不但债券持有人获息次数愈多，而且面临发债企业遭受的各种风险可能愈大，因此债券的价格也就愈低。

2. 票面利率

债券的票面利率也就是债券的名义利息率，债券的名义利率越高，到期的收益就越大，因此债券的售价也就愈高。

3. 投资者的获利预期

债券投资者的获利预期（投资收益率 R）是跟随市场利率而发生变化的，若市场利率调高，则投资者的获利预期也高涨，债券的价格就下跌；若市场的利率调低，则债券的价格就会上涨。这一点表现在债券发行时最为明显。

4. 市场利率

一般债券印制完毕离发行有一段间隔，若此时市场利率发生变动，即债券的名义利息率就会与市场的实际利息率出现差距，此时要重新调整已印好的票面利息已不可能，而为了使债券的利率和市场的现行利率相一致，就只能以债券溢价或折价发行了。

5. 企业的资信程度

发债者资信程度高的，其债券的风险就小，因而其价格就高；而资信程度低的，其债券价格就低。因此在债券市场上，对于其他条件相同的债券，国债的价格一般要高于金融债券，而金融债券的价格一般又要高于企业债券。

6. 供求关系

债券的市场价格还决定于资金和债券供给间的关系。在经济发展呈上升趋势时，企业一般要增加设备投资，因此它一方面因急需资金而抛出持有的其他企业的债券，另一方面它会从金融机构借款或发行公司债券，这样就会使市场的资金趋紧而债券的供给量增大，从而引起债券价格下跌。

7. 宏观经济环境

当经济不景气时，生产企业对资金的需求将有所下降，金融机构则会因贷款减少而出现资金剩余，从而增加对债券的投入，引起债券价格的上涨；反之债券价格就要下降。当中央银行、财政部门、外汇管理部门对经济进行宏观调控时也往往会引起市场资金供给量的变

化，其反映一般是利率、汇率跟随变化，从而引起债券价格的涨跌。

8. 物价波动

当物价上涨的速度较快或通货膨胀率较高时，人们出于保值的考虑，一般会将资金投资于房地产、黄金、外汇等可以保值的领域，从而引起资金供应的不足，导致债券价格的下跌。

9. 政治因素

政治是经济的集中反映，并反作用于经济的发展。当人们认为政治形式的变化将会影响到经济的发展时，将会促使债券的持有人做出买卖决策，比如说在政府换届时，国家的经济政策和规划将会有大的变动。

10. 投机因素

在债券交易中，人们总是想方设法地赚取价差，而一些实力较为雄厚的机构大户就会利用手中的资金或债券进行技术操作，如拉抬或打压债券价格从而引起债券价格的变动。

第三节 股票投资

一、股票投资的种类及目的

股票投资是指投资者将资金投向于股票，通过股票的买卖和收取股利来获取收益的投资行为。股票投资主要分为两种：普通股投资和优先股投资。普通股是最基本、最标准的股份，企业投资于普通股，股利收入不稳定，投资风险较高，相应获得的收益一般较高；优先股是由股份有限公司发行的相对普通股而言具有某些优先权利（如优先获取股利、优先分配企业剩余财产的权利），同时也受到一定限制的股份。投资于优先股可以获得固定的股息收入，投资风险相对较低，获得的收益也要低于普通股。

企业进行股票投资的目的主要有两种：一是获利，即为一般的证券投资，获得股利收入及股票买卖差价；二是控股，即通过大量购买某一企业的股票达到控制该企业的目的。在第一种情况下，企业仅将某种股票作为证券组合的一个组成部分，这时不能将大量资金集中在某一个企业的股票上，应注意投资风险的分散；而在第二种情况下，企业应将资金集中在某一企业的股票上，达到可能控制该企业的目的，这时企业考虑更多的不是目前利益，而应是长远利益。

二、股票投资的主要特点

股票投资和债券投资一样都属于证券投资，都具有流动性强的特点，股票跟债券都有专门的交易市场，因此变现能力较强。持有股票除了存在风险收益或风险损失之外与货币无异，随时可以变现，并且股票的高流动性促进了社会资源的有效配置，使资金得到有效利

用。但是股票投资相比较于债券投资还有以下不同特点：

（一）股票投资是股权性投资

股票体现了所有权关系，持有人作为公司股东不仅有收益索取权，而且有参与企业管理的权利。购买了发行公司的股票就成为发行公司的股东，有依法参加企业经营管理的权利，享有法律赋予的对管理者的选举权和对重大事项的表决权。对于一些资源缺乏和上下游行业关联度比较大的企业，可以通过购买发行公司的股票获取收益，同时取得对发行公司的控制地位。当然也因为股票是股权性投资，在发行企业因经营不善或者其他原因导致破产的时候，股票因求偿权居后，可能导致较大的投资本金损失，尤其在企业经营不善即将破产的时候，企业偿还债券后，留给股东的资本往往已经所剩无几。从变现方式上来说，投资者在购买股票之后，不能要求发行公司退还投资入股的本金，只能在股票交易市场上变现。

（二）收益较高，但不稳定

股票投资的收益主要是公司发放的股利和股票转让的价差收益。在企业总资产收益率大于债券资金成本的时候，企业盈利会因为杠杆作用被放大，股利发放可能也会迅速增多；相反导致股利迅速减少，甚至遭受股价大幅下跌的损失。但是长期看，优质股票总是上涨的居多，只要选择得当，都有可能获得优厚的投资收益。在企业正常经营的时候，股票收益平往往要高于债券。

（三）风险较大，波动性大

投资者购买股票之后，不能要求发行人偿还本金，只能在证券市场上转让。股票投资收益取决于股票发行公司经营状况和股票市场行情。如果发行公司经营状况好，盈利多，股票价格也会上涨，投资者收益会较大；如果企业经营状况不佳，整个经济形势不景气，股票价格下跌，投资者遭受较大损失。股价的波动除受收益变化的影响之外，还要受到股市投机行为的影响，投资者可能在市场上赚取高额利润，也可能会损失惨重，甚至血本无归。

自从有股市以来，股价暴涨暴跌的例子屡见不鲜。波动性大决定了企业在选择投资时，不宜冒险的资金最好不要用于股票投资，而应该选择债券投资。

综上所述，股票投资的优点在于：可以获取高收益，高收益可以有效抵御购买力风险，且可以拥有企业一定的控制权。

股票投资的缺点主要在于：风险大，股票在企业破产的时候求偿权居后，股票价格不稳定，股利收入不稳定。

三、股票的估价及投资决策

企业在进行股票投资决策时，首先要知道该种股票的内在价值。股票的价值是进行股票投资所获得的现金流入的现值。股票投资的现金流入包括两部分：即股利收入和股票出售时的资本利得。因此，股票的内在价值由一系列的股利和将来出售股票的售价的现值所构成。

如果股票实际购买价格小于股票的内在价值，则说明投资者获得的投资报酬将高于预期的投资报酬，则可以对该种股票进行投资；如果实际购买价格大于股票的内在价值，则说明投资者获得的投资报酬将低于预期的投资报酬,则不应该对该股票进行投资。

(一)股票估价的一般模型

在一般情况下,投资者投资于股票,不仅希望得到股利收入,还希望在未来出售时从股票价格的上涨中获得好处。此时的股票估价模型为:

$$V = \sum_{t=1}^{n} \frac{d_t}{(1+K)^t} + \frac{V_n}{(1+K)^n}$$

式中,V 为股票价值;V_n 为未来出售时预计的股票价格;K 为投资者要求的必要报酬率;d_t 为第 t 期的预期股利;n 为预计持有股票的期数。

(二)长期持有、股利固定的股票估价模型

如果一个公司的股利固定,投资人的投资期限非常长,则计算股票的价格非常困难,只能计算近似值。在这种情况下,当 n→∞ 时,$\frac{V_n}{(1+K)^n} \to 0$,而 $\sum \frac{d_t}{(1+K)^t}$ 则可近似地看作是永续年金。此时股票估价模型可简化为

$$V = d/K$$

式中,V 为股票价值;d 为每年的固定股利;K 为投资者要求的必要报酬率。

【例5-4】新兴公司准备购买甲公司股票,并准备长期持有,要求达到10%的收益率,该公司今年每股股利0.5元,预计未来甲公司股票的价值:

$$V = \frac{0.5}{10\%} = 5(元)$$

(三)长期持有、股利固定增长的股票估价模型

有些企业的股利不是固定不变的,而是不断增长的。如果一个公司的股利不断固定增长,投资人的投资期限又非常长,则股票的估价就更困难了,也只能计算近似数。设上年股利为 d_0,每年股利的增长率为 g,则

$$V = \sum_{n=1}^{\infty} \frac{d_0(1+g)^n}{(1+K)^n}$$

代入等比数列前 n 项的公式,当 n→∞ 时,普通股的价值为

$$V = \frac{d_0(1+g)}{(K-g)} = \frac{d_1}{(K-g)}$$

式中,V 为股票价值;d_0 为上年股利;g 为股利固定增长率,K 为投资者要求的必要报酬率;d_1 为第一年的股利。

【例5-5】新兴公司准备购买甲公司股票,并准备长期持有,要求达到10%的收益率,该公司今年每股股利0.5元,预计未来甲公司股票以每年5%的速度增长,则甲公司股票的价值:

$$V = \frac{0.5 \times (1+5\%)}{10\% - 5\%} = 10.5(元)$$

(四)长期持有、股利非固定增长的股票估价模型

在经济社会里,大部分公司的股利不是固定增长的,在公司的不同的发展阶段,增长

率有所不同。当股票的股利非固定增长时，要计算股票的内在价值，可先将股票的变动情况分为几个相对固定成长或零成长阶段，然后再根据前面介绍的股票内在价值的计算公式来计算。具体可按以下三个步骤进行：① 将股利现金流分为非固定增长阶段和永久性固定增长阶段，计算高速增长阶段预期股利的现值；② 采用固定增长模式，在高速增长期末，即固定增长期开始时，计算股票的价值，并将该数值折为现值；③ 将上述两部分求得的现值相加，即为股票的现时价值。

四、股票收益率的计算及投资决策

（一）短期持有股票的收益率

如果企业购买的股票在一年内出售。共投资收益主要包括股票投资价差及股利的部分，由于持有时间较短，可以不考虑资金时间价值，因此其收益率的计算公式为

$$K = \frac{S_1 - S_0 + d}{S_0 \times n / 12} \times 100\%$$

式中，K 为股票短期投资持股期收益率；S_0 为股票购买价格；S_1 为股票出售价格；d 为股票持有期间的股利；n 为股票持有月数。

（二）长期持有股票的收益率

1. 股票收益率的一般模型

一般情况下，企业进行股票投资可以取得股利，股票出售时也可以收回一定的资金。但是股利不同于债券利息，它通常是经常变动的。股票投资收益率就是使各期股利及股票售价的复利现值等于股票买价时的折现率。其计算模型为

$$V = \sum_{t=1}^{n} \frac{d_t}{(1+K)^t} + \frac{F}{(1+K)^n}$$

式中，V 为股票买价；d_t 为第 t 期的股利；K 为股票的投资收益率；F 为股票出售价格；n 为持有股票的期数。

计算股票投资收益率和计算债券投资收益率相类似，也可以采用内插法计算。

四、股票投资风险及价格影响因素

（一）股票投资的风险

股票投资与债券投资的风险差异更多地表现在风险大小上而不是种类上，股票投资同样存在着利息率风险、流动性风险、破产风险、违约风险、购买力风险、经营风险、再投资风险等风险。

股票的利息率风险不像债券市场那么灵敏，但是在每次调高利率之后，股市都会表现出价格向下调整的迹象，只是不像债券那么密切；股票的流动性风险与债券没有严格意义上的区别，但是流动性强弱在大公司股票与小公司股票之间还是存在差别，在高价股和低价股之间也存在差异；债券中除非是可转换公司债券，否则不存在停股情况，但是股票存在重大事

项导致停牌的可能，停牌时间一般也较长，从而导致流动性减弱；股票破产风险要大于债券的破产风险，因为股票在破产的时候求偿权居后，到股票受偿的时候，剩余财产已经所剩无几；股票不存在违约风险，因为股票持有者本身就是股东，是所有人；股票购买力风险小，原因在于上市公司的收益一般随通货膨胀水涨船高；股票存在着发行人筹资使用的经营风险，企业经营下的失误对债券影响较小，对股票影响很大；股票因为不存在到期日，自然也就不存在期限性风险或者再投资风险。

从投资收益的波动和价格的波动上来说，股票总体风险大于债券。

（二）股票价格影响因素

股票价格是指在证券市场上买卖股票的价格。实际上股票只是一种凭证，本身并没有价格，它之所以具有价格，能够在市场上进行买卖，是因为它可以给持有者带来股息收入。股票内在的价值的大小取决于未来预期实现的盈利和贴现率。企业未来盈利越多，其现值越大，股票价格也越高；而贴现率越高，股票内在价值就越低，股票价格也越低。因此，在西方股票市场上，人们都密切注视着企业未来盈利的状况。但事实上，股票价格的确定十分复杂，因为人们对一个企业未来盈利状况的看法并不完全相同，有的估计得比较悲观，股票在他们眼里的价值就低些，就要卖出；有的认为企业有发展的希望，股票在他们眼里价值就高些，就要买进。当买者多于卖者时，股票的价格就上升；当买者少于卖者时，股票的价格就下跌。因此，股票的市场价格与内在价格更多的时候表现为不一致，投资者大都希望寻找那些内在价值大于市场价格的股票。

这样一来，股票的市场价格处于不断变化之中。它不仅要受各种经济因素的影响，而且要受政治局势、政府政策、投资者心理、报纸杂志的消息以及谣言等社会因素的影响。下面通过公司内部因素与外部环境分析股价的影响动因。

1. 内部因素

（1）公司的股利政策。投资者之所以购买股票，是因为它能带来不低于存款利息的股息。股份公司发行股票的价格，不是取决于它的实际资本拥有量，而是取决于股息的派发量。股息越高，购者越踊跃，股票的价格也越高。但是，股息的增加又取决于企业收益的增长。为了不断发展业务，使企业收益日益增长，企业把公司的净利润大部分或全部留下，以扩大资本积累，用于生产和经营，只发放少量股息或不发放股息，并且国家在税收制度上也积极支持这种行为。由于企业的股票不发股利是因为将来有更高收益的期望，所以即使不发或少发股息，这种股票对投资者也仍有很大的吸引力。

（2）公司净资产。公司的净资产是股东在公司的权益额。公司发的每一股股票都代表一定比例的净资产。公司在经营过程中，其净资产额会发生变化，进而影响股价的波动，从而影响投资者的投资决策。

（3）公司的获利能力。公司的获利能力一方面影响公司当前可供分配收益的多少，另一方面会预示公司未来发展前景。投资者选择一个投资目标，不仅要看过去的资产情况，还要考虑未来的增长能力，因为获利能力也就代表着投资的回报能力。

（4）资本经营战略。资本经营战略包括增资扩股、联营重组等重大经营决策，不仅会影响公司经营实力、财务结构、未来发展潜力，对每股净资产也会带来增减变化。一般增资扩股对能带来股权的稀释，导致股价下跌，但对于业绩优良的公司增资会给股东带来更多的回报，股价不降反升的案例也很多。在企业更多地将闲置资金投放到证券市场的情况下，公司之间交叉持股也带来股票价格随同参股公司股价共同波动的特征，形成市场中所说的"一荣俱荣，一辱俱辱"的特殊现象。

2. 外部环境

（1）宏观经济环境。宏观经济环境包括经济周期、通货变动、国际经济的变化等因素，以及国家的财政、货币政策，对证券市场的监管政策等都在影响着股票的投资价值。宏观经济环境反映在股票市场的整体变动趋势中，对投资者选择投资时机产生较大的影响。

一般而言，在经济繁荣时期，企业盈利多，股息高，股票则上涨；在经济危机时期，企业生产萎缩，股息下降，股价则下跌；在经济萧条时期，股价渐有转机；在进入复苏时期后，股价又开始慢慢上涨。因此，股票价格的变动，一般是与经济周期相适应的。

经济政策小影响较大的就是贴现率与存款利率。存款率越高，贴现率也越高。由于股票的价格与企业未来预期盈利成正比，与贴现率（利息率）成反比，因此贴现率（或利息率）的提高，会导致股票价格的下降。但很多市场中往往在银行利率上升时，股票市场依然活跃。

社会货币供应员的增减是影响股票价格的原因之一。通常，货币供应量增加，社会一部分闲置资金就会投向证券交易，从而抬高股价；相反，货不供应量减少，社会购买力降低，股价也必然下跌。由货币供应量不断增大而导致的通货膨胀，在一定限度内对生产有刺激作用，因为它能促进企业销售收入和股票投资名义收益的增加，所以在银行利率不随物价同比例上升的条件下，人们为了保值，将不再热心于存款，而转向投资股票，使股票价格不断提高。但是，如果通货膨胀上升过猛，甚至超过了两位数，那么将造成人们实际收入下降和市场需求不足，加剧生产过剩，导致经济危机，使股票价格下跌。

（2）行业发展状况。不同行业的发展状况不同，盈利水平不同，也会相对影响到属于该行业企业的盈利能力，因此股票投资一定要关注投资公司所属的行业状况。我国现阶段，属于高新技术产业的公司，如医院、生物制品、电子信息、券商等行业普遍盈利较高，风险也较大；汽车、房地产、体育、旅游尚属于新兴行业，目前盈利水平普遍较高，未来发展前景也较为广阔；道路交通、环境保护、资源再利用等行业受国家产业政策的扶持，盈利稳定，风险较小。

在产业结构调整和转移时期，新产品的开发也越来越大地影响着股价的波动。

（3）证券市场因素。证券市场因素主要指的就是市场参与的积极程度。股票价格从理论上讲是由股利和市场利率决定的，市场利率在一定时期是固定的，但是投资者的预期却有不同，这也是股市会存在交易的原因。因为投资者往往都具有从众心理，如果出现恶意炒作、操纵股市的情况，从众心理将对股市产生助涨助跌的作用。

第四节 基金投资

一、基金的概念及种类

（一）基金的概念

基金是一种利益共享、风险共担的集合投资方式，即通过发行基金股份或受益凭证等有价证券，聚集众多的不确定投资者的出资，交由专业投资机构投资运作，以规避投资风险并谋取投资收益的证券投资工具。

基金与股票、债券的区别，主要体现在以下几个方面：

第一，反映的关系不同。股票反映的是所有权关系，债券反映的是债权债务关系，而基金反映的则是基金投资者与基金管理人之间的一种委托代理关系。

第二，风险水平不同。股票的直接收益取决于发行公司的经营效益，不确定性强，投资风险较大。债券的直接收益取决于债券票面利率，而债券票面利率一般是事先确定的，投资风险较小。基金主要投资于有价证券，而且其投资选择相当灵活多样，从时使基金的收益有可能高于债券，投资风险有可能小于股票。

第三，筹集资金的投向不同。股票和债券是融资工具，筹集的资金主要是投向实业，而基金主要是投向其他有价证券等金融工具。

（二）基金的种类

1. 按组织形态的不同，可分为契约型基金和公司型基金

（1）契约型基金

契约型基金又称单位信托基金，是指把投资人、管理人和托管人三者作为基金的当事人，由管理人与托管人通过签订托管契约的形式发行受益凭证而设立的一种基金。契约型基金是通过信托契约来规范当事人的行为，基金管理人负责基金的管理操作，基金托管人作为基金资产的名义持有人，负责基金资产的保管和处置，对基金管理人的运作实行监督。

（2）公司型基金

公司型基金是指按照相关经济法规以公司形态组成的，该基金公司以发行股份的方式募集资金，一般投资者购买该公司的股份即为认购基金，也就成为该公司的股东，凭其持有的基金份额依法享有投资收益。

2. 按变现方式不同，可分为封闭式基金和开放式基金

（1）封闭式基金

封闭式基金是指基金的发起人在设立基金时，限定了基金单位的发行总额，筹集到这个总额后，基金即宣告成立，并进行封闭，在一定时期内不再接受新的投资。基金单位的流通

采取交易所上市的办法，投资者以后要买卖基金都要经过证券经纪商，在二级市场上进行竞价交易。

（2）开放式基金

开放式基金是指基金发起人在设立基金时，基金单位的总数是不固定的，可视经营策略以及发展需要追加发行。投资者也可根据市场状况和各A的投资决策，或者要求发行机构按现期净资产值扣除手续费后赎回股份或受益凭证，或者再买入股份或受益凭证，增加基金单位份额的持股比例。

3. 按投资标的不同，可分为股票基金、债券基金、货币基金、期货基金、期权基金、认股权证基金和专门基金

（1）股票基金

股票基金是指投资于股票的投资基金，其投资对象通常包括普通股与优先股。其风险程度较个人投资股票市场要低得多，且具有较强的变现性与流动性。

（2）债券基金

债券基金是指投资管理公司为稳健型投资者设计的，投资于政府债券、金融债券、企业债券等各类债券品种的投资基金。债券基金一般情况下定期派息，其风险和收益水平通常较股票基金低。

（3）货币基金

货币基金是指由货币存款构成投资组合，协助投资者参与外汇市场投资，赚取较高利息的投资基金。其投资工具包括银行短期存款、政府公债、公司债券、银行承兑票据及商业票据等，这类基金的投资风险小，投资成本低，安全性和流动性较高。

（4）期货基金

期货基金是指投资于期货市场以获取较高投资回报的投资基金。期货是一种合约，只需一定的保证金（一般为5%～10%）即可买进。期货市场具有高风险和高回报的特点，因此投资期货基金既可能获得较高的投资收益，同时投资者也面临着较大的投资风险。

（5）期权基金

期权基金是指以期权作为主要投资对象的基金。期权是一种选择权，是买卖期货合约的选择权利。期权交易就是期权购买者向期权出售者支付一定费用后，就取得在规定时期内的任何时候，以事先确定好的协定价格，向期权出售者购买或出售一定数量的某种商品合约的权利的一种投资行为。如果市场价格变动对投资者履约有利，投资者就会行使这种买入和卖出的权利，即行使期权；反之，投资者也可放弃期权。期权基金的风险较小，适合于收入稳定的投资者。

（6）股权证基金

认股权证基金是指以认股权证为主要投资对象的基金，认股权证是指由股份有限公司发行的，能够按照特定的价格，在特定的时间内购买一定数量该公司股票的选择权凭证。由于认股权证的价格是由公司的股份决定的，一般来说，认股权证的投资风险较通常的股票要大得多。因此，认股权证基金也属于高风险基金。

（7）专门基金

专门基金属于分类行业股票基金或次级股票基金，包括黄金基金、资源基金、科技基金、地产基金等。这类基金的投资风险较大，收益水平较易受到市场行情的影响。

二、基金的估价

基金的估价涉及三个概念：基金的价值、基金单位净值和基金报价。

基金的价值取决于基金净资产的现有市场价值。其原因在于：资本利得是投资基金收益的主要来源，投资基金需要不断变换投资组合，变幻莫测的证券价格波动，使得对基金未来收益的预计变得不太现实，既然未来的预测存在困难，投资者只能把握现在，即基金净资产的现有市场价值。

基金单位净值也称为单位净资产或单位资产净值，是在某一时点每一基金单位所具备的市场价值，是评价基金价值的基本指标。基金单位净值的计算公式为

$$基金单位净值 = \frac{基金净资产价值总额}{基金单位总份额}$$

式中，基金净资产价值总额 = 基金资产总额 − 基金负债总额

在基金净资产的计算中，基金负债除了以基金名义对外融资借款以外，还包括应付投资者的分红、应付的税金、应付给基金管理公司的首次认购费、管理费用等各项基金费用。相对来说，基金负债的金额是固定的，基金净资产的净值主要取决于基金总资产的价值。基金总资产的价值并不是指资产总额的账面价值，而是指资产总额的现有市场价值。

封闭型基金在二级市场上竞价交易，交易价格由供求关系和基金业绩决定，围绕着基金单位净值上下波动。开放型基金的平台交易价格则完全以基金单位净值为基础，通常采用两种报价形式：认购价（卖出价）和赎回价（买入价）。

$$基金认购价 = 基金单位净值 + 首次认购费$$
$$基金赎回价 = 基金单位净值 - 基金赎回费$$

三、基金收益率

基金收益率也称基金回报率，反映基金增值的情况，它通过基金净资产的价值变化来衡量。基金净资产的价值是以市价计量的，基金资产的市场价值增加，意味着基金的投资收益增加，基金投资者的权益也随之增加。基金收益率的计算公式为

$$基金收益率 = \frac{年末持有份数 \times 基金单位净值年末数 - 年初持有份数 \times 基金单位净值年初数}{年初持有份数 \times 年初基金单位净值}$$

式中，持有份数是指基金单位的持有份数，如果年末和年初基金单位的持有份数相同，基金收益率就简化为基金单位净值在本年内的变化幅度。

年初的基金单位净值相当于购买基金的本金投资，基金收益率也就相当于一种简便的投资报酬率。

四、基金投资的优缺点

（一）基金投资的优点

1. 基金投资具有专家理财优势。基金投资的管理人员都是投资方面的专家，他们在投资前均进行多种研究，这能够降低风险，提高收益。

2. 基金投资具有资金规模优势。基金投资以发行证券形式汇集一定数量具备共同投资目的的投资者资金，这种资金优势可以进行充分的投资组合，能够降低风险，相应地提高收益。

（二）基金投资的缺点

1. 无法获得很高的投资收益。基金在投资组合过程中，在降低风险的同时，也丧失了获得巨大收益的机会。

2. 在证券市场疲软的情况下，进行基金投资也可能会损失较多，投资人也承担较高的风险。

五、基金投资风险及收益率的影响因素

（一）基金投资风险

基金投资的风险因其投资对象的不同，风险也各有差异：股票型基金呈现股票风险特征；债券型基金呈现债券的风险特征。基金基本可以按各自主投资品种参考确定风险特征，当然基金在表现与其所主要投资对象相同的风险特征之外，还有一些特有的风险。

1. 管理风险

基金管理人的专业技能、研究能力及投资管理水平直接影响到其对信息的攫取、分析和对经济形势、证券价格走势的判断，进而影响基金的投资收益水平。同时，基金管理人的投资管理制度、风险管理和内部控制制度是否健全，能否有效防范道德风险和其他合规性风险，以及基金管理人的职业道德水平等，也会对基金的风险水平造成影响，进而影响投资者的投资收益。

2. 流动性风险

我国证券市场作为新兴转轨市场，市场整体流动性风险较高。基金投资组合中的股票和债券会因各种原因面临较高的流动性风险，使证券交易的执行难度提高，买入成本或变现成本增加。此外，基金投资人的赎回需求可能造成基金仓位调整和资产变现困难，加剧流动性风险。

3. 操作和技术风险

基金的相关当事人在各业务环节的操作过程中，可能因内部控制不到位或者人为因素造成操作失误或违反操作规程而引致风险，如越权交易、内幕交易、交易错误和欺诈等。此外，在开放式基金的后台运作中，可能因为技术系统的故障或者差错而影响交易的正常进

行，甚至导致基金份额持有人利益受到影响。这种技术风险可能来自基金管理人、基金托管人、注册登记人、销售机构、证券交易所和证券登记结算机构等。

4. 合规性风险

合规性风险指基金管理或运作过程中违反国家法律、法规或基金合同有关规定的风险。

5. 其他风险

（1）因基金业务快速发展而在制度建设、人员配备、风险管理和内控制度等方面不完善而产生的风险。

（2）因金融市场危机、行业竞争压力而产生的风险。

（3）战争、自然灾害等不可抗力因素的出现，可能严重影响证券市场运行，导致基金资产损失。

（4）其他意外导致的风险。

（二）基金收益率的影响因素

1. 市场大势

目标市场大涨时，最差的封闭式基金也能赚钱，市场大跌时业绩最好的基金亦不能幸免，这也是所谓的系统风险。

2. 投资组合风险

即使同样的股票市场，由于基金所配置的股票类型的不同，其收益和承担的风险亦有不同。承担风险大的基金，收益也高。

3. 基金经理的团队能力

一般情况下，一个基金经理人不可能独自分析所有资讯，总会有一些专业研究人员协助其分析资料，以及对证券发行单位进行实地的考察以获取准确的资讯信息。对于封闭式基金来说，基金团队运营能力影响着基金的销售，进而影响到价格。

4. 基金市场的活跃程度

一般来说，基金的价格和基金市场有着密切的关系，基金交易的活跃程度直接影响着基金价格。影响基金市场交易活跃的因素主要有下列3点：基金交易成本、投资者的投机心理、基金市场的供求关系。

5. 基金单位资产净值

基金单位资产净值是基金单位的内在价值，是决定基金价格的最重要因素。基金单位资产净值高，基金价格就会相应较高，反之基金价格就会较低。基金单位资产净值主要受3个因素影响：基金管理人的管理水平、证券市场的走势及活跃程度、基金的所得税政策。

6. 银行存款利率

对投资者来说，有着许多投资选择，如将手头的钱存入银行，或者直接投资于证券市场，或购买基金等。如果银行存款利率提高，将增加银行存款对投资者的吸引力，部分投资者将增加银行存款，减持基金，从而使基金价格回落；反之，如果调低银行存款利率，将使基金价格趋升。

总的来说，影响基金价格的因素很多，除上述几项因素外，还包括其他各种政治、经济和人文因素，例如：外汇市场汇率的变化、资金市场利率的变化、投资者的心理因素、各种突发事件以及基金本身的封闭期限长短等。

（三）基金购买证券的操作策略

1. 平均成本投资策略

平均成本投资策略是指在均衡的时间间隔内按固定的金额分次投资于同一种证券。在证券市价高于平均成本时，将分批买进的证券一次性全部抛出以获取盈利。采用平均成本投资策略，能够通过证券持有份数的变化来抵消证券价格的波动。

平均成本投资策略的实质是分次投资，能避免一次性交高价位上套牢的价格波动风险。平均成本投资策略只针对同一投资对象，与其他投资对象的投资不发生关系，不适用于对投资组合的调整。

2. 固定比重投资策略

固定比重投资策略要求将资金按比例分配投资于各类证券，使持有的各类证券市价总额达到设置的比重。一旦由于市价波动使证券比重变化超过一定限度时，就通过买卖证券来调整投资比重，以保持原有的投资组合比里。

固定比重投资策略的实质是用一种投资对象的增值利润投资于另一种投资对象，这样能使基金投资经常保持低成本状态，也有助于让投资者及时实现既得的利益。固定比重投资策略一般不适用于投资对象长期持续上涨或长期持续下跌的情况。

3. 分级定量投资策略

分级定量投资策略的基本做法是设定投资对象的价格涨跌等级，价格每上升一个等级就抛售，每下降一个等级就购进，每次抛售或购进的数量是相等的。

分级定量投资策略与平均成本投资策略相类似，都是针对同一投资分次进行投资。分级定量投资策略中，价值涨跌等级间隔的设定是关键的因素。

第五节　证券投资组合

一、系统性风险与非系统性风险

（一）证券投资组合的目的：获取收益的同时降低风险

证券投资中风险与收益是对应的，即风险越大，收益也越大，人们喜欢收益，却讨厌风险，因此往往希望在取得收益的同时，降低风险。根据风险能否降低，投资中把风险分成两种：非系统件风险和系统性风险。

1. 系统性风险

证券的系统性风险，是由于外部经济环境因素变化引起的整个证券市场不确定性加强，

从而对市场上所有证券都产生影响的共同性风险。系统性风险无法通过投资多样化的证券组合而加以避免，也称为不可分散风险。系统性风险包括：利息率风险、再投资风险、购买力风险。

2. 非系统性风险

证券的非系统性风险，是由于特定经营环境或特定事件变化引起的不确定性，从而对个别证券产生影响的特有性风险。非系统性风险可以通过持有证券的投资多样化来抵消，也称为可分散风险，是公司特有的风险。

从公司内部管理的角度考察，公司特有风险的主要表现形式是公司经营风险和财务风险。从公司外部证券市场投资者的角度考察，公司经营风险和财务风险的特征无法明确区分，公司特有风险是以履约风险、变现风险、破产风险等形式表现出来的。

（1）履约风险。履约风险是指证券发行者无法按时兑付证券利息和偿还本金的可能性。

（2）变现风险。变现风险是证券持有者无法在市场上以正常的价格平仓比货的可能性。

（3）破产风险。破产风险是在证券发行者破产清算时投资者无法收回应得权益的可能性。

对于非系统风险，可以通过投资多样化来分散。半投资组合中各单个项目预期报酬存在正相关时，其组合不会产生任何风险分散效应，它们之间正相关的程度越小，则其组合可产生的风险分散效应越大；当投资组合中各单个项目预期报酬存在负相关时，其组合可使其总体的风险趋近于0，它们之间负相关的程度越小，则其组合可产生的风险分散效应越小。

（二）证券组合风险的计量

投资组合的期望收益率就是组成投资组合的各种投资项目的期望收益率的加权平均数，其权效等于各种投资项目在整个投资组合总额中所占的比例。其公式为

$$Cov(R_1,R_2) = \frac{1}{n}\sum_{i=1}^{n}(R_{1i}-\overline{R}_1)(R_{2i}-\overline{R}_2)$$

式中，$Cov(R_1,R_2)$ 为投资组合的期望收益率；R_{1i}, R_{2i} 为各单向投资在组合中的比重；$\overline{R}_1, \overline{R}_2$ 为单向投资的期望收益率。

二、两项资产构成的投资组合的风险

（一）协方差

协方差是一个用于测量投资组合中某一具体投资项目相对于另一投资项目风险的统计指标。其计算公式为

$$Cov(R_1,R_2) = \frac{1}{n}\sum_{i=1}^{n}(R_{1i}-\overline{R}_1)(R_{2i}-\overline{R}_2)$$

式中，$Cov(R_1,R_2)$ 为投资组合的协方差；R_{1i}, R_{2i} 为各单项投资各种可能的收益率；$\overline{R}_1, \overline{R}_2$ 为单项投资的期望收益率；n 为可能出现结果数量。

当协方差为正值时，表示两种资产的收益率呈同方向变动；当协方差为负值时，表示两种资产的收益率呈相反方向变化。

（二）相关系数

相关系数是协方差与两个投资方案投资收益率的标准差之积的比值，其计算公式为

$$\rho_{12} \frac{Cov(R_1, R_2)}{\sigma_1 \sigma_2}$$

式中，$Cov(R_1, R_2)$为投资组合的协方差；σ_1, σ_2为各单项投资各种可能的收益率的标准差；R_1, R_2为单项投资的期望收益率；ρ_{12}为投资组合的相关系数。

相关系数总是在 1 到 + 1 之间的范围内变动，–1 代表完全负相关，+ 1 代表完全正相关，0 则表示不相关。

（三）两项资产构成的投资组合的总风险

投资组合的总风险由投资组合收益率的方差和标准离差来衡量。由两种资产组合而成的投资组合收益率方差的计算公式为

$$V_P = W_1^2 \sigma_1^2 + W_2^2 \sigma_2^2 + 2W_1 W_2 Cov(R_1, R_2)$$

式中，W_1, W_2为两项资产在投资组合个所占比例；σ_1, σ_2为各单项投资各种可能的收益率的标准差；$Cov(R_1, R_2)$为投资组合的协方差；V_P为投资组合的方差。

由两种资产组合而成的投资组合收益率的标准离差的计算公式为

$$\sigma_P = \sqrt{V_P} = \sqrt{W_1^2 \sigma_1^2 + W_2^2 \sigma_2^2 + 2W_1 W_2 Cov(R_1, R_2)}$$

不论投资组合中两项资产之间的相关系数如何，只要投资比例不变，各项资产的期望收益率不变，则该投资组合的期望收益率就不变。

（四）风险的不可分散程度

系统性风险指的是由于某些因素给市场上所有的证券都带来经济损失的可能性的风险，它的不可分散程度，通常用 β 系数来计量。

如果将市场上全部证券看作一个市场证券组合，某一证券的系数的计量公式为：

$$\beta_i = \frac{Cov(R_P, R_m)}{\sigma_m^2}$$

式中，m为市场上全部证券的组合；σ_m^2为市场全部证券组合的方差；$Cov(R_P, R_m)$为投资组合与市场的协方差；R_P为某一证券组合的收益率；R_m为市场全部证券的收益率。

假如某种股票的 β 系数等于 1，则它的风险与整个市场的平均风险相同，假如某种股票的 β 系数大于 1，则它的风险程度大于股票市场的平均风险；假如某种股票的 β 系数小于 1，则它的风险程度小于市场平均风险。

证券组合多系数的计量公式为

$$\beta_P = \sum_{i=1}^{n} W_i \beta_i$$

式中，W_i为第 i 项证券占整个证券组合的比重；β_i为第 i 项证券的 β 系数；n为组合中证券的数量

三、证券投资组合的风险收益计量

第一种方法：

$$R_P = \beta_P(K_m, K_F)$$

式中，R_P 为证券组合的风险收益率；β_P 为证券组合的 β 系数；K_m 为所有股票的平均收益率；K_F 为无风险收益率。

第二种方法：证券投资组合的收益是指投资组合中单项资产预期收益率的加权平均数，其计算公式为

$$R_P = \sum_{i=1}^{n} W_i R_i$$

式中，R_P 为投资组合的期望收益率；n 为投资组合中证券的种类数；W_i 为第 i 项证券在投资组合总体中所占比重；R_i 为第 i 项证券的期望收益率。

四、证券投资组合的必要收益率

证券组合投资能够分散非系统性风险，而且如果组合是充分有效的，非系统性风险能完全被消除。美国金融财务学家夏普在1964年提出的风险资产价格决定理论，即资本资产定价模型，有效地描述了在市场均衡状态下单个证券的风险与期望报酬率的关系，进而为确定证券的价值提供了计量前提。证券投资组合的目的在于分散非系统风险，如果通过适当的证券组合可以有效地分散掉全部的非系统风险，则证券组合的投资收益便只与无风险收益和系统风险收益有关，与非系统风险收益无关。

证券投资要求的投资收益率计算方法为

$$K_P = R_F + \beta_P(K_m - R_F)$$

式中，K_P 为证券组合的必要收益率；R_F 为无风险收益率；K_m 为整个市场组合的必要收益率；β_P 为证券组合的 β 系数。

【例5-6】新兴公司持有 A、B、C 三种股票组成的证券组合，三家公司的 β 系数分别是 2.0，1.5 和 0.5，它们的投资额分别是 100 万元、50 万元和 20 万元。股票市场平均收益率为 10&，无风险收益率 2%，假定资本资产定价模型成立。

要求：（1）确定证券组合的必要收益率。

若公司为了降低风险，出售部分 A 股票，使得 A、B、C 三家公司股票在证券组合中的投资额分别变为 20 万元，50 万元和 100 万元，其余条件不变。试计算此时的风险收益率和必要收益率。

确定证券组合的必要收益率：

第一步，计算各股票在组合中的比例。

A 股票的比例 $= \dfrac{100}{100+50+20} = 58.82\%$

B 股票的比例 = $\dfrac{50}{100+50+20}$ = 29.41%

C 股票的比例 = $\dfrac{20}{100+50+20}$ = 11.77%

第二步，计算证券组合的 β 系数：

证券组合的 β 系数 = 2×58.82%+1.5×29.41%+0.5×11.77% = 1.68

第三步，计算证券组合的风险收益率：

证券组合的风险收益率 = 1.68×（10%−2%） = 13.44%

第四步，计算证券组合的必要收益率：

证券组合的必要收益率 = 2%+13.44% = 15.44%

调整以后的证券组合

第一步，计算各股票在组合中的比例：

A 股票的比例 = 11.77%

B 股票的比例 = 29.41%

C 股票的比例 = 58.82%

第二步，计算证券组合的 β 系数：

证券组合的 β 系数 = 2×11.77%+1.5×29.41%+0.5×58.82% = 0.97

第三步，计算证券组合的风险收益率：

证券组合的风险收益率 = 0.97×（10%−2%） = 7.76%

第四步，计算证券组合的必要收益率：

证券组合的必要收益率 = 2%+7.76% = 9.76%

五、常见的证券投资组合

证券投资组合的方法主要有：选择足够数量的证券进行组合；把风险大、风险中等、风险小的证券放到一起进行组合；把投资收益呈负相关的证券放在一起进行组合。

根据风险偏好和对收益要求不同，证券投资组合可以分为：

（一）保守型证券投资组合

这种证券投资组合策略是尽量模拟证券市场现状，将尽可能多的证券包括进来，以便分散掉全部可分散风险，得到与市场平均报酬率相同的投资报酬。

（二）进取型证券投资组合

这种组合策略是尽可能多地选择一些成长性较好的股票，而少选择低风险低报酬的股票，这样就可以使投资组合的收益高于证券市场的平均收益。这种组合的收益高，风险也高于证券市场的平均风险。

（三）收入型证券投资组合

这种投资组合以追求低风险和稳定的收益为主要目标。选择这种组合的投资者通常认为，股票的价格主要是由企业的经营业绩决定的，只要企业的经济效益好，股票的价格终究会体现其优良的业绩。因此在进行股票投资时，要全面深入地进行证券投资分析，选择一些品质优良的股票组成投资组合。

六、证券投资组合操作的基本程序

（一）确定证券投资组合的目标与投资方向

投资目标是基金投资经营运作所要达到的目的，引导基金的投资方向和投资政策。根据对投资风险和收益的选择，基金的投资目标一般有4种：

1. 资本的迅速增值

这种目标决定了这类基金要在短时间内为投资者谋取较大的资本增长幅度，投资收益侧重于资本利得，可投资对象的买卖价差，而不是所持股票的本期收益，投资政策一般采取快进快出以避免风险；这类基金一般分红较少，而是以盈利该人本金再投资，以取得高速增长。投资对象基本上集中于一些高成长、有潜力的小型公司股票或者一些高科技公司股票。

2. 资本的长期增值

这类基金强调为投资者谋取长期稳定的资本增幅，投资收益来源主要是资本利得。这类基金的投资对象往往是一些价格稳定上升的绩优股，投资政策主要是在有成长潜力的证券中组合投资。

3. 收益与风险的平衡

此类基金既注重收益又注重资本增值，要求派发红利的同时又能获得资本适当成长。投资对象一般是价格波动较小的证券、强调收益稳定的证券（债券、优先股）和成长型证券（股票）组合，基金运营较为保守，适合资金不多的小投资者购买。

4. 收益的长期稳定

此类基金注重长期稳定的收益，一般证券投向政府债券、公司债券、优先股以及其他货币市场工具，本金损失风险小，但易受市场利率的影响，适合保守的投资者。

（二）进行证券投资分析

证券投资分析是证券组合管理的第二步，是指对证券组合管理第一步所确定的金融资产类型小个别证券或证券组合的具体特征进行的考察分析。这种考察分析的一个目的是明确这些证券的价格形成机制和影响证券价格波动的诸因素及其作用机制；另一个目的是发现那些价格偏离价值的证券。

（三）组建最优证券投资组合

确定最优证券投资组合是证券组合管理的第三步，主要是确定具体的证券投资品种和在各证券上的投资比例。在构建证券投资组合时，投资者需要注意个别证券选择、投资时机选择和多元化三个问题。个别证券选择主要是预测个别证券的价格走势及其波动情况；投资时机选择涉及预测和比较各种不同类型证券的价格走势和波动情况（例如，预测普通股相对于公司债券等固定收益证券的价格波动）；多元化则是指在一定的现实条件下，组建一个在一定收益条件下风险最小的投资组合。

证券最优组合一般按以下方式选择足够数量的证券进行组合：把风险大、风险中等、风险小的证券放到一起进行组合；把投资收益呈负相关的证券放在一起进行组合，并采用行业比重、市值平均数、持股数量几个指标来反映证券组合情况。

行业比重是建立在证券市场小股票分为信息业、服务业和制造业三大行业类别，具体又可细分为12小类基础上的。一般地，同一大类的股票在证券市场中具有相似的波动趋势。如果基金的投资组合都集中在同一行业中，投资者就有必要考虑将投资分散到专注于其他行业的基金。同样，如果投资者自身的企业属于高科技行业，意味着公司财富与高科技行业息息相关，因此不宜再持有那些集中投资于高科技行业的基金。

市值平均数是基金投资组合中所有股票市场的几何平均数，体现了基金投资组合中胜票的市值大小。由于大盘股、中盘股和小盘股在市场中的表现各不相同，投资者可投资于不同市值规模的基金来分散风险。

从分散风险的角度来看，仅投资20只股票的基金与投资上百只股票的基金在业绩波动方面有很大的不同。通常，持股数量较少的基金波动性较大。因此，除了关注基金投资的行业比重外，投资者还应当了解基金是否将大量资产集中投资在某几只股票上。

（四）修订证券投资组合

投资组合的修正作为证券组合管理的第四步，实际上是定期重温前三步的过程。随着时间的推移，过去构建的证券组合对投资者来说，可能已经不再是最优组合了，这可能是因为投资者改变了对风险和回报的态度，或者是其预测发生了变化。作为这种变化的一种反映，投资者可能会对现有的组合进行必要的调整，以确定一个新的最佳组合。然而，进行任何调整都将支付交易成本，因此，投资者应该对证券组合在某种范围内进行个别调整，使得在剔除交易成本后，在总体上能够最大限度地改善现有证券组合的风险回报特性。

（五）进行证券投资组合的业绩评估

证券组合管理的第五步是通过定期对投资组合进行业绩评估，来评价投资的表现。业绩评估不仅是证券组合管理过程的最后一个阶段，同时也可以看成是一个连续操作过程的组成部分。说得更具体一点，可以把它看成证券组合管理过程中的一种反馈与控制机制。由于投资者在投资过程中获得收益的同时，还将承担相应的风险，获得较高收益可能是建立在承担较高风险的基础之上的，因此在对证券投资组合业绩进行评估时，不能仅仅比较投资活动所获得的收益，而应该综合衡量投资收益和所承担的风险情况。

评价一个证券投资组合是否有效，必须先确立适宜的评价指标，现在用得比较多的几套评价体系是。

1. 詹森指数

以证券市场线为基准，指数值实际上就是证券组合的实际平均收益率与内证券市场线所给出的该证券组合的期望收益率之间的差。

詹森指数就是证券组合所获得的高于市场的那部分风险溢价，风险由 β 系数测定，代表证券组合与证券市场线之间的落差。如果证券组合的詹森指数为正，则其位于证券市场线上方，绩效好；如果组合的詹森指数为负，则位于证券市场线下方，绩效不好。

2. 特雷诺指数

用获利机会来评价绩效，指数值由每单位风险获取的风险溢价来计算，风险仍然由 β 系数来测定。

持雷诺指数是连接证券组合与无风险证券的直线的斜率。当斜率大于证券市场线斜率（$T_P > T_M$）时，组合绩效好于市场绩效，此时组合位于证券市场线上方；相反，斜率小于证券市场线斜率（$T_P < T_M$）时，组合绩效不如市场绩效好，此时组合位于证券市场线下方。

3. 夏普指数

以资本市场线为基准，指数值等于证券组合的风险溢价除以标准差。公式为

$$S_P = (R_P - R_f) / \delta_P$$

夏普指数是连接证券组合与无风险资产的直线的斜率，与市场组合的夏普指数比较，高的夏普指数表明该管理者比市场经营得好，组合位于资本市场线上方；低的夏普指数表明经营得比市场差，组合则位于资本市场线下方；位于资本市场线上的组合的夏普指数与市场组合的夏普指数均相等，表明管理具有中等绩效。

【知识总结】

本章主要介绍了证券投资管理的相关内容，包括证券投资、债券投资、股票投资、基金投资以及组合投资的相关内容。希望通过对本章的学习，可以帮助学生理解证券投资的目的及方式；掌握债券及股票定价的基本方法；掌握证券投资的风险及证券收益的计算方法；了解投资组合的目的与意义。

【思考练习】

一、单选题

1. 下列选项中不属于企业的经营风险来源的是（　　）。
   A. 市场供求发生变化　　　　　　　　B. 税收政策和金融政策的调整
   C. 利率、汇率的变化　　　　　　　　D. 经济形势和经营环境的变化

2. 当投资的预期收益率等于无风险收益率时，β 系数比为（　　）。
   A. 大于1　　　　B. 1　　　　C. 小于1　　　　D. 0

3. 投资组合能分散（　　）。
   A. 所有风险　　　B. 系统性风险　　　C. 非系统风险　　　D. 市场风险

4. 两种证券完全负相关时，把这两种证券组合在一起（　　）。
   A. 能分散全部非系统性风险　　　　　B. 不能分散风险
   C. 风险等于单项证券风险的加权平均　　D. 可分散掉部分风险

5. 下列各项中，可能引起可分散风险因素的是（　　）
   A. 市场利率的变化　　　　　　　　　B. 企业研发新产品失败
   C. 国际油价上涨　　　　　　　　　　D. 营业税改革

6. 某项投资，设计两个方案，预期报酬率不同，风险不同，比较两个方案风险的大小，应采用的指标是（　　）。
   A. 预期报酬率　　　B. 方差　　　C. 标准差　　　D. 标准离差率

7. 下列属于非系统性风险的是（　　）。
   A. 经济周期变化　　B. 通货膨胀　　C. 技术革新　　D. 市场利率上升

8. 某投资组合中，有 ABC 三项资产，投资比重分别为 60%，30%，10%，预期报酬率分别是 10%，15%，20%，则该组合报酬率是（　　）。
   A. 12.5%　　　　B. 10%　　　　C. 15%　　　　D. 20%

9. 甲乙两方案投资收益率的期望值都是 10%，甲方案的标准差是 40，乙方案的标准差

是 60，比较两个方案的风险，则（　　）

A. 甲大于乙　　　B. 甲小于乙　　　C. 甲乙相等　　　D. 无法确定

10、某投资者 A 股票，该股票的 β 为 1.5，无风险报酬为 5%，市场平均股票市场率为 10%，则 A 股票的必要收益率（　　）。

A. 12.5%　　　　B. 10%　　　　C. 15%　　　　D. 20%

二、判断题

1. 市场利率是影响债券价值的因素之一，市场利率越高，债券价值也越高；市场利率越低，债券价值也越低。（　　）

2. 把投资收益率呈完全正相关的证券组合在一起，可以降低非系统性风险。（　　）

3. 一种 10 年期的债券，票面利率为 10%；另一种 5 年期的债券，票面利率也为 10%。两种债券的其他方面没有区别，在市场利息率急剧上涨时，前一种债券价格下降得更多。（　　）

三、计算题

某公司持有甲、乙两种证券，在由上述证券组成的证券投资组合中，各证券所占的比重分别为 50% 和 50%，其 β 系数分别为 1.5 和 1.04。市场平均收益率为 10%，无风险收益率为 6%。甲证券当前每股市价为 24 元，上一年度每股 1.8 元现金股利，预计股利以后每年将增长 5%。要求：

① 计算该公司证券组合的 β 系数；
② 计算该公司证券组合的必要投资收益率；
③ 计算投资甲证券的必要投资收益率；
④ 该公司欲追加甲证券的投资，试做出是否追加投资的决策。

第六章 项目投资管理

▸【学习目标】

1. 了解项目投资的基本内容，熟悉项目投资计算期的确定；
2. 理解项目投资的现金流量的含义、构成及其计算公式；
3. 掌握项目投资静态评价指标的含义、计算原理和特点；
4. 掌握项目投资动态评价指标的含义、计算原理和特点。

▸【核心概念】

投资　投资管理　现金流量　风险分析

▸【案例导入】

已知某固定资产项目需要一次投入价款 100 万元，资金来源系银行借款，年利率 10%，建设期为 1 年，发生资本化利息 10 万元。该固定资产可使用 10 年，按直线法折旧，期满有净残值 10 万元。投入使用后可使经营期第 1～7 年每年产品销售收入（不含增值税）增加 80.39 万元，第 8～10 年每年产品销售收入（不含增值税）增加 69.39 万元，同时使第 1～10 年每年的经营成本增加 37 万元。该企业的所得税税率为 33%，不享受减免税优惠。投产后第 7 年末，用净利润归还借款的本金，在还本之前的经营期内每年末支付借款利息 11 万元，连续归还 7 年。

案例分析：

要求计算该项目的净现金流量。

第六章 项目投资管理

第一节 投资概述

一、投资的概念和种类

（一）投资的概念

投资是指特定经济主体（包括国家、企业和个人）为了在未来可预见的时期内获得收益或使资金增值，在一定时期向一定标的物投放足够数额的资金或实物等货币等价物的经济行为。从企业角度看，投资就是为获取收益而向一定对象投放资金的经济行为。

（二）投资的种类

投资按不同标志可分为以下四种类型。

1. 按照投资行为的介入程度，分为直接投资和间接投资。

直接投资指由投资人直接介入投资行为，即将货币资金直接投入投资项目，形成实物资产、无形资产或者购买目标企业现有资产的一种投资。间接投资指投资者以其资本购买公债、公司债券、金融债券或公司股票等，以预期获取一定收益的投资，也称为证券投资。

2. 按照投入的领域不同，分为生产性投资和非生产性投资。

生产性投资指将资金投入生产、建设等物质生产领域中，并能够形成生产能力或可以产出生产资料的一种投资。非生产性投资指将资金投入非物质生产领域中，不形成生产能力，但形成社会消费或服务能力，满足人民的物质文化生活需要的一种投资。

3. 按照投资的方向不同，分为对内投资和对外投资。

企业的对内投资就是项目投资，指企业将资金投放于为取得供本企业生产经营使用的固定资产、无形资产、其他资产和垫支流动资金而形成的一种投资。对外投资指企业为购买国家及其他企业发行的有价证券或其他金融产品（包括期货、期权、信托、保险），或以货币资金、实物资产、无形资产向其他企业（如联营企业、子公司等）注入资金而发生的投资。

4. 按照投资的内容不同，分为固定资产投资、无形资产投资、流动资产投资、房地产投资、有价证券投资、期货与期权投资、信托投资和保险投资等多种形式。

二、投资的程序和原则

企业投资主要包括的程序，如图 6-1 所示。

提出投资 → 投资评价 → 方案选择 → 方案执行 → 再评估

图 6-1 企业投资和程序

163

（一）提出投资

提出投资，即提出投资领域和投资对象。这就需要根据企业的长远发展战略、中长期投资计划和投资环境进行选择，把握好投资机会。

（二）投资评价

投资评价，即评价投资方案的财务可行性。在确定了投资领域和投资对象后，就需要对投资方案的财务可行性进行评价。

（三）方案选择

方案选择，即进行投资方案比较与选择。在财务可行性评价的基础上，对可供选择的多个投资方案进行比较和选择。

（四）方案执行

方案执行，即投资方案的执行，投资行为的具体实施。

（五）再评估

再评估，即进行投资方案的再评价。在投资方案的执行过程中，原来的决策是否合理、是否正确，需要不断进行信息反馈，以便于随时调整投资计划。

企业投资决策应遵循以下原则：① 综合性原则；② 可操作性原则；③ 相关性和准确性原则；④ 实事求是原则；⑤ 科学性原则。

三、投资项目可行性研究

（一）可行性研究的概念

可行性是指一项事务可以做到的、现实行得通的、有成功把握的可能性。企业投资项目的可行性就是指项目对企业内外部环境的不利影响较小，技术上具有先进性和适应性，产品在市场上能够被容纳或被接受，财务上具有合理性和较强的盈利能力，对国民经济有贡献，能够创造社会效益。

广义的可行性研究是指在现代环境中，组织一个长期投资项目之前，必须进行的有关该项目投资必要性的全面考察与系统分析，以及有关该项目未来在技术、财务乃至国际经济等诸方面能否实现其投资目标的综合论证与科学评价。它是有关决策人（包括宏观投资管理当局与投资当事人）做出正确、可靠投资决策的前提与保证。

狭义的可行性研究专指在实施广义可行性研究过程中，与编制相关研究报告相联系的有关工作。

广义的可行性研究包括机会研究、初步可行性研究和最终可行性研究三个阶段，具体又包括环境与市场分析、技术与生产分析和财务可行性评价等主要内容。

（二）可行性分析的主要内容

1. 环境与市场分析

（1）建设项目的环境影响评价

在可行性研究中，必须开展建设项目的环境影响评价。所谓建设项目的环境，是指建设项目所在地的自然环境、社会环境和生态环境的统称。

建设项目的环境影响报告书应包括：① 建设项目概况。② 建设项目周围环境现状。③ 建设项目对环境可能造成影响的分析、预测和评估。④ 建设项目环境保护措施及其技术、经济论证。⑤ 建设项目对环境影响的经济损益分析。⑥ 建设项目实施环境监测的建议。⑦ 环境影响评价的结论。

建设项目的环境影响评价属于否决性指标，凡未开展或没通过环境影响评价的建设项目，不论其经济可行性和财务可行性如何，一律不得上马。

（2）市场分析

市场分析又称市场研究，指企业进行项目可行性分析，在市场调查的基础上，通过预测未来市场的变化趋势，了解拟建项目产品的未来销路而开展的工作。

进行投资项目可行性研究，必须要从市场分析入手。因为一个投资项目的设想，大多来自市场分析的结果或源于某一自然资源的发现和开发，以及某一新技术、新设计的应用，即使是后两种情况，也必须把市场分析放在可行性研究的首要位置。如果市场对于项目的产品完全没有需求，项目不能成立。

市场分析要提供未来生产经营周期不同阶段的产品年需求量和价格等预测数据，同时要综合考虑潜在或现实竞争产品的市场占有率和变动趋势，以及人们的购买力及消费心迎的变化情况。这项工作通常由市场营销人员或委托的市场分析专家完成。

2. 技术与生产分析

技术分析指在生产过程中由系统的科学知识、成熟的实践经验和优良的操作技艺综合而成的专门学问和手段。它经常与工艺统称为工艺技术，但工艺是指为生产某种产品所采用的工作流程和制造方法，不能将两者混为一谈。

广义的技术分析是指在构成项目组成部分及发展阶段上，所有与技术问题有关的分析论证与评价。它贯穿于可行性研究的项目确立、厂址选择、工程设计、设备选型和生产工艺确定等各项工作，是与财务可行性评价相区别的技术可行性评价的主要内容。狭义的技术分析是指对项目本身所采用工艺技术、技术装备的构成以及产品内在的技术含量等方面内容进行的分析研究与评价。技术可行性研究是一项十分复杂的工作，通常由专业工程师完成。

生产分析指投资项目确保能够通过其对环境影响评价的基础上，所进行的厂址选择分析、资源条件分析、建设实施条件分析、投产后生产条件分析等一系列分析论证工作的统称。厂址选择分析包括选点和定址两方面内容。前者主要指建设地区的选择，主要考虑生产力布局对项目的约束，而后者则指项目具体地理位置的确定。在厂址选择时，应全盘考虑自然因素（包括自然资源和自然条件）、经济技术因素、社会政治因素和运输及地理位置因素。生产分析涉及的因素多，问题复杂，需要组织各方面专家分工协作才能完成。

3. 财务可行性分析

财务可行性评价指在已完成相关环境与市场分析、技术与生产分析的前提下，围绕已具

备技术可行性的建设项目而开展的，考察该项目在财务方面是否具有投资可行性的一种专门分析评价。

第二节 项目现金流量分析

一、项目投资的特点与计算期的构成

（一）项目投资的特点

项目投资是一种以特定建设项目为对象，直接与新建项目或更新改造项目有关的长期投资行为。在此介绍的工业企业投资项目主要包括新建项目（含单纯固定资产投资项目和完整工业投资项目）和更新改造项目两种类型。

与其他形式的投资相比，项目投资具有投资内容独特（每个项目都至少涉及一项固定资产投资）、投资数额大、影响时间长（至少一年或一个营业周期以上）、发生频率低、变现能力差和投资风险大的特点。

（二）项目计算期的构成

项目计算期指投资项目从投资建设开始到最终清理结束整个过程的全部期间，包括建设期和生产经营期（具体又包括投产期和达产期）。其中，建设期是指项目资金正式投入开始到项目建成投产为止所需要的时间。建设期的第一年初称为建设起点，建设期的最后一年末称为投产日。在实践中，通常应参照项目建设的合理工期或项目的建设进度计划，合理确定建设期。项目计算期的最后一年年末称为终结点。假定项目最终报废或清理均发生在终结点（但更新改造除外）。

从投产日到终结点之间的时间间隔称为生产经营期。生产经营期又包括投产期和达产期（完全达到设计生产能力）两个阶段。投产期是指项目投入生产，但生产能力尚未完全达到设计能力时的过渡阶段。达产期指生产运营达到设计预期水平后的时间。生产经营期一般应根据项目主要设备的经济使用寿命期确定。

项目计算期、建设期和生产经营期之间存在以下关系：

$$项目计算期(n) = 建设期(s) + 生产经营期(P)$$
$$n = s + P$$

二、项目投资的内容与资金投入方式

（一）项目投资的内容

原始投资（又称初始投资）是为使该项目完全达到设计生产能力、开展正常经营而投入的全部现实资金，包括建设投资和流动资金投资两项内容。

1. 建设投资

建设投资指在建设期内按一定生产经营规模和建设内容进行的投资,具体包括固定资产投资、无形资产投资和其他资产投资三项内容。

(1) 固定资产投资指项目用于购置或安装固定资产而发生的投资。固定资产原值与固定资产投资之间的关系如下:

$$固定资产原值 = 固定资产投资 + 建设期资本化利息$$

$$原始投资 = 建设投资 + 流动资金投资$$

$$建设投资 = 固定资产投资 + 无形资产投资 + 其他资产投资$$

(2) 无形资产投资指项目适用于取得无形资产而发生的投资。

(3) 其他资产投资指组织项目投资的企业在其筹建期内发生的,不能计入固定资产和无形资产价俏的那部分投资,包括生产准备和开办费等的投资。

2. 流动资金投资

流动资金投资指项目投产前后分次或一次投放于流动资产项目的投资增加额,亦称垫支流动资金或垫支营运资金投资。计算公式为:

$$本年流动资金投资额 = 本年流动资金需用额 - 截至上年的流动资金投资额$$

$$本年流动资金需用额 = 本年流动资产需用额 - 本年流动负债预计额$$

项目总投资是反映项目投资总体规模的价值指标,等于原始投资与建设期资本化利息之和。

$$项目总投资 = 原始投资 + 建设期资本化利息$$

其中,建设期资本化利息指在建设期发生的与购建项目所需的固定资产、无形资产等长期资产有关的借款利息。

项目投资的内容和各要素之间的关系,如图 6-2 所示。

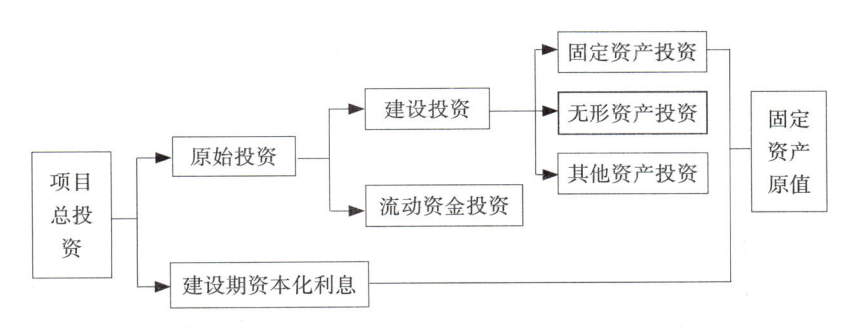

图 6-2 项目投资内容和关系

(二) 资金投入方式

投入方式包括一次投入和分次投入两种形式。一次投入指投资行为集中一次发生在项目计算期第一个年度的年初或年末。如果投资行为涉及两个或两个以上年度,或虽然只涉及一个年度但同时在该年的年初和年末发生,则属于分次投入方式。

三、项目投资现金流量分析

项目投资决策中的现金是指区别于观念货币的现实货币资金，它是广义的现金，不仅包括各种货币资金，而且还包括项目需要投入的企业现有的非货币资源的变现价值。现金流量是指投资项目在其计算期内因资本循环而可能或应该发生的各项现金流入量与现金流出量的统称。

现金流量，是指在投资决策中一个项目引起的企业现金支出和现金收入增加的数量。这里的现金，是广义的现金，它不仅包括各种货币资金，而且还包括项目需要投入企业的非货币资源的变现价值。例如一个项目需要使用原有的厂房、设备和材料等，则相关的现金流量是指它们的变现价值，而不是它们的账面成本。

现金流量包括现金流出量、现金流入量和现金净流量三个具体的概念。

1. 现金流出量

一个方案的现金流出量是指该方案引起的企业现金支出的增加额，主要包括固定资产、无形资产和递延资产投资、垫支的流动资金以及项目寿命周期内的现金流出等。例如，企业购置一条生产线，通常会引起以下的现金流出：

购置生产线的价款。它可能一次性支出，也可能是分几次支出。

生产线的维护、修理等费用。在该生产线的整个使用期限内，会发生保持生产能力的各种费用，应列入该方案的现金流出量。

垫支的流动资金。由于该生产线扩大了企业的生产能力，引起了对流动资产需求的增加。这也是购置该生产线引起的，应列入该方案的现金流出量。

2. 现金流入量

一个方案的现金流入量是指该方案所引起的企业现金收入的增加额，主要包括经营现金流入、期末回收的残值和垫支的流动资金等。例如，企业购置一条生产线，通常会引起以下的现金流入：

经营现金流入。购置生产线扩大了企业的生产能力，使企业的销售收入增加，是该生产线引起的一项现金流入。

该生产线出售（报废）时的残值收入。资产出售或报废的残值收入，应作为投资方案的一项现金流入。

收回的流动资金。该生产线出售或报废时，企业收回的资金可以用于别处，因此应将此作为该方案的一项现金流入。

3. 现金净流量

（1）现金净流量是指一定期间现金流入量和现金流出量的差额。这里的"一定期间"有时指一年，有时指投资项目延续的整个期间。如果现金流入量大于流出量，现金净流量为正值；反之，现金净流量为负值。

（2）现金流量表及其特点

在项目投资决策中使用的现金流量表是用于全面反映某投资项目在其未来项目计算期内，

每年的现金流入量和现金流出量的具体构成内容,以及净现金流量水平的分析报表。它与财务会计的现金流量表的区别有:反映对象不同、期间特征不同、钩稽关系不同、信息属性不同。

现金流量表包括"项目投资现金流量表"、"项目资本金现金流量表"和"投资各方现金流量表"等不同形式。

项目投资现金流量表要详细列示所得税前净现金流置、累计所得税前净现金流量、所得税后净现金流量和累计所得税后净现金流量,并要求根据所得税前后的净现金流量分别计算两套内含报酬率、净现值和投资回收期指标。

与全部投资的现金流量表相比,项目资本现金流量表的现金流入项目没有变化,但现金流出项目不同,内容包括:项目资本金投资、借款本金偿还、借款利息支付、经营成本营业税金及附加、所得税和维持运营投资等。此外,该表只计算所得税后净现金流量,并据此计算资本金内含报酬率指标。

四、投资项目的时点阶段

投资项目从整个经济寿命周期来看,大致可以分为三个时点阶段:投资期、营业期、终结期,现金流量的各个项目也可归属于各个时点阶段之中。

(一)投资期

投资阶段的现金流量主要是现金流出量,即在该投资项目上的原始投资,包括在长期资产上的投资和垫支的营运资金。如果该项目的筹建费、开办费较高,也可作为初始阶段的现金流出量计入递延资产。在一般情况下,初始阶段中固定资产的原始投资通常在年内一次性投入(如购买设备),如果原始投资不是一次性投入(如工程建造),则应把投资归属于不同投入年份之中。

1. 长期资产投资

它包括在固定资产、无形资产、递延资产等长期资产上的购入、建造、运输、安装、试运行等方面所需的现金支出,如购置成本、运输费、安装费等。对于投资实施后导致固定资产性能改进而发生的改良支出,属于固定资产的后期投资。

2. 营运资金垫支

它是指投资项目形成了生产能力,需要在流动资产上追加的投资。由于扩大了企业生产能力,原材料、在产品、产成品等流动资产规模也随之扩大,需要追加投入日常营运资金。同时,企业营业规模扩充后,应付账款等结算性流动负债也随之增加,自动补充了一部分日常营运资金的需要。因此,为该投资垫支的营运资金是追加的流动资产扩大量与结算性流动负债扩大量的净差额。

(二)营业期

营业阶段是投资项目的主要阶段,该阶段既有现金流入量,也有现金流出量。现金流入量主要是营运各年的营业收入,现金流出量主是营运各年的付现营运成本。

另外,营业期内某一年发生的大修理支出,如果会计处理在本年内一次性作为收益性支出，则直接作为该年付现成本；如果跨年摊销处理，则本年作为投资性的现金流出量、摊销年份以非付现成本形式处理。营业期内某一年发生的改良支出是一种投资，应作为该年的现金流出量，以后年份通过折旧收回。

在正常营业阶段，由于营运各年的营业收入和付现营运成本数额比较稳定，因此营业阶段各年现金流量一般为：

营业现金净流量（NCF）= 营业收入 – 付现成本 = 营业利润 + 非付现成本

式中，非付现成本主要是固定资产年折旧费用、长期资产摊销费用、资产减值准备等。其中，长期资产摊销费用主要有跨年的大修理摊销费用、改良工程折旧摊销费用、筹建开办费摊销费用，等等。

所得税是投资项目的现金支出，即现金流出量。考虑所得税对投资项目现金流量的影响，投资项目正常营运阶段所获得的营业现金流量，可按下列公式进行测算：

营业现金净流量（NCF）= 营业收入 – 付现成本 – 所得税

或 = 税后营业利润 + 非付现成本

或 = 收入 ×（1 – 所得税税率）– 付现成本 ×（1 – 所得税税率）+ 非付现成本 × 所得税税率

（三）终结期

终结阶段的现金流量主要是现金流入量，包括固定资产变价净收入、固定资产变现净损益的影响和垫支营运资金的收回。

1. 固定资产变价净收入

投资项目在终结阶段，原有固定资产将退出生产经营，企业对固定资产进行清理处置。固定资产变价净收入，是指固定资产出售或报废时的出售价款或残值收入扣除清理费用后的净额。

2. 固定资产变现净损益对现金净流量的影响

固定资产变现净损益对现金净流量的影响用公式表示如下：

固定资产变现净损益对现金净流量的影响 =（账面价值 – 变价净收入）× 所得税税率

如果（账面价值 – 变价净收入）> 0，则意味着发生了变现净损失，可以抵税，减少现金流出，增加现金净流量。如果（账面价值 – 变价净收入）< 0，则意味着实现了变现净收益，应该纳税，增加现金流出，减少现金净流量。

变现时固定资产账面价值指的是固定资产账面原值与变现时按照税法规定计提的累计折旧的差额。如果变现时，按照税法的规定，折旧已经全部计提，则变现时固定资产账面价值等于税法规定的净残值；如果变现时，按照税法的规定，折旧没有全部计提，则变现时固定资产账面价值等于税法规定的净残值与剩余的未计提折旧之和。

3. 垫支营运资金的收回

伴随着固定资产的出售或报废，投资项目的经济寿命结束，企业将与该项目相关的存货出售，应收账款收回，应付账款也随之偿付。营运资金恢复到原有水平，项目开始垫支的营运资金在项目结束时得到回收。

五、项目投资净现金流量的简化计算方法

（一）单纯固定资产投资项目

建设期某年的净现金流量 = – 该年发生的固定资产投资额

生产经营期某年所得税前净现金流量 = 该年因使用该固定资产新增的息税前利润 + 该年因使用该固定资产新增的折旧 + 该年回收的固定资产净残值

生产经营期某年所得税后净现金流量 = 生产经营期该年所得税前净现金流量 – 该年因使用该固定资产新增的所得税

（二）完整工业投资项目

建设期某年净现金流量 = – 该年原始投资额

如果项目在生产经营期内不追加流动资金投资，则完整工业投资项目的生产经营期所得税前净现金流量可按以下简化公式计算：

生产经营期某年所得税前净现金流量 = 该年息税前利润 + 该年折旧 + 该年摊销 + 该年回收额 – 该年维持运营投资

完整工业投资项目的生产经营期所得税后净现金流量可按以下简化公式计算：

生产经营期某年所得税后净现金流量（NCF_t）= 该年息税前利润 ×（1 – 所得税税率）+ 该年折旧 + 该年摊销 + 该年回收额 – 该年维持运营投资 = 该年自由现金流量

所谓生产经营期自由现金流量是指投资者可以作为偿还借款利息、本金、分配利润、对外投资等财务活动资金来源的净现金流量。

如果不考虑维持运营投资，而且回收额为零，则生产经营期所得税后净现金流量又称为经营净现金流量。按照有关回收额均发生在终结点上的假设，经营期内回收额不为零时的所得税后净现金流亦称为终结点所得税后净现金流量，显然终结点所得税后净现金流量等于终结点那一年的经营净现金流量与该期回收额之和。

【例6-1】新兴公司投资某项目需要2年建成，每年年初投入建设资金20万元，共投入40万元。建成投产之时，需投入营运资金10万元，以满足日常经营活动需要。项目投产后，估计每年可获税后营业利润5万元。固定资产使用年限为5年，资产使用期满后，估计有残值净收入2万元，采用使用年限法折旧。项目期满时，垫支营运资金全额收回。

根据以上资料，编制成"投资项目现金流量表"如表6-1所示。

表6-1 投资项目现金流量表

（单位：万元）

项目\年份	0	1	2	3	4	5	6	7	总计
固定资产价值	(20)	(20)							(40)
固定资产折旧				7.6	7.6	7.6	7.6	7.6	38

续 表

项目年份	0	1	2	3	4	5	6	7	总计
税后营业利润				5	5	5	5	5	25
残值净收入								2	
营运资金			（10）						
总计	（20）	（20）	（10）	12.6	12.6	12.6	12.6	14.6	23

$$固定资产年折旧额 = \frac{40-2}{5} = 7.6（万元/年）$$

【例6-2】 新兴公司计划增添一条生产流水线,以扩充生产能力。现有 A、B 两个方案可供选择。A 方案需要投资 50 万元，B 方案需要投资 75 万元。两方案的预计使用寿命均为 5 年. 折旧均采用直线法，A 方案预计残值为 2 万元，B 方案预计残值为 3 万元。A 方案预计年销售收入为 100 万元，第一年付现成本为 66 万元，以后在此基础上每年增加维修费 1 万元。B 方案预计年销售收入为 140 万元，年付现成本为 105 万元。项目投入营运时，A 方案需垫支营运资金 20 万元，B 方案需垫支营运资金 25 万元。公司所得税税率为 20%。

根据上述资料，两方案的现金流量计算如表 6-2 和表 6-3 所示。表 6-2 列示的是 A 方案营业期间现金流量的具体测算过程，B 方案营业期间的现金流量比较规则，其现金流量的测算可以用公式直接计算。

表6-2 营业期现金流量计算表

（单位：万元）

项目年份	1	2	3	4	5
A方案					
销售收入（1）	100	100	100	100	100
付现成本（2）	66	67	68	69	70
折旧（3）	9.6	9.6	9.6	9.6	9.6
营业利润（4）=（1）-（2）-（3）	24.4	23.4	22.4	21.4	20.4
所得税（5）=（4）×20%	4.88	4.68	4.4800	4.28	4.08
税后营业利润（6）=（4）-（5）	19.52	18.72	17.92	17.12	16.32
营业现金净流量（7）=（3）+（6）	29.12	28.32	27.52	26.72	25.92

表6-3 投资项目现金流量计算表

（单位：元）

项目 年份	0	1	2	3	4	5
A方案： 固定资产投资 营运资金垫支 营业现金流量 固定资产残值	-50 -20	29.12	28.32	27.52	26.72	25.92 2
现金流量合计	-70	29.12	28.32	27.52	26.72	47.92
B方案： 固定资产投资 营运资金垫支 营业现金流量 固定资产残值 营运资金收回	-75 -25	30.88	30.88	30.88	30.88	30.88 3 25
现金流量合计	-100	30.88	30.88	30.88	30.88	58.88

B方案营业现金净流量 = 税后营业利润 + 非付现成本

= （1 400 000 - 1 050 000 - 144 000）×（1 - 20%）+ 144 000

= 308 800（元）

或：= 收入 ×（1 - 所得税税率）- 付现成本 ×（1 - 所得税税率）+ 非付现成本 × 所得税税率 = 1 400 000 × 80% - 1 050 000 × 80% + 144 000 × 20% = 308 800（元）

六、现金流量估计应注意的问题

在确定投资方案的现金流量时，应遵循的最基本的原则是：只有增量现金流量才是与项目相关的现金流量。所谓增量现金流量是指接受或拒绝某个投资方案后，企业总现金流量因此发生的变动。只有那些由于采纳某个项目引起的现金支出增加额和现金流入增加额才是该项目的现金流出和现金流入。

1. 区分相关成本与非相关成本

相关成本是指与特定决策有关的、在分析评价时必须加以考虑的成本。例如差额成本、未来成本、重置成本、机会成本等都属于相关成本。与此相反，与特定决策无关的、在分析评价时不必加以考虑的成本是非相关成本。例如沉没成本、过去成本、账面成本等往往属于非相关成本。

如果将非相关成本纳入投资方案的总成本，则一个有利的方案可能因此变得不利，一个较好的方案可能变为较差的方案，从而造成决策失误。

2. 不要忽视机会成本

机会成本，是指由于某个项目使用某项资产而失去了其他方式使用该资产所丧失的潜在收入。

需要注意的是，机会成本不是我们通常意义的"成本"，它不是一种支出或费用，而是失去的收益。而这种收益不是实际发生的而是潜在的。机会成本总是针对具体方案的，离开被放弃的方案就无从计量确定。

3. 理解沉没成本的含义，沉没成本是指已经发生的成本。由于沉没成本是在过去发生的，它并不因接受或摒弃某个项目的决策而改变。正如"过去的就让它过去吧"，我们应该忽略这类成本。沉没成本不属于净增现金流量。

4. 要考虑投资方案对其他部门的影响，即关联效应。最重要的关联效应是侵蚀，侵蚀是指来自于顾客和公司其他产品销售的现金流量转移到一个新项目上。

例如，某汽车公司正在计算一种新式敞篷运动轿车的净现值。一些将购买这种轿车的顾客是公司的轻型轿车的购买者。是不是所有的这种新式敞篷运动轿车的销售额和利润都是净增量呢？

答案当然是否定的。因为这些现金流量的一部分是从其他产品线上转移而来的，这就是"侵蚀"。

5. 要考虑投资方案对净营运资金的影响

一般情况下，当公司开办一个新业务并使销售额扩大后，对于存货和应收账款等流动资产的需求也会增加；另一方面，公司扩充的结果使应付账款与一些应付费用等流动负债也会同时增加。所谓净营运资金，是指增加的流动资产与增加的流动负债之间的差额。通常在投资分析时，假定开始投资时筹措的净营运资金在项目结束时收回。

第三节 项目投资决策评价指标及计算

一、投资决策评价指标及其类型

（一）投资决策评价指标的意义

投资决策评价指标指用于衡量和比较投资项目可行性，并以此进行投资项目方案决策的定量化标准和尺度。

从财务评价的角度，投资决策评价指标主要包括静态投资回收期、投资收益率、净现值、净现值率、获利指数、内含报酬率。

（二）投资决策评价指标的分类

1.按照是否考虑资金时间价值分类

按照是否考虑资金时间价值分类，可分为静态评价指标和动态评价指标。前者指在计算过程中不考虑资金时间价值因素的指标，包括投资收益率和静态投资回收期；后者指在指标计算过程中充分考虑和利用资金时间价值的指标。

2.按指标性质不同分类

按指标性质不同，可分为在一定范围内越大越好的正指标和越小越好的反指标两大类。只有静态投资回收期属于反指标。

3.按指标在决策中的重要性分类

按指标在决策中的重要性分类，可分为主要指标、次要指标和辅助指标。净现值、内含报酬率等为主要指标；静态投资回收期为次要指标；投资收益率为辅助指标。

二、静态评价指标

（一）静态投资回收期

1.静态投资回收期的计算

静态投资回收期（简称回收期）指以投资项目经营净现金流量抵偿原始总投资所需要的全部时间。它有"包括建设期的投资回收期（PP）"和"不包括建设期的投资回收期（PP′）"两种形式。确定静态投资回收期指标可分别采取公式法和列表法。

（1）公式法

如果某一项目的投资均集中发生在建设期内，投产后一定期间内每年经营净现金流量相等，且其合计大于或等于原始投资额，可按以下简化公式直接求出不包括建设期的投资回收期：

不包括建设期的投资回收期（PP'）

= 建设期发生的原始投资合计 ÷ 运营期内前若干年每年相等的净现金流量

$$= \frac{\sum_{t=0}^{S} I_t}{NCF_{(S+1)\sim(S+m)}}$$

式中，I_t 为建设期第 t 年发生的原始投资额；S 为建设期年数；m 为净现金流量相等的年数。

包括建设期的投资回收期（PP）= 不包括建设期的投资回收期 + 建设期 = $PP' + S$

【例6-3】大成矿山机械厂准备从甲、乙两种机床中选购一种。甲机床购价为 35 000 元，投入使用后，每年现金净流量为 7 000 元；乙机床购价为 36 000 元，投入使用后，每年现金流量为 8 000 元。要求：用回收期指标决策该厂应选购哪种机床？

甲机床回收期 = 35 000 ÷ 7 000 = 5（年）

乙机床回收期 36 000 = 4.5（年）

计算结果表明，乙机床的回收期比甲机床短，该工厂应选择乙机床。

（2）列表法。

列表法指通过列表计算累计净现金流量的方式来确定包括建设期的投资回收期，再推算出不包括建设期的投资回收期的方法。因为不论在什么情况下都可以通过这种方法来确定静态投资回收期，所以又称为一般方法。

该法的原理是：包括建设期的投资回收期满足以下关系式：

$$\sum_{t=0}^{pp} NCF_t = 0$$

即

$$\sum_{t=0}^{n} I_t = \sum_{t=0}^{n} O_t$$

式中，t 为项目期限，I_t 为第 t 年的现金流入量；O_t 为第 t 年的现金流出量。

这表明，在财务现金流量表的"累计净现金流量"一栏中，包括建设期的投资回收期恰好是累计净现金流量为零的年限。

若无法在"累计净现金流量"栏找到零，按下式计算包括建设期的投资回收期：

包括建设期的投资回收期（PP）= 最后一项为负值的累计净现金流量对应的年数 + 最后一项为负值的累计净现金流量绝对值 ÷ 下年净现金流量 = 累计净现金流量第一次出现正值的年份 – 1 + 该年初尚未回收的投资 ÷ 该年净现金流量

2.静态投资回收期的特点

只有静态投资回收期小于或等于基准投资回收期的投资项目才具有财务可行性。静态投资回收期能够直观地反映原始总投资的返本期限，便于理解，计算也比较简单，可以直接利用回收期之前的净现金流量信息；缺点是没有考虑资金时间价值因素和回收期满后继续发生的现金流量，不能正确反映不同投资方式对项目的影响，也会促使企业接受短期投资项目而放弃有战略意义的长期投资项目。

为了克服回收期法不考虑货币时间价值的缺陷，有学者提出了折现回收期法，即动态回收期。折现回收期指在考虑资金时间价值的情况下，以项目现金流入抵偿全部投资所需要的时间。

（二）投资收益率

1.投资收益率的计算

投资收益率（ROI）又称投资报酬率，指达产期正常年份的年息税前利润或生产经营期年均息税前利润占投资总额的百分比。其计算公式为：

$$投资收益率(ROI) = \frac{年息税前利润(或年均息税前利润)}{项目总投资} \times 100\%$$

2.投资收益率的特点

投资收益率的优点是计算公式简单，使用的财务数据容易取得，并考虑了整个项目寿命期的全部利润；缺点是没有考虑资金时间价值因素，不能正确反映建设期长短及投资方式不同和回收额的有无对项目的影响，分子、分母计算口径的可比性较差，无法直接利用净现金流量信息。

只有投资收益率大于或等于无风险投资收益率的投资项目才具有财务可行性。

三、动态评价指标

（一）净现值

1.净现值的计算

净现值（NPV）指在计算期内，按设定折现率或基准收益率计算的各年净现金流量现值的代数和，也就是特定项目未来现金流入的现值与未来现金流出的现值之间的差额。净现值是评价投资项目是否可行的最重要的指标。计算公式如下：

$$净现值(NPV)=\sum_{t=0}^{n}\left(第t年的净现金流量\times第t年的复利现值系数\right)$$
$$=\sum_{t=0}^{n}\left[NCF_t\times(P/F,i_c,t)\right]$$

式中，i_c 为行业基准收益率。

计算净现值指标有一般方法、特殊方法和插入函数法。

净现值指标计算的一般方法，包括公式法和列表法两种。

公式法指根据净现值的定义直接利用理论计算公式来完成该指标计算。

列表法指通过现金流量表计算净现值指标的方法，即在现金流量表上，根据已知的各年净现金流量分别乘以各年的复利现值系数，从而计算出各年折现的净现金流量，最后求出项目计算期内折现的净现金流量的代数和，就是所求的净现值指标。

净现值指标计算的特殊方法，是指在特殊条件下，当项目的全部投资均于建设期投入，生产经营期不再追加投资，项目投产后净现金流量表现为普通年金或递延年金时，可以利用计算年金现值或递延年金现值的技巧直接计算出项目净现值的方法，又称简化方法。

当建设期为零，投产后的净现金流量表现为普通年金形式时，公式为：

$$NOV = NCF_0 + NCF_{1-n}\times(P/A,i_c,n)$$

当建设期为零，投产后每年经营净现金流量（不含回收额）相等，但终结点第 n 年有回收额 R_n（如残值）时，公式为

$$NPV = NCF_0 + NCF_{1-(n-1)}\times(P/A,i_c,n-1)+NCF_n\times(P/F,i_c,n)$$

或

$$NPV = NCF_0 + NCF_{1-n}\times(P/A,i_c,n)+R_n\times(P/F,i_c,n)$$

当建设期不为零，全部投资在建设起点一次投入，投产后每年净现金流量为递延年金形式时，公式为

$$NPV = NCF_0 + NCF_{(S+1)-n} \times \left[(P/A, i_c, n) - (P/A, i_c, S) \right]$$

或

$$NPV = NCF_0 + NCF_{(S+1)-n} \times (P/A, i_c, n-S) \times (P/F, i_c, S)$$

当建设期不为零,全部投资在建设起点分次投入,投产后每年净现金流量为递延年金形式时,公式为:

$$NPV = NCF_0 + NCF_1 \times (P/F, i_c, 1) + \cdots + NCF_S \times (P/F, i_c, S) + NCF_{(S+1)-n} \times \left[(P/A, i_c, n) - (P/A, i_c, S) \right]$$

净现值指标计算的插入函数法是指运用 Excel 软件,通过插入财务函数"NPV",并根据计算机系统的提示,正确输入已知的基准折现率和电子表格中的净现金流量,来直接求得净现值指标的方法。

当第一次原始投资发生在建设起点时,按插入函数法计算出来的净现值与按其他两种方法计算的结果有一定误差,但可以按一定方法将其调整正确。

2.净现值的特点

净现值指标的优点是综合考虑了资金时间价值、项目计算期内的全部净现金流量和投资风险;缺点是无法从动态的角度直接反映投资项目的实际收益率水平,而且计算比较烦琐。

只有净现值指标大于或等于零的投资项目,才具有财务可行性。

【例6-4】甲、乙两个设备可供选择,甲设备价款100万元,可供使用10年,预计净残值2万元,每年可为公司产生净利润30万元;乙设备价款80万元,预计使用10年,无残值,每年可为公司产生净利润25万元,假设资金成本率为10%,应选择哪个设备?

甲设备使用情况:

每年折旧额 = $\dfrac{100-2}{10}$ = 9.8(万元)

现金净流量计算如下:

第一年 = 净利润 + 折旧 = 30+9.8 = 39.8(万元)

第一年至第九年的每年现金净流量相等均为39.8万元。

第十年现金净流量 = 净利润 + 折旧 + 残值 = 39.8+2 = 41.8(万元)

乙设备使用情况如下:

每年折旧额 = $\dfrac{80}{10}$ = 8(万元)

现金净流量计算如下:

第一年 = 净利润 + 折旧 = 25+8 = 33(万元)

第一年到第十年各年现金净流量相等。

甲设备情况下的净现值 = 39.8(P/A,10%,9)+41.8(P/F,10%,10)−100

$$= 39.8 \times 5.759\,0 + 41.8 \times 0.385\,5 - 100$$
$$= 229.21 + 16.11 - 100$$
$$= 145.32$$

乙设备情况下的净现值 = 33（P/A，10%，10）-80 = 33×6.144 6-80
= 202.77-80 = 122.77

通过两个设备情况下的净现值的比较，甲设备净流量高于乙设备，因此，甲设备优于乙设备。

（二）净现值率

1.净现值率的计算

净现值率（NPVR）指投资项目净现值占原始投资现值总和的百分率。公式为：

$$净现值率 = \frac{项目净现值}{原始投资现值合计}$$

2.净现值率的特点

净现值率指标的优点是从动态的角度反映项目投资的资金投入与净产出之间的关系，计算过程比较简单；缺点是无法直接反映投资项目的实际收益率。

只有净现值率指标大于或等于零的投资项目，才具有财务可行性。

（三）获利指数

1.获利指数计算

获利指数（PI）是指投产后按基准收益率或设定折现率折算的各年净现金流量的现值合计与原始投资的现值合计之比。其计算公式为：

获利指数（PI）= 投产后各年净现金流量的现值合计 ÷ 原始投资的现值合计 = 1 + 净现值率

2.获利指数的特点

获利指数指标的优点是可以从动态的角度反映项目投资的资金投入与总产出之间的关系；缺点是无法直接反映投资项目的实际收益率，而且计算也相对复杂。

只有获利指数指标大于或等于1的投资项目，才具有财务可行性。

【例6-5】有两个独立投资方案，有关资料如表6-4。

表6-4 净现值计算表

（单位：元）

项目	方案A	方案B
原始投资额现值	60 000	6 000
未来现金净流量现值	63 000	8 400
净现值	3 000	2 400

从净现值的绝对数来看，方案 A 的原始投资额现值大大超过了方案 B。所以，在这种情况下，如果仅用净现值来判断方案的优劣，就难以做出正确的比较和评价。按现值指数法计算：

A 方案现值指数 = 63 000 ÷ 60 000 = 1.05

B 方案现值指数 = 8 400 ÷ 6 000 = 1.40

计算结果表明，方案 B 的现值指数大于方案 A，应当选择方案 B。

（四）内含报酬率

1. 内含报酬率的计算

内含报酬率（IRR）指项目投资实际可望达到的收益率。实质上是能使项目的净现值等于零时的折现率。IRR 满足下列等式：

$$\sum_{t=0}^{n}\left[NCF_t \times (P/F, \mathrm{IRR}, t)\right] = 0$$

当项目投产后的净现金流量表现为普通年金的形式时，可直接利用年金现值系数计算内含报酬率：

$$(P/A, \mathrm{IRR}, n) = \frac{1}{NCF}$$

计算内含报酬率必要时还需要应用内插法。

内含报酬率还可以用插入函数法计算，即运用 Excel 软件，通过插入财务函数"IRR"，并根据计算机系统的提示正确输入已知的电子表格中的净现金流量来直接求得内含报酬率指标的方法。

2. 内含报酬率的特点

内含报酬率指标的优点从动态的角度直接反映投资项目的实际收益水平，又不受基准收益率高低的影响，比较客观；缺点是计算过程复杂，尤其当经营期大量追加投资时，有可能导致多个内含报酬率出现，或偏高，或偏低，缺乏实际意义。

内含报酬率指标大于或等于基准收益率或资金成本的项目才具有财务可行性。

【例6-6】新兴公司拟购投资一个项目，投资额 160 万元，使用年限 10 年，无残值。该方案的最低投资报酬率要求为 12%（以此作为贴现率）。项目实施后，估计每年产生现金净流量 30 万元。要求：用内含报酬率指标评价该方案是否可行？

令：300 000 × 年金现值系数 − 1 600 000 = 0

得：年金现值系数 = 5.333 3

现已知方案的使用年限为 10 年，查年金现值系数表，可查得：时期 10，系数 5.333 3 所对应的贴现率在 12% ~ 14% 之间。采用插值法求得，该方案的内含报酬率为 13.46%，高于最低投资报酬率 12%，方案可行。

（五）动态指标之间的关系

净现值、净现值率、获利指数和内含报酬率指标之间存在同方向变动关系，即：

当净现值 > 0 时，净现值率 > 0，获利指数 > 1，内含报酬率 > 基准收益率；

当净现值 = 0 时，净现值率 = 0，获利指数 = 1，内含报酬率 = 基准收益率；

当净现值 < 0 时，净现值率 < 0，获利指数 < 1，内含报酬率 < 基准收益率。

第四节 项目投资决策评价指标的运用

一、独立方案财务可行性评价及投资决策

独立方案是指一组互相分离、互不排斥的方案。在独立方案中，选择某一方案并不排斥选择另一方案。评价独立方案财务可行性的要点包括：

（一）判断方案是否完全具备财务可行性的条件

某一投资方案的所有评价指标均处于可行区间，即同时满足以下条件时，可断定该投资方案无论从哪个方面看都具备财务可行性，或完全具备可行性。这些条件是：

1. 净现值 NPV ≥ 0；
2. 净现值率 NPVR ≥ 0；
3. 获利指数 PI ≥ 1；
4. 内含报酬率 IRR ≥ 基准折现率 i_c；
5. 包括建设期的静态投资回收期 PP ≤ n/2（即项目计算期的一半）；
6. 不包括建设期的静态投资回收期 PP' ≤ P/2（即生产经营期的一半）；
7. 投资利润率 ROI ≥ 基准投资利润率 i（事先给定）。

（二）判断方案是否完全不具备财务可行性的条件

某一投资项目的评价指标均处于不可行区间，即同时满足以下条件时，可以断定该投资项目无论从哪个方面看都不具备财务可行性，或完全不具备可行性，应彻底放弃该投资方案。这些条件是：

1. 净现值 NPV < 0；
2. 净现值率 NPVR < 0；
3. 获利指数 PI < 1；
4. 内含报酬率 IRR < 基准折现率 i_c；
5. 包括建设期的静态投资回收期 PP > n/2（即项目计算期的一半）；
6. 不包括建设期的静态投资回收期 PP' > P/2（即生产经营期的一半）；
7. 投资利润率 ROI < 基准投资利润率 i（事先给定）。

（三）判断方案是否基本具备财务可行性的条件

在评价过程中发现某项目的主要指标处于可行区间（如 NPV ≥ 0，NPVK ≥ 0，PI ≥ 1，IRR ≥ i_c），但次要或辅助指标处于不可行区间（如 PP > n/2，PP' > P/2 或 ROI < i），则可以断定该项目基本上具有财务可行性。

（四）判断方案是否基本不具备财务可行性的条件

在评价过程中发现某项目出现：净现值 NPV＜0，净现值率 NPVR＜0，获利指数 PI＜1，内含报酬率 IRR＜基准折现率 i_c 的情况，即使有 PP′≤P/2 或投资利润率 ROI＞基准投资利润率 i 发生，也可断定该项目基本上不具有财务可行性。

对独立方案进行财务可行性评价时应注意：① 主要评价指标在评价财务可行性的过程中起主导作用；② 利用动态指标对同一个投资项目进行评价和决策，可能得出完全相同的结论。

二、多个互斥方案的比较决策

互斥方案指互相关联、互相排斥的方案，即一组方案中的各个方案彼此可以相互代替，采纳方案组中的某一方案，就会自动排斥这组方案中的其他方案。

多个互斥方案的比较决策指在每一个入选方案已具备财务可行性的前提下，利用具体决策方法比较各个方案的优劣，利用评价指标从各个备选方案中最终选出一个最优方案的过程。

项目投资多方案比较决策的方法，主要包括净现值法、净现值率法、差额投资内含报酬率法、年等额净回收额法和计算期统一法等。

（一）净现值法

净现值法，是指通过比较所有已具备财务可行性投资方案的净现值指标的大小来选择最优方案的方法，该法适用于原始投资额相同且项目计算期相等的多方案比较决策。

在此法下，净现值最大的方案为优。

（二）净现值率法

净现值率法，是指通过比较所有已具备财务可行性投资方案的净现值率指标的大小来选择最优方案的方法。该法可用于原始投资额不同的投资方案的比较决策。在此法下，净现值率最大的方案为优。

（三）差额投资内含报酬率法

差额投资内含报酬率法，是指在两个原始投资额不同方案的差量净现金流量（记作 ΔNCF）的基础上，计算出差额内含报酬率（记作 ΔIRR），将其与行业基准折现率比较，进而判断方案孰优孰劣的方法。该法适用于原始投资额不相同，但项目计算期相同的多方案比较决策。当差额投资内含报酬率指标大于或等于基准收益率或设定折现率时，原始投资额大的方案较优；反之则原始投资额小的方案为优。

（四）年等额净回收额法

年等额净回收额法指通过比较所有投资方案的年等额净回收额（NA）指标的大小来选择最优方案的决策方法。该法适用于原始投资额不相同，特别是项目计算期不同的多方案比较决策。在此法下，某方案的年等额净回收额等于该方案净现值与相关回收系数（或年金现值系数倒数）的乘积。

$$年等额净回收额 = 方案净现值 \times 回收系数 = 净现值 \times \frac{1}{年金现值系数}$$

等额净回收额最大的方案为优。

三、多方案组合排队投资决策

（一）组合排队方案决策的意义

如果一组方案中既不属于相互独立又不属于相互排斥，而是可以实现任意组合或排队，则这些方案称作组合或排队方案，又包括先决方案、互补方案和不完全互斥方案等形式。这种方案决策，首先要求评价所有方案的财务可行性，淘汰不具备财务可行性的方案，在接下来的决策中，需要反复衡量和比较不同组合条件下的有关评价指标的大小，从而做出最终决策。这类决策分两种情况：

（1）在资金总量不受限制的情况下，可按每一项目的净现值（NPV）大小排队，确定优先考虑的项目顺序。

（2）在资金总量受到限制时，则需按净现值率（NPVR）或获利指数（PI）的大小，结合净现值进行各种组合排队，从中选出能使最大的最优组合。

（二）组合排队方案决策的程序

1. 以各方案净现值率高低为序，逐项计算累计投资额，并与限定投资总额进行比较。

2. 当截止到某项投资项目（假定为第 j 项）的累计投资额恰好达到限定的投资总额时，则第 1 项至第 j 项的项目组合为最优的投资组合。

3. 若在排序过程中未能直接找到最优组合，必须按下列方法进行必要的修正：

当排序中发现第 j 项的累计投资额首次超过限定投资额，而删除该项后，按顺延的项目计算的累计投资额却小于或等于限定投资额时，可将第 j 项与第 $(j+1)$ 项交换位置，继续计算累计投资额。这种交换可连续进行。

当排序中发现第 j 项的累计投资额数次超过限定投资额，又无法与下一项进行交换，第 $(j-1)$ 项的原始投资大于第 j 项原始投资时，可将第 j 项与第 $(j-1)$ 项交换位置，继续计算累计投资额。这种交换亦可连续进行。

若经过反复交换，已不能再进行交换，但仍未找到能使累计投资额恰好等于限定投资额的项目组合时，按最后一次交换后的项目组合作为最优组合。

总之，在主要考虑投资效益的条件下，多方案比较决策的主要依据，是在保证充分利用资金的前提下，获得尽可能多的净现值总量。

财务管理

> 【知识总结】
>
> 本章通过对项目投资管理的相关内容进行了介绍,可使学生了解项目投资的特点、分类、决策程序;深入理解项目投资使用现金流量的原因、项目现金流量的内容、项目现金流量的计算以及计算时应注意的问题;学会运用项目投资的决策方法;学会适用贴现的分析评价方法。

【思考练习】

一、单选题

1. A 公司对某投资项目的分析与评价资料如下:该投资项目适用的所得税率为 25%,年税后营业收入为 575 万元,税后付现成本为 450 万元,税后营业利润 80 万元。那么,该项目年营业现金净流量为(　　)万元。

　　A. 140　　　　　　B. 125　　　　　　C. 48.75　　　　　　D. 185

2. 某企业正在考虑卖掉现有设备,该设备于 5 年前购置,买价为 50 000 元,税法规定的折旧年限为 10 年,按照直线法计提折旧,预计净残值为 5 000 元;目前该设备可以 20 000 元的价格出售,该企业适用的所得税税率为 30%,则出售该设备产生的现金净流量为(　　)。

　　A. 20 000 元　　　B. 17 750 元　　　C. 22 250 元　　　D. 5 000 元

3. 某企业为提高生产效率,降低生产成本而进行一项投资用以改造旧设备,预计每年的折旧额将因此而增加 5 000 元,但税前付现成本每年可节约 6 000 元。如果所得税税率为 25%,未来使用年限每年现金净流量将(　　)。

　　A. 增加 1 000 元　　B. 增加 5 750 元　　C. 增加 7 370 元　　D. 增加 9 030 元

4. 某投资方案投产后年销售收入为 1 000 万元,年营业成本为 600 万元(其中折旧为 100 万元),所得税税率为 25%,则该方案投产后年营业现金净流量为(　　)万元。

　　A. 325　　　　　　B. 400　　　　　　C. 300　　　　　　D. 475

5. 某项目的生产经营期为 5 年,设备原值为 20 万元,预计净残值收入 5 000 元,税法规定的折旧年限为 4 年,税法预计的净残值为 8 000 元,直线法计提折旧,所得税率为 30%,则设备使用 5 年后设备报废相关的税后现金净流量为(　　)元。

　　A. 5 900　　　　　B. 8 000　　　　　C. 5 000　　　　　D. 6 100

6. 某项目第二年营业收入为 100 万元,付现营运成本为 50 万元,固定资产折旧额为 20

万元，无形资产摊销额为 10 万元，所得税税率为 25%，则该项目第二年的营业现金净流量为（   ）万元。

　　A. 45　　　　　　B. 15　　　　　　C. 37.5　　　　　D. 67.5

7. 某公司计划添加一条生产流水线，需要投资 100 万元，预计使用寿命为 4 年。税法规定该类生产线采用直线法计提折旧，折旧年限为 4 年，残值率为 8%。预计该生产线项目第 4 年的营业利润为 5 万元，处置固定资产残值收入为 10 万元，回收营运资金 3 万元。该公司适用的企业所得税税率为 20%，则该项目第 4 年的税后现金净流量为（   ）万元。

　　A. 12.6　　　　　B. 37　　　　　　C. 39.6　　　　　D. 37.4

8. 某项目的现金净流量数据如下：NCF0 = –150 万元，NCF1 = 0，NCF2-10 = 30 万元；假定项目的基准折现率为 10%，则该项目的净现值为（   ）。

　　A. 22.77　　　　B. 7.07　　　　　C. 172.77　　　　D. 157.07

9. ABC 公司投资一个项目，初始投资在第一年初一次投入，该项目预期未来 4 年每年的现金流量为 9 000 元。所有现金流都发生在年末，资本成本率为 9%。如果项目净现值（NPV）为 3 000 元，那么该项目的初始投资额为（   ）元。

　　A. 11 253　　　　B. 13 236　　　　C. 26 157　　　　D. 29 160

10. 某项目的投资额为 800 万元，在第一年年初一次性投入，寿命期为 3 年。第一年获得现金净流量 300 万元，第二年获得现金净流量 400 万元，第三年获得现金净流量 500 万元，若该项目的资本成本为 10%，项目的寿命期为三年，则该项目的净现值为（   ）万元。

　　A. 178.94　　　　B. 400　　　　　C. 251.66　　　　D. 1 200

二、判断题

1. 财务管理上讲的项目投资，就是固定资产投资。（   ）
2. 项目计算期等于建设期与经营期之和。（   ）
3. 如果没有特殊说明，均假定回收的流动资金等于原垫支的流动资金。（   ）
4. 净现金流量只发生在经营期，建设期没有净现金流量。（   ）
5. 建设期的净现金流量均小于零。（   ）
6. 经营期内的净现金流量一定大于零。（   ）

三、简答题

1. 单纯固定资产投资项目和完整工业项目现金流量的内容是什么？
2. 简述静态投资回收期、净现值、内含报酬率的含义、计算方法及其优缺点。

四、计算题

1. 某企业拟新建一条生产线，拟在建设起点一次购入固定资产 100 万元，预计使用寿命 10 年，购入无形资产 20 万元，建设期 2 年，建设期资本化利息 5 万元，全部计入固定资产原值。生产经营期第一年预计需要流动资产 40 万元，流动负债 18 万元；生产经营期第二年预计流动资金需用额为 50 万元，流动负债预计全额为 20 万元。

按要求计算：① 该生产线的项目计算期；② 该项目的各项投资金额。

2. A 公司拟购买一台新型机器设备，新机器购买价格为 120 000 元，购入时支付一半价款，剩下的一半价款下年付清，按 15% 计息。新机器购入后当年即投入使用，使用年限 5 年，报废后估计有残值收入 10 000 元，按直线法提折旧。使用新机器后，公司每年新增净利润 30 000 元（未扣除利息）。当时的银行利率为 10%。

要求：

（1）用净现值分析该公司能否购买新机器。

（2）计算购买新型机器设备方案的现值指数。

3. 某公司为一投资项目拟定了甲、乙两个方案，相关资料如下：（1）甲方案原始投资额在投资期起点一次性投入，项目寿命期为 6 年，净现值为 25 万元；（2）乙方案原始投资额为 100 万元，在投资期起点一次投入，投资期为 1 年，项目营业期为 3 年，营业期每年的现金净流量均为 50 万元，项目终结可获得固定资产余值收入 10 万元；（3）该公司甲、乙项目的基准折现率均为 10%。

要求：

（1）计算乙方案的净现值；

（2）用年金净流量法做出投资决策；

（3）延长两方案到相同的寿命，做出决策。

4. 某企业计划进行某项投资活动，先有甲、乙两个互斥项目可供选择，相关资料如下：

（1）甲项目需要投入 150 万元，其中投入固定资产 110 万元，投入营运资金资 40 万元，第一年即投入运营，营业期为 5 年，预计期满净残值收入 15 万元，预计投产后，每年营业收入 120 万元，每年营业总成本 90 万元。

（2）乙项目需要投入 180 万元，其中投入固定资产 130 万元，投入营运资金 50 万元，固定资产于项目第一年初投入，营运资金于建成投产之时投入。该项目投资期 2 年，营业期 5 年，项目期满，估计有残值净收入 18 万元，项目投产后，每年营业收入 160 万元，每年付现成本 80 万元。

固定资产折旧均采用直线法，垫支的营运资金于项目期满时全部收回。该企业为免税企业，资本成本率为 10%。

要求：

（1）计算甲、乙项目各年的现金净流量；

（2）计算甲、乙项目的净现值。

第七章 营运资本管理

【学习目标】

1. 了解营运资本的含义与管理原则、管理政策；
2. 掌握现金管理的目的、内容和方法；
3. 了解应收账款的功能与成本；
4. 掌握信用政策的构成与决策；
5. 了解存货的功能与成本；
6. 掌握存货经济订购批量模型。

【核心概念】

运营资本　资金循环　成本分析　模式存货模式　现金周转模式　随机模式

【案例导入】

某公司 DVD 播放器的生产能力是生产 10 000 台，变动成本是 1 200 元/台，年固定成本总额 500 000 元，每件售价 1 500 元。目前均采用 30 天按发票金额付款的信用政策，可销售 8 000 台，坏账损失车为 2%；如果公司将信用期限放宽至 60 天并按发票金额付款，全年销售量可增加至 9 000 台，坏账损失率估计为 2.5%；如果公司将信用期限放宽至 120 天仍按发票金额付款，全年销售量可增加至 9 500 台，坏账损失率估计为 4%。公司根据以往经验，其收账费用为赊销收入的 5%。公司目前最低的投资报酬率为 10%。

案例分析：

根据上述资料，测算企业实行不同信用期限政策可实现的收益并选择合适的信用期限。

第一节 营运资本管理概述

一、营运资本及其周转

（一）营运资本的含义

营运资本又称营运资金，是财务管理学中的一个十分重要的概念。关于营运资本的概念主要有两种理解——总营运资本和净营运资本。总值运资本是指企业以流动资产的形式投资的资金，它是企业资产负债表上货币资金、交易性金融资产、应收账款、存货等流动资产项目的总和。净营运资本是指流动资产减去流动负债后的余额。这里的流动资产是企业在一年内或者超过一年的一个营业周期内变现或者耗用的资产，包括库存现金、银行存款、应收账款和存货等。流动负债是指在一年内或者超过一年的一个营业周期内到期的负债，包括短期借款、应讨账款、应付票据和应收账款等。在此我们主要采用净营运资本概念。

营运资本因其有较强的流动性而成为企业日常经营活动的润滑剂和基础，在客观存在现金流入量与流出量不确定和不同步的现实情况下，企业持有一定量的营运资本十分必要。营运资本持有量的大小，影响着企业的收益和风险。企业应控制营运资本的持有数量，既要防止营运资本不足，又要避免营运资本过多。企业的营运资本管理就是采用各种策略对流动资产与流动负债实施管理的过程。

（二）营运资本的周转

企业的资金经过一系列变化，从货币资金出发又回到货币资金，如工业企业的资金从货币资金形态开始，经过供应、生产和销售三个阶段，再回到货币资金形态，称为资金循环。不断重复进行的资金循环称为资金周转。

工业企业的流动资产在循环周转过程中，经过供、产、销三个阶段，其占用形态不断变化，即按"现金—材料—在产品—产成品—应收账款—现金"的顺序转化。这种转化循环往复。从供、产、销的某一瞬间看，各种不同形态的流动资产同时存在。出此，合理地配置流动资产各项目的比例，是保证流动资产得以顺利周转的必要条件。同时，占用在流动资产上的资金并非一个常数，随着供、产、销的变化，其资金占用时高时低，起伏不定，季节性企业如此，非季节性企业也如此。随着流动资产占用率的变动，流动负债的数量也会相应变化。

二、营运资本管理的原则

一般而言，营运资本的管理需遵循以下四大原则。

（一）合理性原则

企业经营所需要的营运资本的数量多寡与企业的生产经营状况密切相关。当企业生产经营扩张时，流动资产和流动负债的占用水平都会增加；而当企业生产经营萎缩时，流动资产和流动负债的占用水平也会下降。另外，外部环境发生变化，企业的营运资本占用水平也会相应变化。因此，企业财务人员应认真分析企业的生产经营状况和客观条件，采用一定的方法预测营运资本的需求数量，以便合理使用营运资本。

（二）效益性原则

与长期资金相比，短期资金的盈利能力较低，有些短期资金（如库存现金）甚至根本不产生投资收益。在保证生产经营需要的前提下，加速营运资本的周转可以提高资金的利用效率。因此，企业要千方百计地加速存货、应收账款等流动资产的周转，如加快生产和销售的速度、加速应收账款的回收，以减少营运资本占用需要，提高资金使用效益。

（三）安全性原则

如果一个企业的流动资产比较多、流动负债比较少，说明企业的短期偿债能力较强；反之，则说明短期偿债能力较弱。因此，企业应合理安排流动资产与流动负债的比例关系，保证企业有足够的短期偿债能力。当然，如果企业的流动资产太多、流动负债太少，也不是正常现象，这可能是因为流动资产闲置、流动负债利用不足所致。

（四）成本节约原则

一方面，要根据整体最优原则合理安排流动资产的配置、结构、转换及管理政策，如使用好最优现金持有量、信用政策、经济订购批量等；另一方面，要合理确定短期资金的来源结构，要根据企业资金的收支状况、偿还能力等合理搭配不同来源的短期资金，以最大限度降低营运资本成本。

三、营运资本管理政策

营运资本管理政策包括营运资本持有政策和营运资本融资政策，它们分别解决如何确定营运资本持有量和如何筹集营运资本的问题。

（一）营运资本持有政策

营运资本持有量的高低，影响着企业的收益和风险。较高的营运资本持有量，意味着在非流动资产和流动负债一定的情况下流动资产数额高，即企业拥有着较多的现金、有价证券和保险储备量较高的存货，这会使企业有较大的把握按时支付到期债务，及时供应生产用材料和准时向顾客提供产品，从而保证经营活动平稳地进行，风险性较小。但是，由于流动资产的收益性一般低于固定资产，所以较高的流动资产比重会降低企业的收益性；而较低的营运资本持有量带来的结果正好相反。

营运资本持有量的确定，就是在收益和风险之间进行权衡。持有较高的营运资本称为宽松的营运资本政策，持有较低的营运资本称为紧缩的营运资本政策，前者的收益、风险均较低；后者的收益、风险均较高。介于两者之间的是适中的营运资本政策。在适中的营运资本政策下，营运资本的持有量不过高也不过低，恰好现金足够支付之需，存货足够满足生产和销售所用，除非利息高于资本成本（这种情况不太可能发生），企业一般不保留有价证券。

(二)营运资本融资政策

流动资产可分为永久性流动资产和临时性流动资产。永久性流动资产是指企业一定时期最少需要保留的、用于满足公司长期稳定发展需要的那部分流动资产；临时性流动资产是指随季节性、周期性和随机性需求而变化的那部分流动资产。

永久性流动资产在两个重要方面与企业的固定资产相似：其一，尽管从本质上定义被称为"流动资产"，但其具有长期性，金额也相对稳定；其二，对一家处于成长期的企业来说，所需要的永久性流动资产水平会随时间而增长，正如固定资产水平也增长一样。而与固定资产的差异主要表现在，永久性流动资产处于不断变化过程中，它并不是永久性停留在原地的特定流动资产，其中的具体形态不断变化。

营运资本融资政策，主要是就如何安排临时性流动资产和永久性流动资产的资金来源而言的，一般可以区分为三种：配合型融资政策、激进型融资政策和稳健型融资政策。

1. 配合型融资政策

配合型融资政策的特点是：对于临时性流动资产，运用临时性负债筹集资金满足其资金需要；对于永久性流动资产和非流动资产（统称为永久性资产，下同），运用长期负债、自发性负债和权益资本筹集资金满足其资金需要。

配合型融资政策要求企业临时性负债融资计划严密，实现现金流动与预期安排相一致。在季节性低谷时，企业应当除了自发性负债外没有其他流动负债，只有在流动资产的需求高峰期，企业才举借各种临时性债务。

这种融资政策的基本思想是将资产与负债的期间相配合，以降低企业不能偿还到期债务的风险和尽可能降低债务的资金成本。但是，事实上由于资产使用寿命的不确定性，往往做不到资产与负债的完全配合。因此，配合型融资政策是一种理想的、对企业有着较高资金使用管理要求的营运资本融资政策。

2. 激进型融资政策

激进型融资政策的特点是：临时性负债不但要满足临时性流动资产的资金需要，还要解决部分永久性资产的资金需要。

激进型融资政策下临时性负债在企业全部资金来源中所占比重大于配合型融资政策，这是一种收益性和风险性均较高的营运资本融资政策。

3. 稳健型融资政策

稳健型融资政策的特点是：临时性负债只融通部分临时性流动资产的资金需要，另一部分临时性流动资产以及永久性资产，则由长期负债、自发性负债和权益资本作为资金来源。

与配合型融资政策相比，稳健型融资政策下临时性负债占企业全部资金来源的比例较小，是一种风险性和收益性均较低的营运资本政策。

一般来说，如果企业能够驾驭资金的使用，采用收益和风险配合较为适中的配合型融资政策是有利的。

第七章 营运资本管理

第二节 现金的管理

一、现金管理的目的与内容

现金是指在生产过程中暂时停留在货币形态的资金，是可以立即使用的交换媒介。它的首要特点是普遍的可接受性，可以用来满足生产经营开支的各种需要，也是还本付息和履行纳税义务的保证，即可以立即用来购买商品、劳务或者偿还债务。现金是流动性最强的资产。

一方面，企业要拥有足够的现金来降低企业的风险，增强企业资产的流动性和债务的可清偿性；另一方面，企业要降低闲置现金的数量来提高资金的收益率。现金管理的过程就是在现金的流动性与收益性之间进行权衡的过程。企业必须合理确定现金持有量，使现金收支不但在数量上，而且在时间上互相衔接，以便在保证企业经营活动所需现金的同时，尽量减少企业闲置的现金数量，提高资金收益率。

二、现金余额管理

（一）现金的持有动机与成本

1.现金的持有动机

（1）交易动机。企业在正常生产经营秩序下应当保持一定的现金支付能力。通常，企业每天都有现金流入和现金流出，但两者很少同时等额发生，一旦出现现金流出大于现金流入，企业就有必要保留部分现金以实现收支平衡，维持生产经营过程的连续性。一般来说，企业为满足交易动机所持有的现金余额主要取决于企业销售水平。

（2）预防动机。企业为应付紧急情况需要保持现金支付能力。企业为应付紧急情况所持有的现金余额主要取决于以下三个方面：一是企业愿意承担风险的程度；二是企业临时举债能力的强弱；三是企业对现金流量预测的可靠程度。

（3）投机动机。企业为了抓住各种瞬息即逝的市场机会需要持有现金。投机动机只是企业确定现金余额时所需考虑的次要因素之一，其持有量的大小往往与企业在金融市场的投资机会及企业对待风险的态度有关。企业除以上三种原因持有现金外，也会基于满足将来某一特定要求或者为在银行维持补偿性余额等其他原因而持有现金。但要注意的是，由于各种动机所需的现金可以调节使用，企业持有的现金总额并不等于各种动机所需现金余额的简单相加，前者通常小于后者。另外，上述各种动机所需保持的现金，并不要求必须是货币形态，也可以是能够随时变现的有价证券以及能够随时转换成现金的其他各种存在形态，如可随时借入的银行信贷资金等。

2.现金的持有成本

现金的持有成本通常由以下四部分组成。

（1）管理成本。企业保留现金，对现金进行管理，会发生一定的管理费用，如管理人员的工资及必要的安全措施费等。管理费用具有固定成本的性质，它在一定范围内与现金持有量的大小关系不大，是决策无关成本。

（2）机会成本。持有现金的机会成本是指企业因保留一定的现金余额而丧失的投资收益，是企业不能同时用该现金进行有价证券投资所产生的机会成本，这种成本在数额上等同于资金成本。机会成本属于变动成本，它与现金持有量成正比。

（3）转换成本。转换成本是指企业用现金购入有价证券以及转让有价证券换取现金时所付出的交易费用，即现金同有价证券之间相互转换的成本，如委托买卖佣金、委托手续费、证券过户费、实物交割手续费等。严格地讲，转换成本并不都是固定费用，有的具有变动成本的性质，如委托买卖佣金或手续费。

（4）短缺成本。现金短缺成本是指在现金持存量不足而又无法及时通过有价证券变现加以补充而给企业造成的损失，包括直接损失与间接损失。现金的短缺成本与现金持有量负相关。

（二）最佳现金持有量

基于交易、预防、投机等动机的需要，企业必须保持一定数量的现金余额。现金作为盈利能力差的资产，其数额太多会导致企业收益下降，数额太少又可能出现现金短缺，从而影响生产经营。因此，企业应当权衡收益与风险，确定最佳现金持有量。

确定最佳现金持有量的方法很多，本书只介绍成本分析模式、存货模式、现金周转期模式和随机模式。

1. 成本分析模式

成本分析模式是指根据现金有关成本，分析预测其总成本最低时现金持有量的一种方法。运用成本分析模式确定现金最佳持有量时，只考虑因持有一定量的现金而产生的管理费用、机会成本及短缺成本，而不考虑转换成本。其中，管理成本具有固定成本的性质，机会成本即因持有现金而丧失的投资收益，与现金持有量成正比，用公式表示为

$$机会成本 = 现金持有量 \times 有价证券利率$$

短缺成本与现金持有量负相关。这些成本同现金持有量之间的关系如图7-1所示。

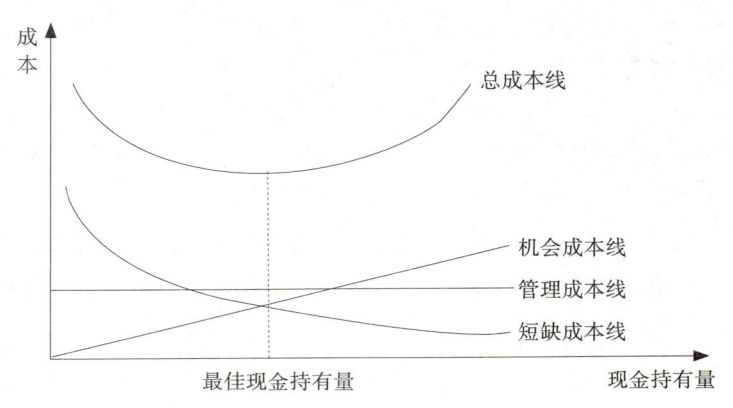

图 7-1 现金最佳持有量之成本分析模式

从图 7-1 可以看出，机会成本随现金持有量的增加而增加，短缺成本随现金持有量的增加而减少，总成本呈现为一条近似的抛物线。该抛物线的最低点即为持有现金的最低总成本，超过这一点，机会成本上升的代价会大于短缺成本下降的收益，这一点之前，短缺成本下降的好处大于机会成本上升的收益。成本分析模式就是基于上述原理来确定现金最佳持有量的。最佳现金持有量就是持有现金的总成本最低时的现金持有量。

具体运用成本分析模式可以采用函数法，即首先分别确定管理成本、机会成本、短缺成本与现金持有量之间的函数关系，再运用相关数学知识求解。但在实际工作中，更多的是采用测算法。具体步骤如下：

（1）测算不同现金持有量时的有关成本数值。
（2）编制最佳现金持有量测算表。
（3）找出总成本最低时的现金持有量。

【例 7-1】有四种现金持有方案，它们各自的持有量、管理成本、短缺成本如表 7-1 所示。假设现金的机会成本率为 12%。要求确定现金最佳持有量。

表 7-1　现金持有方案

（单位：元）

方案项目	甲	乙	丙	丁
现金持有量	5 000	6 000	7 000	10 000
机会成本	3 000	6 000	9 000	12 000
管理成本	2 000	2 000	2 000	2 000
短缺成本	1 200	800	600	300

这四种方案的总成本计算结果如表 7-2 所示。

表 7-2　现金持有总成本

（单位：元）

方案项目	甲	乙	丙	丁
机会成本	3 000	6 000	9 000	12 000
管理成本	2 000	2 000	2 000	2 000
短缺成本	1 200	800	600	300
总成本	6 200	8 800	11 600	14 300

将以上各方案的总成本加以比较可知，甲方案的总成本最低，故 5 000 元是该企业的最佳现金持有量。

2. 存货模式

存货模式又称鲍莫尔模式，由美国经济学家威廉·杰克·鲍莫尔（WilliamJackBaumol）于 1952 年提出。他认为企业现金持有量在许多方面与存货批量类似，可以借鉴存货的经济批量模型确定最佳现金持有量。每次现金转换的成本是固定的，一定时期内现金使用虽不变时，每次将有价证券转换为现金的金额越大，机会成本越高，同时转换的次数就越少，转换成本越低；反之，机会成本越低，转换成本越高。可见，现金转换成本与存货的订货成本在性质上是一致的。

在运用存货模式确定最佳现金持有量时，需要建立如下假设前提：

（1）企业所需要的现金可通过证券变现取得，且证券变现的不确定性很小。

（2）企业预算期内现金需要总量可以预测。

（3）现金的支出过程比较稳定、波动较小，而且每当现金余额降至零时，均可将部分证券变现得以补足，不会发生现金短缺。

（4）证券的利率或报酬率以及每次固定性交易费用可以获悉。

如果这些条件基本得到满足，企业便可以利用存货模式来确定现金的最佳持有量。

在存货模式中，只对机会成本和固定性转换成本予以考虑，而对管理费用、短缺成本则不予考虑。机会成本和固定性转换成本随着现金持有量的变动而呈现出相反的变动趋向，这就要求企业必须对现金与有价证券的分割比例进行合理安排，从而使机会成本与固定性转换成本保持最佳组合。换言之，能够使现金管理的机会成本与固定性转换成本之和保持最低的现金持有量，即为最佳现金持有量。

设 T 为一个周期内现金总需求量；F 为每次转换有价证券的固定成本；Q 为最佳现金持有量（每次证券变现的数量）；K 为有价证券利息率（机会成本）；TC 为现金管理相关总成本。则

现金管理相关总成本 = 持有机会成本 + 固定性转换成本

即

$$TC = \frac{Q}{2} \times K + \frac{T}{Q} \times F$$

现金管理相关总成本与持有机会成本、固定性转换成本的关系见图 7-2。

在图 7-2 中，TC 是一条凹形曲线，存在一个成本最低点，并可用导数方法求得

令

$$\frac{dTC}{dQ} = \frac{1}{2} \times K - \frac{T}{Q^2} \times F = 0$$

得最佳现金持有量 Q^*，即

$$Q^* = \sqrt{\frac{2TF}{K}}$$

最低现金管理相关总成本：

$$TC^* = \sqrt{2TFK}$$

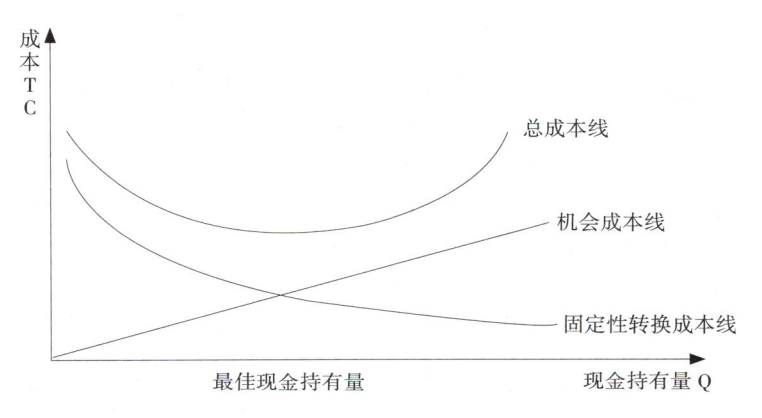

图 7-2　最佳现金持有量之存货模式

【例 7-2】某企业每月现金需求总量为 144 万元，每次现金转换的成本为 20 万元，持有现金的机会成本率约为 10%，则该企业的最佳现金持有量可以计算如下：

$$C^* = \sqrt{(2 \times 144 \times 2\,000)/10\%} = 2\,400(万元)$$

该企业最佳现金持有量为 2 400 万元，持有超过 2 400 万元则会降低现金的投资收益率，低于 2 400 万元则会加大企业正常现金支付的风险。

3. 现金周转模式

现金周转模式是从现金周转的角度出发，通过预计现金需求总量和确定现金周转的目标次数来确定最佳现金持有量的方法。图 7-3 为现金周转示意图。

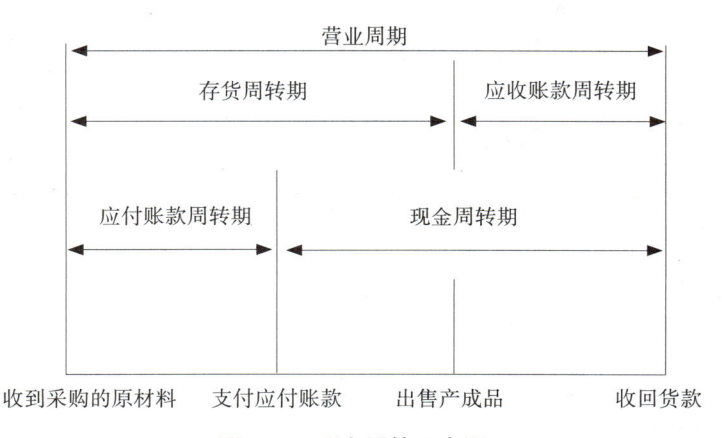

图 7-3　现金周转示意图

利用这一模式来确定企业最佳现金持有量，包括以下三个步骤：

第一步，计算现金周转期。现金周转期是指企业从现金投入生产经营（购买材料支付现金）开始，至销售商品收回现金为止所需要的时间，即现金周转一次所需要的大数。现金周转期越短，则企业的现金持有量就越小。它的长短决于以下三个方面：① 存货周转期，是指从收到购买的原材料开始，将原材料转化为产成品再销售出去所需要的时间。② 应收账款周转期，是指从应收账款形成到收回现金所需要的时间。③ 应付账款周转期，是指从购买原材料形成应付账款开始直到以现金偿还应付账款为止所需要的时间。由图 7-3 可知：

现金周转期 = 存货周转期 + 应收账款周转期 – 应付账款周转期

= 营业周期 – 应付账款周转期

第二步，计算现金周转率。现金周转率是指在一年或者一个营业周期内现金循环的次数。现金周转率与现金周转期互为倒数，周转期越短，则周转次数越多，在现金需求总量一定的情况下，现金持有量也会越少，它的计算公式如下：

现金周转率 = 计算期天数 ÷ 现金周转期

式中，计算期天数通常按年（360 天）计算。

第三步，计算最佳现金持有量。计算公式为：

最佳现金持有量 = 预计现金年需求总量 ÷ 现金周转率

4. 随机模式

随机模式又称米勒 – 奥尔模型（Miller-OrrModel）。美国经济学家默顿·米勒（MertonMiller）和丹尼尔·奥尔（Deniel Orr）认为，企业的现金流量存在着不确定性。在确定企业目标现金额时必须充分考虑这种不确定性因素。他们假定，企业每日净现金流量可看做正态分布，可能等于期望值也可能高于或低于期望值，公司每天净现金流量呈无一定趋势的随机状态。因此，我们可以运用控制论，事先设定一个控制限额。当现金余额达到限额的上限时，就将超出目标现金额的现金转换为有价证券；当现金余额达到下限时，就将与目标现金额相差现金等额的有价证券转换为现金；当现金余额在上下限之间时，就不做现金与有价证券之间的转换。如图 7-4 所示。

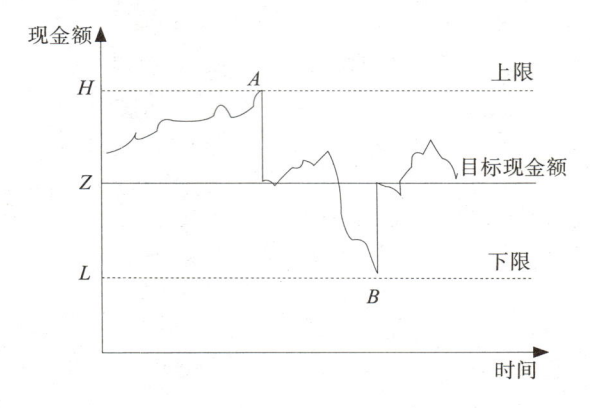

图 7-4 最佳现金持有量之随机模式

图 7-4 中，虚线 H 表示现金持有量的上限，虚线 L 表示现金持有量的下限，实线 Z 表示最佳现金返回线。从图 7-4 可以发现，企业的现金持有量是随机波动的。当其到达持有量上限时企业应该将现金转换为有价证券，使现金持有量回落到最优持有量水平；而当现金持有量下降至下限时，出售有价证券，收回现金。上限 H 和最佳现金返回线 Z 可分别按照下列公式计算：

$$Z = \sqrt[3]{\frac{3b\varepsilon^2}{4R}} + L$$

$$H = 3Z - 2L$$

式中，b 为现金和有价证券的每次转换成本；ε 为每日现金余额变化的标准差；R 为有价证券的日利率；L 为现金持有量的下限。

【例 7-3】设某企业现金部经理决定 L 值应为 10 000 元，估计企业现金流量标准差 δ 为 1000 元，持有现金的年机会成本为 15%，换算为 I 值是 0.000 39，b = 150 元。根据该模型，可求得

$$R = \sqrt[3]{\frac{3 \times 150 \times 1\,000^2}{4 \times 0.000\,39}} + 10\,000 = 16\,607(元)$$

$$H = 3 \times 16\,607 - 2 \times 10\,000 = 29\,821(元)$$

该企业目标现金余额为 16 607 元。若现金持有额达到 29 821 元，则买进 13 214 元的证券；若现金持有额降至 10 000 元，则卖出 6 607 元的证券。

现金持有量的下限由企业根据每日最低现金需求量、管理人员的风险承受倾向等因素确定。

随机模式是在现金流量呈无规则变化的情况下确定现金持有量的一种方法。应该注意的是，随机模式计算出来的现金持有量比较保守，往往比运用成本模式和存货模式的计算结果大。

三、现金日常管理

企业在确定了最佳现金持有量后，还应采取各种措施，加强现金的日常管理，以保证现金的安全、完整，最大限度地发挥其效用。现金日常管理的基本内容主要包括以下三个方面。

（一）现金收支计划

现金收支计划是预计未来一定时期企业现金的收支状况并进行现金平衡的计划，是企业财务管理的一个重要工具。

1. 现金收入。主要包括营业现金收入和其他现金收入。
2. 现金支出。主要包括营业现金支出和其他现金支出。
3. 净现金流量。是指现金收入与现金支出的差额。可按下式计算：

净现金流量＝现金收入－现金支出

＝（营业现金收入＋其他现金收入）－（营业现金支出＋其他现金支出）

4. 现金余缺。是指计划期现金期末余额（余缺调整前）与最佳现金余额（又称理想现金余额）相比后的差额。其计算公式为：

现金余缺额＝期末现金余额－最佳现金余额

＝（期初现金余额＋现金收入－现金支出）－最佳现金余额

＝期初现金余额＋净现金流量－最佳现金余额

现金余缺调整的方式有两种：一是利用借款调整现金余缺；二是利用有价证券调整现金余缺。如果期末现金余额大于最佳现金余额，说明现金有多余，应设法进行投资或归还债务。现金收支计划的基本格式见表7-3。

表7-3 现金收支计划

（单位：万元）

序号	现金收支项目	本月计划
1	（一）期初现金余额	30
2	（二）现金收入	323
3	（1）营业现金收入	220
4	现销和当月应收账款的收回	150
5	以前月份应收账款的收回	70
6	（2）其他现金收入	103
7	利息收入	25
8	租金收入	15
9	股息收入	55
10	固定资产变价收入	8
11	（三）本期可用现金	353
12	（四）现金支出	533
13	（3）营业现金支出	209
14	当月支付的材料采购支出	60
15	本月付款的以前月份材料采购支出	36
16	工资支出	40
17	管理费用支出	30

续 表

序号	现金收支项目	本月计划
18	营业费用支出	15
19	财务费用支出	28
20	（4）其他现金支出	324
21	厂房、设备投资支出	85
22	税款支出	24
23	利息支出	15
24	归还债务	58
25	股利支出	52
26	证券投资	90
27	（五）净现金流情	−180
28	（六）余缺调整	−180
29	取得借款	210
30	归还借款	
31	出售证券	
32	购买证券	
33	（七）期末现金余额	30

从表 7-1 可以看出，该企业的最佳现金余额为 30 万元。该企业期末现金短缺 210 万元，通过借款予以补足。

（二）现金日常控制的组织方式

为了加强现金的日常控制，实现财务资源一体化协同效应，大公司（尤其企业集团）可以根据自身规模和管理需要，在内部设置统一的财务融通机构，如结算中心、财务公司等，以提高资金使用效益。

1. 财务结算中心

财务结算中心是大公司或企业集团设置的，在母公司与分公司、子公司及其他成员企业之间进行现金收付及往来业务款项结算的财务职能机构。在兼有公司内部信贷职能的情况下，财务结算中心也可以叫作内部银行。财务结算中心是隶属于母公司及其财务部的职能机构，本身不具法人地位。在有的企业集团里，母公司财务部直接就是集团的财务结算中心。

2. 财务公司

财务公司具有独立的法人实体地位，在母公司控股的情况下，财务公司相当于一个子公司。财务公司除了具有财务结算中心的基本职能外，还应有对外融、投资的职能（在法律没有特别限制的前提下）。

在集权财务体制下，财务公司在行政与业务上接受母公司财务部的领导，但两者不是一种隶属关系。

（三）现金日常控制的应用方法

1. 加速现金收款

为了提高现金的使用效率，加速现金周转，企业应尽量加速账款的回收。除了曾经出现（目前已不大用）的集中银行法、锁箱系统法外，还有一些加速收现的方法，例如，利用现金折扣鼓励客户提前付款；对于金额较大的货款可采用电汇、直接派人前往收取支票并送存银行的方法；对于各银行之间以及内部各单位之间的现金往来要严加控制，以防过多的现金闲置在各部门之间；减少不必要的银行账户；鼓励客户使用网上银行系统付款。

2. 控制支出

与现金收入的管理相反，现金支出管理的主要任务是尽可能延缓现金的支出时间。当然这种延缓必须是合理合法的，否则企业延期支付账款所得到的收益将远远低于由此而遭受的损失。延期支付账款的方法一般有合理利用"浮游量"、推迟支付应付款、采用汇票付款、改进工资支付方式等。

3. 闲置现金投资管理

企业现金管理的目的首先是保证日常生产经营业务的现金需求，其次才是使这些现金获得最大的收益。这两个目的要求企业把闲置资金投入到流动性高、风险性低、交易期限短的金融工具中，以期获得较多的收入。在货币市场上，财务人员通常使用的金融工具主要有国债、可转让大额存单、回购协议等。

第三节　应收账款管理

一、应收账款的功能与成本

（一）应收账款的功能

应收账款的发生意味着企业有一部分资金被顾客占用，由此将发生一系列的成本。那么，企业为什么还愿意持有应收账款呢？究其原因主要有以下两点：

1. 扩大销售

在市场竞争比较激烈的情况下，赊销是促进销售的一种重要的方式。在同等的产品价格、类似的质量水平、一样的售后服务等情况下，实行赊销的产品的销售额将大于现销的产

品的销售额。进行赊销的企业，实际上是向顾客提供了以下两项交易：① 向顾客销售产品；② 在一个有限的时间里向顾客提供资金。

虽然赊销仅仅是影响销售额的因素之一，但在银根紧缩、市场疲软、资金匮乏的情况下，赊销的促销作用仍是很明显的。

2. 减少存货

企业持有产成品存货，要增加管理费、仓储费和保险费等支出；相反，企业持有应收账款则无须上述支出。因此，无论是季节性生产企业还是非季节性生产企业，当产成品存货较多时，一般都可能采用较为优惠的条件进行赊销，把存货转化为应收账款，以减少产成品存货，节约相关费用支出。

（二）应收账款的成本

持有应收账款要付出一定的代价，此为应收账款的成本，也称信用成本。应收账款的成本一般包括机会成本、管理成本和坏账成本。

1. 机会成本

应收账款的机会成本是指企业资金占用在应收账款上不能用于其他用途而丧失的潜在收益。企业的资金如果不投资到应收账款，可用于其他方面，如投资到有价证券会有利息收入。这种因投资应收账款而放弃的投资收益，即为应收账款的机会成本。机会成本的大小和企业应收账款占用资金（即维持赊销业务所需要的资金）的数量密切相关，应收账款占用的资金数量越多，机会成本就越高。其计算公式为：

$$应收账款机会成本 = 维持赊销业务所需资金 \times 机会成本率$$

上式中的维持赊销业务所需资金即应收账款占用资金，也称为应收账款投资额，应收账款资金占用额可以根据企业赊销收入净额和应收账款周转率来确定。机会成本率通常可以使用有价证券的投资收益率代替，也称为资金成本率。

维持赊销业务所需要的资金数量：可按下列步骤计算：

第一步，计算应收账款平均余额：

$$应收账平均余额 = 年赊销额 \div 360 \times 平均收账天数 = 平均日赊销额 \times 平均收账天数$$

式中，平均收账天数一般以客户各自赊销额占总赊销额比重为权数的所有客户收账天数的加权平均数表示。

第二步，计算维持赊销业务所需要的资金：

$$维持赊销业务所需资金 = 应收账款平均余额 \times 变动成本率$$

在正常情况下，应收账款收账天数越少，一定数量资金所维持的赊销额就越大；应收账款收账天数越多，维持相同赊销额所需要的资金数量就越多。而应收账款机会成本在很大程度上取决于企业维持赊销业务所需要资金的多少。

2. 管理成本

应收账款的管理成本是指企业对应收账款进行日常管理所耗费的各种费用，主要包括：对客户的资信调查费用、应收账款账簿记录费用、收账费用和其他相关费用。一般情况下，

应收账款的管理成本在一定数额下是相对固定的，但是当一定时期内企业的应收账款有很大的变化时，其管理成本也会随之发也变化。

3. 坏账成本

应收账款的坏账成本是指应收账款因故不能收回而给企业带来的损失。此项成本一般与应收账款的数量正相关，即企业应收账款数量越大，可能发生的坏账成本也越大。为避免坏账成本给企业生产经营活动的稳定性带来不利影响，按照会计制度的规定，企业应按规定提取一定数量的坏账准备金。

二、信用政策

应收账款信用政策是企业财务政策的一个重要组成部分。信用政策即应收账款的管理政策，是指企业为对应收账款投资进行规划与控制而确立的基本原则与行为规范，包括信用标准、信用条件和收账政策三部分内容。

（一）信用标准

信用标准是客户获得企业商业信用所应具备的最低条件，通常以预期的坏账损失率表示。如果企业把信用标准定得过高，将使许多客户因信用品质达不到所设的标准而被企业拒之门外，其结果虽然有利于降低违约风险及收账费用，但是不利于企业市场竞争能力的提高和销售收入的扩大；相反，如果企业接受较低的信用标准，虽然有利于企业扩大销售，提高市场竞争力和占有率，但是同时也会导致坏账损失风险加大和收账费用增加。

1. 影响信用标准的因素分析

企业在制定或选择信用标准时，应考虑三个基本因素：其一，同行业竞争对手的情况；其二，企业承担违约风险的能力；其三，客户的资信程度。客户资信程度的高低通常取决于五个方面，即客户的信用品质、偿付能力、资本、抵押品、经济状况等，它们的英文都以C开头，故称"5C"系统。

2. 确立信用标准的定量分析

对信用标准进行定量分析，旨在解决两个问题：一是确定客户拒付账款的风险，即坏账损失率；二是具体确定客户的信用等级，以作为给予或拒绝信用的依据。这主要通过以下三个步骤来完成：

第一步，设定信用等级的评价标准，即根据对客户信用资料的调查分析，确定评价信用优劣的数量标准。即运用信用评分法，选取一组（比如10项）具有代表性、能够说明付款能力和财务状况的若干比率作为信用风险指标，根据以往数年内客户偿债情况，分别找出信用好和信用差两类顾客的上述比率的平均值，作为比较其他顾客的信用标准。

第二步，利用既有或潜在客户的财务报表数据，计算各自的指标值，并与上述标准比较比较的方法是：若某客户的某项指标值等于或者低于差的信用标准，则该客户的拒付风险系数（即坏账损失率）增加10个百分点；若客户的某项指标值介于好与差的信用标准之间，则该客户的拒付风险系数（即坏账损失率）增加5个百分点；当某客户的某项指标值等于或者高于好的信用标准时，则视该客户的这一指标无拒付风险。最后，将客户的各项指标的拒付风险系数累加，即作为该客户发生坏账损失的总比率。

当然企业为了能够更详尽地对客户的拒付风险做出准确的判断，也可以设置并分析更多的指标数值，如增为20项，各项最高的坏账损失率为5%，介于好与差的信用标准之间的，每项增加2.5%的风险系数。

第三步，进行风险排队，并确定各有关客户的信用等级。依据上述风险系数的分析数据，按照客户累计风险系数由小到大进行排序。然后结合企业承受违约风险的能力及市场竞争的需要，具体划分客户的信用等级，如累计拒付风险系数在5%以内的为A级客户，在5%与10%之间的为B级客户，等等。对不同信用等级的客户，分别采取不同的信用优惠条件或附加某些限制条款等。

对信用标准进行定量分析，有利于企业提高应收账款投资决策的效果，但由于实际情况错综复杂，不同企业的同一指标往往存在很大差异，难以按照统一的标准进行衡量。因此，要求企业财务决策者必须在更加深刻地考察各指标内在质量的基础上，结合以往的经验，对各项指标进行具体的分析、判断。

（二）信用条件

所谓信用条件就是指企业接受客户信用订单时所提出的付款要求，主要包括信用期限、折扣期限及现金折扣率等。信用条件的基本表现方式如"2/10，n/45"，意思是：若客户能够在发票开出后的10日内付款，可以享受2%的现金折扣；如果放弃折扣优惠，则全部款项必须在45日内付清。在此，45天为信用期限，10天为折扣期限，2%为现金折扣率。

1. 信用期限

信用期限是指企业允许客户从购货到付款的时间限定，即企业允许客户的最长付款时间。通常，延长信用期限，可以在一定程度上扩大销售量，从而增加毛利。但不恰当地延长信用期限，也会给企业带来不良后果：一是使平均收账期延长，占用在应收账款上的资金相应增加，引起机会成本增加；二是引起坏账损失和收账费用的增加。因此，企业是否给客户延长信用期限，应视延长信用期限增加的边际收入是否大于增加的边际成本而定。

【例7-4】A企业目前采用30天按发票金额（即无现金折扣）付款的信用政策，拟将信用期间放宽至60天，仍按发票金额付款。假设等风险投资的最低报酬率为15%，其他有关数据如表7-4所示。

表7-4 信用期决策数据

项目	信用期间（30天）	信用期间（60天）
全年销售量（件）	20 000	24 000
全年销售额（单价5元）	100,000	120,000
全年销售成本（元）		

续表

项目	信用期间（30天）	信用期间（60天）
变动成本（每件4元）	80,000	96,000
固定成本	5,000	5,000
毛利（元）	15,000	19,000
可能发生的收账费用（元）	300	400
可能发生的坏账损失（元）	500	900

在分析时，先计算放宽信用期得到的收益，然后计算增加的成本，最后根据两者比较的结果做出判断。

（1）增加的收益。

增加的收益 =（24 000 – 20 000）×（5 – 4）= 4 000（元）

（2）增加的应收账款机会成本。

改变变信用期间增加的会成本
=60天信用期应信用期应30天信用期应信用期

$$= \frac{120\ 000}{360} \times 60 \times \frac{96\ 000}{120\ 000} \times 15\% - \frac{100\ 000}{360} \times 30 \times \frac{80\ 000}{100\ 000} \times 15\%$$

$$= \frac{96\ 000}{360} \times 60 \times 15\% - \frac{80\ 000}{360} \times 30 \times 15\% = 1\ 400(元)$$

（3）增加的收账费用和坏账损失。

增加的收账费用 = 400 – 300 = 100（元）

增加的坏账损失 = 900 – 500 = 400（元）

（4）改变信用期增加的税前损益。

改变信用期增加的税前损益 = 增加的收益 – 增加的成本费用

$$= 4\ 000 – 1\ 400 – 100 – 400 = 2\ 100（元）$$

由于增加的收益大于增加的成本，故应采用60天信用期。

上述信用期分析的方法比较简略，可以满足一般制定信用政策的需要。如有必要，也可以进行更细致的分析，如进一步考虑：销售增加引起存货增加而占用的资金。

2. 现金折扣和折扣期限

现金折扣是企业为鼓励顾客提前付款而给予的价格优惠。许多企业为了加速资金周转，往往给予在规定的时间内提前偿付货款的客户以可按销售收入一定比例享受折扣的优惠。所谓折扣期限是指顾客可享受现金折扣的付款时间，所谓现金折扣率是指在顾客提前付款时所给予的价格优惠幅度。现金折扣实际上煜对现金收入的扣减，企业决定是否提供以及提供多大比例的现金折扣，考虑的是提供折扣后所得的收益是否大于现金折扣的成本。

虽然企业在信用管理政策中已对可接受的信用风险水平作了规定，但当企业的生产经营环境发生变化时，就需要对信用管理政策中的某些规定进行修改和调整，并对改变条件的各种备选方案进行认真的评价。

【例7-5】沿用上述信用期决策的数据，假设该企业在放宽信用期的同时，为了吸引顾客尽早付款，提出了 0.8/30，N/60 的现金折扣条件，估计会有一半的顾客（按60天信用期所能实现的销售量计算）将享受现金折扣优惠。

（1）增加的收益。

增加的收益 = 增加的销售量 × 单位边际贡献
= （24 000 − 20 000） × （5 − 4） = 4 000（元）

增加的应收账款占用资金的应计利息。

30 天信用期应计利息 = $\dfrac{100\ 000}{360} \times 30 \times \dfrac{80\ 000}{100\ 000} \times 15\% = 1000$（元）

提供现金折扣的应计利息

$= \left(\dfrac{120\ 000 \times 50\%}{360} \times 60 \times \dfrac{96\ 000 \times 50\%}{120\ 000 \times 50\%} \times 15\% \right) + \left(\dfrac{120\ 000 \times 50\%}{360} \times 30 \times \dfrac{96\ 000 \times 50\%}{120\ 000 \times 50\%} \times 15\% \right)$

= 1 200 + 600 = 1 800（元）

增加的应收账款占用资金的应计利息 = 1 800 − 1 000 = 800（元）

（3）增加的收账费用和坏账损失。

增加的收账费用 = 400 − 300 = 100（元）

增加的坏账费用 = 900 − 500 = 400（元）

（4）估计现金折扣成本的变化。

增加的现金折扣成本 = 新的销售水平 × 新的现金折扣率 × 享受现金折扣的顾客比例 − 旧的销售水平 × 旧的现金折扣率 × 享受现金折扣的顾客比例

= 120 000 × 0.8% × 50% − 100 000 × 0 × 0 = 480（元）

（5）提供现金折扣后增加的税前损益。

增加的收益 − 增加的成本费用 = 4 000 −（800 + 100 + 400 + 480）= 2 220（元）

由于可获得税前收益，故应当放宽信用期，提供现金折扣。

（三）收账政策

收账政策亦称收账方针，是指当客户违反信用条件，拖欠甚至拒付账款时企业所采取的收账策略与措施。

在企业向客户提供商业信用时，必须考虑三个问题：第一，客户是否会拖欠或拒付账款，程度如何；第二，怎样最大限度地防止客户拖欠账款；第三，一旦账款遭到拖欠甚至拒付，企业应采取怎样的对策。前两个问题主要依靠信用调查和严格信用审批制度；第三个问题则必须通过制订完善的收账计划，采取有效的收账措施以解决。

通常的步骤是：当账款被客户拖欠或拒付时，企业应当首先分析现有的信用标准及信用审批制度是否存在纰漏，然后重新对违约客户的资信等级进行调查、评价，将信用品质恶劣的客户从信用名单中删除，对其所拖欠的款项可先通过信函、电信或者派员前往等方式进行催收，态度可以渐加强硬，并提出警告。当这些措施无效时，可考虑通过仲裁、诉讼解决。为了提高诉讼效果，可以与其他经常被该客户拖欠或拒付账款的单位联合向法院起诉，以增强该客户信用品质不佳的证据力度。对以往信用记录正常的客户，在去电、去函的基础上，不妨派人与客户直接进行协商，彼此沟通意见，达成谅解协议，既可密切相互间的关系，又有助于较为理想地解决账款拖欠问题，并且一旦将来彼此关系置换时，也有一个缓冲的余地。当然，如果双方无法取得谅解，就只能付诸法律进行最后裁决。

一般而言，企业加强收账管理，及早收回货款，可以减少坏账损失，减少应收账款上的资金占用，但会增加收账费用。因此，制定收账政策就是要在增加收账费用与减少坏账损失、减少应收账款机会成本之间进行权衡。

影响信用标准、信用条件及收账政策的因素很多，如销售额、赊销期限、收账期限、现金折旧、坏账损失、过剩生产能力、信用部门成本、机会成本、存货投资等的变化。这就使得信用政策的制定更为复杂。一般来说，理想的信用政策就是企业采用或松或紧的信用政策时所带来的收益最大的政策。

三、信用风险管理

（一）信用风险管理的目标

所谓应收账款信用风险，是指企业在正常的经营过程中，因销售商品或提供劳务等向购货单位或接受劳务的单位应收取的账款、代垫的运杂费等不能收回而发生坏账损失的可能性。

应收账款信用风险管理的目标是保证企业一定收益的前提下风险最小化。企业为了谋求高收益，就要发挥应收账款扩大销售的功能，通过赊销来增加收入、增加利润，但较多的应收账款又会使企业面临着较大的风险。风险管理的艺术就在于使风险性、营利性得到最佳的统一，达到总效用的最大化。而通过应收账款信用风险管理机制的建立，对应收账款全程实行风险化管理，就能使企业在保证一定收益水平的情况下，降低风险水平，保证企业经营的安全。

（二）信用风险管理理念

信用风险管理应是一个全方位、全过程的管理理念。所谓全方位，是指信用风险管理是市场营销、财务管理、信息管理等相互交叉的管理领域；所谓全过程，是指信用风险管理包括事前控制、事中控制、事后控制三个阶段。为此，企业应建立信用风险管理链（见图7-5）。

调查客户资信调查 → 谈判确定信用条件 → 签约寻求债权保护 → 发货实施货款追踪 → 防范催收早期拖欠 → 追收处理危机情况

图7-5 信用风险管理链

（三）信用风险管理制度

按照全过程管理和内部控制的原理，信用风险管理制度可以分为事前、事中和事后三方面的信用管理制度。

1. 事前控制——客户资信管理制度

目标是实现对信用风险的预测和监督。强化信用风险管理，企业必须首先做好客户的资信管理工作，尤其是在交易之前对客户信用信息进行收集调查和风险评估，这些工作具有非常重要的作用，而且都需要在规范的管理制度下进行。在这项制度中，企业应关注以下五个方面：客户信用信息的搜集；客户资信档案的建立与管理；客户信用分析管理；客户资信评级管理；客户群的经常性监督与检查。

2. 事中控制——授信业务管理制度

企业在交易过程中产生的信用风险主要是由于销售部门或相关的业务管理部门在销售业务管理上缺少规范和控制造成的。其中较为突出的问题是没能对客户的赊销额度和期限进行有效的控制。一些企业在给，客户的赊销额度上随意性很大，销售人员或者个别管理人员说了算，结果往往是被客户牵着鼻子走。实践证明，企业必须建立与客户间直接的信用关系，实施直接管理，改变单纯依赖于销售人员"间接管理"的状况。因此，必须实行严格的内部授信制度，这方面的制度应包括：信用政策的制定及合理运用；信用额度审核程序；发货控制。

3. 事后控制——应收账款监控制度

关于应收账款管理，许多企业已制定了一些相应的管理制度，但是在实际操作中，这些制度还远远不能适应当前市场环境和现代企业管理的要求，存在的主要问题是缺少管理的系统件和科学性。这方面的制度主要涉及账龄控制、货款追收与债权管理。

四、应收账款日常管理

（一）应收账款追踪分析

应收账款一旦产生，赊销企业就必须考虑如何按期足额地收回。如果客户具有良好的信用品质，则赊销企业如期足额地收回客户欠款一般不会有多大的问题。然而，市场供求关系所具有的易变性使得客户所赊购的商品不能顺利地销售（或加工后销售）与变现，经常出现的情形有两种：积压或赊销。无论属于其中的哪种情形，对客户而言，都意味着与应付账款相对的现金支付能力匮乏。在这种情况下，客户能否严格履行赊销企业的信用条件，取决于两个因素：其一，客户的信用品质；其二，客户现金的持有量与调剂程度（如现金用途的约束性、其他短期债务偿还对现金的要求等）。如果客户的信用品质良好，持有一定的现金余额，且现金支出的约束性较小，可调剂程度较大，客户大多是不愿以损失市场信誉为代价而拖欠赊销企业账款的；如果客户信用不佳，或者现金匮乏，或者现金的可调剂程度低，那么，赊销企业的账款遭到拖欠就在所难免。

（二）应收账款账龄分析

企业已发生的应收账款时间长短不一，有的尚未超过信用期，有的则已逾期拖欠。一般来讲，逾期拖欠时间越长，账款催收的难度越大，成为坏账的可能性也就越大。因此，进行账龄分析，密切注意应收账款的回收情况，是提高应收账款收现效率的重要环节。

应收账款账龄分析就是分析应收账款的账龄结构。所谓应收账款的账龄结构，是指各账龄应收账款的余额占应收账款总余额的比重。

通过应收账款账龄分析，不仅能提示财务管理人员应把催收过期款项视为工作重点，而且有助于促进企业进一步研究与制定新的信用政策。

（三）建立应收账款坏账准备制度

无论企业采取怎样严格的信用政策，只要存在着商业信用行为，坏账损失的发生总是不可避免的。确定坏账损失的标准主要有两条：

1. 因债务人破产或死亡，以其破产财产或遗产清偿后，仍不能收回的应收款项；
2. 债务人逾期未履行偿债义务，且有明显特征表明无法收回。

企业的应收账款只要符合上述任何一个条件，均可作为坏账损失处理。需要注意的是，当企业的应收账款按照第二个条件已经作为坏账损失处理后，并非意味着企业放弃了对该项应收账款的索取权。实际上，企业仍然拥有继续收款的法定权利，企业与欠款人之间的债权债务关系不会因为企业已做坏账处理而解除。

既然应收账款的坏账损失无法避免，那么，遵循谨慎性原则，应对坏账损失的可能性预先进行估计，并建立弥补坏账损失的准备制度，即提取坏账准备金就显得极为必要。

第四节 存 货 管 理

一、存货的功能与成本

（一）存货的功能

1. 保持生产经营的正常进行

企业在日常的生产经营活动中，可能会因为内、外部非正常事件的发生，例如供货方不能按时足额供货、企业临时增大产量而增加对原材料的需求等，打破资金运转的正常状态。企业只有保持一定的存货，才能有效防止停工待料事件的发生，维持生产的连续性，减少企业的停工损失。

2. 满足市场需求

市场对一个企业的产品需求具有不确定性，保持一定的存货储备，能增强企业适应市场需求变化的能力。充足的库存产品能有效地供应市场，满足顾客的需要，增加企业收益。相反，如市场有需求而企业存货不足，则会造成产品的供不应求，企业将会错失收益，并有可能因此而失去客户。

3. 降低进货成本

由于存在商业折扣，企业采取批量集中进货可获得较多的价格优惠。此外，通过增加每次购货数量，减少购货次数，可以降低采购费用支出。即便在推崇零库存管理的今天，仍有不少企业采取大批量购货方式，只要订货成本的降低额大于因存货增加而导致的储存费用的增加额，就可以采取大批量进货的方式。

4. 维持均衡生产

对于那些产品具有季节性的公司，或生产所需材料的供应具有季节性的公司，为实现均衡生产，降低生产成本，就必须适当储存一定的成品、半成品或保持一定的原材料库存。否则，这些公司若按照季节变动组织生产活动，难免会产生忙时超负荷运转，闲时生产能力得不到充分利用的情况，这也会导致生产成本的提高。

（二）存货的成本

为了维持企业的正常生产经营活动，企业必须储备一定数量的存货，但是存货过多也会影响企业的经济效益，因为采购、储存存货要发生各种费用支出，这些费用支出就构成了企业存货的成本。一般来说，存货成本主要涉及以下四个方面：

1. 采购成本

采购成本是存货成本的主要组成部分，它是指构成存货本身价值的进价成本，主要包括买价、运杂费、装卸费、运输途中的合理损耗和入库前的挑选整理费等。采购成本与采购数量呈正比，它是采购数量与单位采购成本的乘积。采购成本受存货的市场价格影响较大，因此在采购存货时，应当尽可能以较低的市价采购符合要求的存货，以降低存货的成本。在存货的市价稳定的情况下，存货的采购成本通常属于无关成本；但当供应商为扩大销售而采用数量折扣等优惠方法时，采购成本就成为相关成本了。存货采购成本可以表示为：

$$TC_1 = D \cdot P$$

式中，D 为存货年需求量；P 为一存货单位价格。

2. 订货成本

订货成本是指企业为组织订购存货而发生的各种费用支出，如为订购而发生的差旅费、邮资、通信费、专设采购机构的经费等。订货成本分为固定性订货成本和变动性订货成本。固定性订货成本与订购次数无关，如专设采购机构的经费支出等；变动性订货成本与订购次数成正比，而与每次订购数量关系不大，订购次数越多，变动性订货成本越高，如采购人员的差旅费、通信费等。订货成本可表示为：

$$TC_2 = G_1 + \frac{D}{Q} \cdot K_1$$

式中，C_1 为固定订购成本；K_1 为每次订购的成本；Q 为每次进货量。

3. 储存成本

储存成本是指企业为储存存货而发生的各种费用支出，如仓储费、保管费、搬运费、保险费、存货占用资金支付的利息费、存货残损和变质损失等。存货的储存成本也分为变动性储存成本和固定性储存成本：变动性储存成本与储存存货的数量成正比，储存的存货数量越多，变动性储存成本就越高，如存货占用资金的利息费、存货的保险费、存货残损和变质损失等；固定性储存成本与存货的储存数量无关，如仓库折旧费、仓库保管人员的固定月工资等，储存成本可表示为：

$$TC_3 = G_2 + \frac{Q}{2} \cdot K_2$$

式中，G_2 为存货的固定储存成本；K_2 为存货的单位储存成本。

4. 短缺成本

短缺成本是指由于存货储备不足而给企业造成的经济损失，如由于原材料储备不足造成的停工损失，由于商品储备不足造成销售中断的损失，成品供应中断导致延误发货的信誉损失及丧失销售机会的损失等。如果生产企业以紧急采购代用材料解决库存材料中断问题，则短缺成本表现为额外的购入成本，即紧急购入的支出大于正常购入的支出部分。存货的短缺成本与存货的储备数域负相关，储存存货的数量越大，发生缺货的可能性越小，短缺成本越小。

二、存货决策——经济订购批量基本模型

订购批量，是指每次订购的数量。经济订购批量（EOQ）是指能够使一定时期存货的相关总成本达到最低时的订购批量。订货成本的高低与订购次数成正比，而与每次采购的批量成反比；储存成本的高低与订购次数成反比，而与每次采购的批量成正比。具体来说，在一定时期（通常为一年）内需求量一定的前提下，每次订购批量越大，订购次数就越少，订货成本总额越低，但储存成本则会增加；反之，每次订购批量越小，订购次数就越多，订货成本总额就越高，但储存成本则会降低。

经济订购批量基本模型需要设立以下七项假设条件：

1. 企业能够及时补充存货，即需要订购时便可立即取得存货；
2. 能集中到货，而不是陆续入库；
3. 不允许缺货，即缺货成本为零；
4. 需求量稳定，为可预测的常量；
5. 不考虑数量折扣，存货单价为不变的常量；
6. 企业现金充足，不会因现金短缺而影响进货；
7. 所需存货市场供应充足。

由于企业不允许缺货，即每当存货数量降至零时，下一批订货便会随即全部购入，故不存在缺货成本。此时与存货订购批量、批次直接相关的就只有订货成本和储存成本两项。于是：

存货相关总成本 = 相关订货成本 + 相关储存成本

$$= \frac{存货年需要量}{每次订购批量} \times 每次订货成本 + \frac{每次订货批量}{2} \times 单位存货年储存成本$$

用符号表示即为：

$$存货相关总成本 TC = \frac{A}{Q} \times B + \frac{Q}{2} \times C$$

式中，Q 为订购批量；A 为存货年需要量；B 为平均每次订货成本；C 为单位存货年度储存成本。

令

$$\frac{dTC}{dQ} = \frac{1}{2} \times C - \frac{A}{Q^2} \times B = 0$$

得经济订购批量 Q^*，即：

$$Q^* = \sqrt{\frac{2AB}{C}}$$

经济订购批量的存货相关总成本 $TC^* = \sqrt{2ABC}$

经济订购批量平均占用资金 $W^* = \frac{Q^*}{2} \times P = \sqrt{\frac{AB}{2C}} \times P$（$P$ 为存货单价）

年度最佳订购批次 $N^* = \frac{A}{Q^*} = \sqrt{\frac{AC}{2B}}$

【例 7-6】新兴公司预计年耗用某种材料 6 000 公斤，单价 80 元，单位订货成本 12 元，单位储存成本 9 元，平均每次进货费用为 30 元。假设该材料不存在缺货情况。

要求：

（1）计该乙材料的经济进货批量。
（2）计算经济进货批量下的总成本。
（3）计算经济进货批量的平均占用资金。
（4）计算年度最佳进货次数。

乙材料的经济进货批量 = [（2×6 000×30）/9]1/2 = 200 千克

经济进货批量下的总成本 = 200/2×9 + 6 000/200×30 = 900 + 900 = 1 800 元

经济进货批量的平均占用资金 200/2×80 = 8 000 元

年度最佳进货次数 = 6 000/200 = 30 次

三、存货的日常控制

存货日常管理的目标是在保证企业生产经营正常进行的前提下尽量减少库存，防止积压。实践中形成的行之有效的管理方法有存货定额控制、存货供应时点控制、存货储存期控制、存货 ABC 分类管理以及零库存管理等多种方法。本书只介绍后三种。

（一）存货储存期控制

无论是商品流通企业，还是生产制造企业，其商品一旦购进入库或产品一旦完工入库，就面临着如何尽快销售出去的问题。即使不考虑未来市场供求关系的不确定性，仅是存货储存本身就要求企业付出一定的资金占用费（如利息或机会成本）和仓储管理费。

因此，尽力缩短存货储存时间，加速存货周转，是节约资金占用，降低成本费用，提高企业获利水平的重要途径。

企业进行存货投资所发生的费用支出，按照与储存时间的关系可以分为固定储存费与变动储存费两类。前者包括进货费用、管理费用，其金额多少与存货储存期的长短没有直接关系；后者包括存货资金占用费（贷款购拧存货的利息或现金购置存货的机会成本）、存货仓储管理费、仓储损耗（为计算方便，如果仓储损耗较小，亦将其并入固定储存费）等，其金额与存货储存期成正比。

基于上述分析，可以将产量、成本、利润的平衡关系式调整为

利润＝毛利－固定储存费－营业税金及附加－每日变动储存费×储存天数

上式稍作变形便可得出存货保本储存天数（利润为零）和存货保利储存天数（利润为目标利润）的计算公式

$$存货保本储存天数＝\frac{毛利－固定储存费－营业税金及附加}{每日变动储存费}$$

$$存货保利储存天数＝\frac{毛利－固定储存费－营业税金及附加－目标利润}{每日变动储存费}$$

可见，存货的储存成本之所以会不断增加，主要是由于变动储存费随着存货储存期的延长而不断增加的结果，所以利润与费用之间此增彼减的关系实际上是利润与变动储存费之间此增彼减的关系，这样随着存货储存期的延长，利润将日渐减少。当毛利扣除固定储存费和营业税金及附加后的差额，被变动储存费抵消到恰好等于企业目标利润时，表明存货已经到了保利期，当它完全被变动储存费抵消时，便意味着存货已经到了保本期。

（二）ABC管理法

意大利经济学家巴雷特在19世纪首创了ABC管理法，经过不断发展和完善，现在已经广泛用于存货管理、成本管理和生产管理中。存货的ABC管理就是按照一定的标准，将企业的存货划分为A、B、C三类，分别实行分品种重点管理、分类别一般控制和按总额灵活掌握的存货管理方法。对于一个企业而言，存货品种繁多，尤其是大中型企业的存货往往有成千上万种，有的存货品种数量少，但价值很高，有的存货品种数繁多，但价值较小。如果不分主次，对所有的存货都进行周密的计划、严格的控制，就抓不住重点，不能有效地控制主要存货。因此，对存货的管理不必事无巨细、而面俱到，应当分清主次。对于价值昂贵、占用资金较多的存货应当重点管理；对于价值较低、占用资金不多的存货，可以不作重点管理，实行一般控制即可。

在实际应用中，通常分类的标准主要有两个：一是金额标准，二楚品种数量标准，其中

金额标准是最基本的,品种数量标准仅作为参考。

A类存货一般是种类少,但资金占用较多的存货;C类存货通常是种类繁多,但资金占用不多的存货;B类存货是介于A类和C类之间的存货。一般而言,三类存货的金额比重大致为A∶B∶C＝0.7∶0.2∶0.1,而品种数比重大致为A∶B∶C＝0.1∶0.2∶0.7。

可见,由于A类存货占用着企业绝大多数的资金,只要能够控制好A类存货,基本上也就不会出现大问题。同时,由于A类存货品种数量较少,企业完全有能力按照每一个品种进行管理,企业可以为A类存货分别设置永续盘存卡片,以加强日常的控制。B类存货金额相对较小,企业不必像对待A类存货那样花费太多的精力。同时,由于B类存货的品种数量远远多于A类存货,企业通常没有能力对每一具体品种进行控制,因此可以通过划分类别的方式进行管理。C类存货尽管品种数量繁多,但其所占金额却很小,对此,企业可以采用较为简化的方法进行管理。

(三) 零存货管理

零存货管理系统(JIT)的特征是,争取存货为零,即在生产刚开始时,供应商发出的原材料刚好到达;在生产线上没有留存的半成品,只有不断运动的在产品;产品一旦完工,马上销售出去。零存货库存突破了传统的存货库存模式,这种模式能够使企业加速流动资金周转,减少利息支出,减少库存仓储存放费用和运输装卸费用,降低原材料费用成本。同时还避免随着商品不断更新,库存物资因不适合市场需要和生产质量工艺要求,出现削价处理、报废处理,甚至霉烂变质等损失。

零存货库存的管理要有严密的生产计划。企业根据产品订货合同和交货进度,与原材料供应公司订立原材料供货合同;按照原材料交货时间、质量标准和数量多少来安排生产计划和组织生产,尽可能在供应、生产、销售三个环节实现零存货库存,进而逐步做到不需要建立原材料、外购件、半成品及产成品的库存准备或者少储存。同时,这种管理模式也对供应商、员工、生产系统等提出了更高的要求。只有这些要求能够得到满足,零存货管理才能取得成功。

【知识总结】

本章通过对运营资本管理相关内容的分析阐述，希望学生可以了解营运资本的含义与管理原则、管理政策；掌握现金管理的目的、内容和方法；了解应收账款的功能与成本，掌握信用政策的构成与决策；了解存货的功能与成本，掌握存货经济订购批量模型，熟悉存货日常管理的内容和方法。

【思考练习】

一、单选题

1. 某公司存货周期转期为 160 天，应收账款周转期为 90 天，应付账款周转期为 100 天，则该公司现金周转期为（　　）天。
   A. 30　　　　B. 60　　　　C. 150　　　　D. 260

2. 某公司根据存货模型确定的最佳现金持有量为 100 000 元，有价证券的年利率为 10%。在最佳现金持有量下，该公司与现金持有量相关的现金使用总成本为（　　）元。
   A. 5 000　　B. 10 000　　C. 15 000　　D. 20 000

3. 某公司持有有价证券的平均年利率为 8%，公司的现金最低持有量为 1 500 元，现金余额的回归线为 8 000 元。如果公司现有现金 20 000 元，根据现金持有量随机模型，此时应当投资于有价证券的金额是（　　）元。
   A. 0　　　　B. 6 500　　C. 12 000　　D. 18 500

4. 甲公司采用随机模式确定最佳现金持有量，最优现金回归线水平为 7 000 元，现金存量下限为 2 000 元。公司财务人员的下列做法中，正确的有（　　）。
   A. 当持有的现金余额为 1 500 元时，转让 5 500 元的有价证券
   B. 当持有的现金余额为 5 000 元时，转让 2 000 元的有价证券
   C. 当持有的现金余额为 12 000 元时，购买 5 000 元的有价证券
   D. 当持有的现金余额为 20 000 元时，购买 13 000 元的有价证券

5. 甲公司现金部经理决定采用随机模型进行现金余额管理，确定 L 值应为 10 000 元，估计公司现金流量标准差 δ 为 2 000 元，持有现金的年机会成本为 12.6%，转换成本 b 为 210 元，一年按 360 天计算。则该公司最优回归线 R 应为（　　）元。
   A. 12 805.79　　B. 22 164.40　　C. 1 449 137.68　　D. 1 467 137.68

6. 某公司 2017 年 3 月底在外的应收账款为 480 万元，信用条件为 N/30，过去三个月的

赊销情况为：1月份240万元、2月份180万元、3月份320万元，则应收账款的平均逾期天数为（　　）。

A. 28.38　　　　B. 36.23　　　　C. 58.39　　　　D. 66.23

二、多选题

1. 流动资产与固定资产投资相比，特点包括（　　）。
   A. 弹性大　　　B. 流动性强　　　C. 具有并存性　　　D. 具有波动性
2. 企业为维持预防动机所需要的现金余额主要取决因素有（　　）。
   A. 企业临时的举债能力　　　　　B. 企业愿意承担的风险程度
   C. 企业在金融市场上的投资机会　　D. 企业对现金流量预测的可靠程度
3. 企业持有现金的动机有（　　）。
   A. 交易动机　　　　　　　　　　B. 预防动机
   C. 投机动机　　　　　　　　　　D. 为在银行维持补偿性余额
4. 为了确定最佳现金持有量，企业可以采用的方法有（　　）。
   A. 存货模式　　　　　　　　　　B. 邮政信箱模式
   C. 成本分析模式　　　　　　　　D. 银行业务集中模式
5. 用存货模式分析确定最佳现金持有量时，要考虑的成本费用项目有（　　）。
   A. 现金管理费用　　　　　　　　B. 现金短缺成本
   C. 持有现金的机会成本　　　　　D. 现金与有价证券的转换成本

三、判断题

1. 企业营运资金余额越大，说明企业风险越小，收益率越高。（　　）
2. 现金持有成本是指企业持有现金所放弃的企业投资报酬率。（　　）
3. 企业如果发生现金短缺，就有可能造成信用损失，有可能出现因缺货而停工，因此企业保有的现金越多越好，现金短缺成本也就可能下降到最低水平。（　　）
4. 营运资金的特点体现在流动资产上。（　　）
5. 若现金的管理成本是相对固定的，则在确定现金最佳持有量时，可以不考虑它的影响。（　　）
6. 银行业务集中法是通过建立一个收款中心来加速现金流转的方法。（　　）

四、简答题

1. 搞好营运资本管理需要遵循的原则有哪些？可供选择的管理政策有几种？
2. 简述企业持有现金的动机以及现金管理的目标。
3. 简述应收账款的功能和成本。
4. 什么叫信用政策？信用政策如何制定？

5. 如何运用 5C 系统评估顾客的信用品质？

6. 什么叫经济批量？如何确定？

7. 什么叫存货的 ABC 管理法？怎样实行 ABC 管理法？

8. 什么是无形资产？无形资产与固定资产的联系？

9. 无形资产主要特征表现在哪些方面？

五、计算题

1. 已知：某公司现金收支平衡，预计全年（按 360 天计算）现金需要量为 250 000 元，现金与有价证券的转换成本为每次 500 元，有价证券年利率为 10%。

要求：

（1）计算最佳现金持有量。

（2）计算最佳现金持有量下的全年现金管理总成本、全年现金转换成本和全年现金持有机会成本。

（3）计算最佳现金持有量下的全年有价证券交易次数和有价证券交易间隔期。

2. D 公司是一家服装加工企业，2017 年营业收入为 3 600 万元，营业成本为 1 800 万元，日购货成本为 5 万元。该公司与经营有关的购销业务均采用赊账方式。假设一年按 360 天计算。D 公司简化的资产负债表如表所示（单位：万元）：

资产	金额	负债和所有者权益	金额
货币资金	211	应付账款	120
应收账款	600	应付票据	200
存货	150	应付职工薪酬	255
流动资产合计	961	流动负债合计	575
固定资产	850	长期借款	300
非流动资产合计	850	负债合计	875
		实收资本	600
		留存收益	336
		所有者权益合计	936
资产合计	1 811	负债和所有者权益合计	1 811

要求：

（1）计算 D 公司 2017 年的营运资金数额。

（2）计算 D 公司 2017 年的应收账款周转期、应付账款周转期、存货周转期以及现金周转期（为简化计算，应收账款、存货、应付账款的平均余额均以期末数据代替）。

（3）在其他条件相同的情况下，如果 D 公司利用供应商提供的现金折扣，则对现金周转期会产生何种影响？

（4）在其他条件相同的情况下，如果 D 公司增加存货，则对现金周转期会产生何种影响？

3. 某商业企业 2016 年的有关资料如下：

项目	期初金额	期末金额
存货	8 000	8 000
应收账款	3 300	2 700
应付账款	2 100	1 900
销货收入	21 600	
采购成本	18 000	

假定 1 年按 360 天计算，不考虑其他因素。

要求：

（1）根据以上资料计算：存货周转期、应收账款周转期、应付账款周转期和现金周转期。

（2）如果 2017 年现金周转期需要控制在 150 天，存货周转期、应付账款周转期和平均应收账款维持在上年水平，则 2017 年的销货收入增长率为多少？

4. B 公司是一家制造类企业，产品的变动成本率为 70%，一直采用赊销方式销售产品，信用条件为 N/30，估计 20% 的顾客会逾期付款，平均逾期天数为 5 天。如果继续采用这个信用条件，预计 2014 年销售收入为 2 000 万元，坏账损失为逾期收款的 2%，收账费用为逾期收款的 3%。

为扩大产品的销售量，B 公司拟将信用条件变更为（2/10，N/60），估计 60% 的顾客会享受折扣，而剩余部分的顾客中 50% 会逾期付款，平均逾期天数为 10 天。在其他条件不变的情况下，预计 2014 年销售收入为 3 000 万元，坏账损失和收账费用均上升 1%。假定等风险投资最低报酬率为 10%，一年按 360 天计算。

要求：

（1）计算信用条件改变后增加的收益；

（2）计算信用条件改变前后各自的应收账款平均收现期；

（3）计算信用条件改变后应收账款应计利息增加额；

（4）计算信用条件改变后坏账损失和收账费用增加额；

（5）计算信用条件改变后增加的现金折扣；

（6）计算信用条件改变后的净收益增加额并为 B 公司做出是否应改变信用条件的决策。

第八章　收益分配管理

【学习目标】

1. 了解收益分配的概念和作用；
2. 掌握收益的组成及日常管理；
3. 了解影响股利政策的因素；
4. 掌握收益分配管理的基本概念、基本理论和基本方法；
5. 掌握主要股利形式，重点掌握胜利政策。

【核心概念】

收益分配　股权形式

第一节　收益分配概述

一、收益分配的意义

收益分配管理是企业收益与分配的主要活动及其形成的财务关系的组织与调节，是企业将一定时期内所创造的经营成果合理地在企业内部、外部各利益相关者之间进行有效分配的过程。企业的收益分配有广义和狭义两种概念。广义的收益分配是指对企业的收入和净利润进行分配，包括对企业收入的分配和对企业净利润的分配两个层次的内容。狭义的收益分配则仅仅是指对企业净利润的分配。本章所指收益分配是广义的收益分配概念，即对企业收入和净利润的分配。

企业通过经营活动取得收入后，要按照补偿成本、缴纳所得税、提取公积金、向投资者分配利润等顺序进行收益分配。收益分配不仅是资产保值、保证简单再生产的手段，也是资产增值、实现扩大再生产的工具。收益分配可以满足国家政治职能与组织经济职能的需要，是处理所有者、经营者等各方面物质利益关系的基本手段。

收益分配管理作为现代企业财务管理的重要内容之一，对于维护企业与各相关利益主体的财务关系、提升企业价值具有重要意义。具体而言，企业收益分配管理的意义表现在以下四个方面：

1. 收益分配集中体现了企业所有者、债权人与职工之间的利益关系

企业所有者是企业权益资金的提供者，按照谁出资谁受益的原则，投资者应得的投资收益须通过企业的收益分配来实现，而获得投资收益的多少取决于企业盈利状况及利润分配政策。

通过收益分配，投资者能实现预期的收益。同时，企业信誉提高，有利于企业未来融通资金。

企业的债权人在向企业投入资金的同时也承担了一定的风险，企业的收益分配应体现出对债权人利益的充分保护。除了按时支付到期本金、利息外，企业在进行收益分配时也要考虑债权人未偿付本金的保障程度，否则将在一定程度上削弱企业的偿债能力，从而降低企业的财务弹性。

职工是价值的创造者，是企业收入和利润的源泉。通过薪资的支付以及各种福利的提供，可以提高职工的工作热情，为企业创造更多价值。因此，为了正确、合理地处理好企业各方利益相关者的需求，就必须对企业所实现的收益进行合理分配。

2. 收益分配是企业进行再生产的重要条件

生产经营过程中投入的各类资金，随着生产经营活动的进行不断消耗和转移，形成成本费用，最终构成商品价值的一部分。销售收入的取得，为企业成本费用的补偿提供了前提，为企业简单再生产的正常进行创造了条件。通过收益分配，企业能形成一部分自行安排的资金，可以增强企业生产经营的财力，有利于企业扩大再生产。

3. 收益分配是企业优化资本结构的重要措施

留存收益是企业亟要的权益资金来源，收益分配给留存收益的多少，影响企业积累的多少，从而影响权益与负债的比例，即资本结构。企业价值最大化的目标要求企业的资本结构最优，因而收益分配便成了优化资本结构、降低资本成本的重要措施。

4. 收益分配是国家建设资金的重要来源之一

在企业正常的生产经营活动中，职工不仅为自己创造了价值，还为社会创造了一定的利润。利润代表企业的新创财富，是企业收入的重要构成部分。通过收益分配，国家财政也能够集中一部分企业利润，由国家有计划地分配使用，实现国家政治职能和经济职能，为社会经济的发展创造良好条件。

二、收益分配的原则

收益分配作为企业一项重要的财务活动，关系着投资者、债权人等各方的利益，涉及企业的生存与发展，应当遵循以下原则。

（一）依法分配原则

企业的收益分配必须依法进行。为了规范企业的收益分配行为，维护各利益相关者的合法权益，国家颁布了相关法律、法规，严格规定了企业收益分配的基本要求、一般程序和重要比例。企业应当认真执行，不得违反。

（二）分配与积累并重原则

企业的收益分配必须坚持积累与分配并重的原则。企业通过经营活动赚取收益，既要保证企业简单再生产的持续进行，又要不断积累企业扩大再生产的财力基础，恰当处理分配与积累之间的关系，留存一部分净收益以供未来分配之需，在增强企业抵抗风险能力的同时，提高企业经营的稳定性与安全性。

（三）兼顾各方利益原则

企业的收益分配必须兼顾各方面的利益。企业是经济社会的基本单元，企业的收益分配涉及国家、企业股东、债权人、职工等多方面的利益。企业在进行收益分配时，应当统筹兼顾，维护各利益相关者的合法权益，正确处理它们之间的关系，协调其矛盾，保证企业的生存和长远发展。

（四）投资与收益对等原则

企业的收益分配必须坚持投资与收益对等原则，即企业进行收益分配应当体现"谁投资谁受益"、收益大小与投资比例相适应的原则。投资者因其投资行为而享有收益权，投资收益应同其投资比例对等，不允许发生任何一方随意多分多占的现象，这样才能从根本上实现收益分配中的公开、公平、公正，有效保护投资者的利益，提高投资者的积极性。

三、确定收益分配政策时应考虑的因素

（一）法律因素

为了保护债权人和股东的利益，法律法规就公司的收益分配做出规定，公司的收益分配政策必须符合相关法律规范的要求。相关要求主要体现在资本保全约束、偿债能力约束、资本积累约束、超额累积利润约束等几个方面。

1. 资本保全约束

要求公司股利的发放不能侵蚀资本，即公司不能因支付股利而引起资本减少。资本保全的目的，在于防止企业任意减少资本结构中的所有者权益的比例，以保护债权人的利益。

2. 偿债能力约束

偿债能力是指企业按时足额偿还各种到期债务的能力，是企业确定收益分配政策时要考虑的一个基本因素。现金股利是企业现金的支出，而大量的现金支出必然影响公司的偿债能力。因此，公司在确定股利分配数量时，一定要考虑现金股利分配对公司偿债能力的影响，保证在现金股利分配后公司仍能保持较强的偿债能力，防止企业无力偿付债务的情况出现，维护公司的信誉和借贷能力，保证公司的正常资金周转。

3. 资本积累约束

要求企业必须按照一定的比例和基数提取各种公积金，股利只能从企业的可供分配收益中支付，企业当期的净利润按照规定提取各种公积金后和过去累积的留存收益形成企业可供

分配的收益。另外，在进行收益分配时，一般应当贯彻"无利不分"的原则，即当企业出现年度亏损时，一般不进行利润分配。

4. 超额累积利润约束

因为资本利得与股利收入的税率并不一致，往往股东接受股利缴纳的所得税高于其进行股票交易的资本利得税。公司通过保留利润来提高其股票价格，可使股东避税。有些国家的法律禁止公司过度地积累盈余，如果一个公司盈余的积累大大超过公司目前及未来投资的需要，则可看做是过度保留，将被加征额外的税款，如美国《国内收入法》规定，如果国内税务局能够查实企业是故意压低股利支付率以帮助股东逃避缴纳个人所得税，就可对企业的累积盈余处以惩罚性的税率。我国法律目前对此尚未做出规定。

5. 净利润约束

一般规定，企业年度累计净利润必须为正数时，才可以发放股利，以前年度亏损必须足额弥补。

（二）公司因素

公司在确定收益分配政策时，出于长期发展和短期经营的考虑，需要考虑以下因素，来确定收益分配政策。

1. 现金流量

公司资金的正常周转，是公司生产经营得以有序进行的必要条件。因此，保证企业正常的经营活动对现金的需求量确定收益分配政策的最重要限制因素。企业在进行收益分配时，必须充分考虑企业的现金流量，而不仅仅是企业的净收益。由于会计规范的要求和核算方法的选择，有一部分项目增加了企业的净收益，但并未增加企业可供支配的现金流量。因此，在确定收益分配政策时，企业应当充分考虑这方面的影响。

2. 投资需求

企业的收益分配政策应当考虑未来投资需求的影响。如果一个公司有较多的投资机会，那么它需要有强大的资金支持，因而往往少发放股利，采用低股利支付水平的分配政策；相反，如果一个公司的投资机会比较少，那么就有可能倾向于采用较高的股利支付水平的分配政策。

3. 筹资能力

企业收益分配政策受其筹资能力的限制。如果公司具有较强的筹资能力，随时能筹集到所需资金，那么公司有可能采取较为宽松的股利政策。

4. 资产的流动性

企业现金股利的支付能力，在很大程度上受其资产变现能力的限制。较多地支付现金股利，会减少企业的现金持有量，使资产的流动性降低，而保持一定的资产流动性是企业正常运转的基础和必要条件。如果一个公司的资产有较强的变现能力，现金的来源比较充裕，则它的股利支付能力也比较强。

5. 盈利的稳定性

企业收益分配政策在很大程度上会受其盈利稳定性的影响。一般来讲，一个公司的盈利越稳定，面临经营风险和财力风险越小，筹资能力越强，股利支付水平相对越高。

6. 筹资成本
留存收益是企业内部筹资的一种重要方式，它同发行新股或举债相比，有成本低的优点。因此，很多企业在确定收益分配政策时，往往将企业的净收益作为首选的筹资渠道，特别是在负债资金较多、资本结构欠佳的时期。

7. 股利政策惯性
一般情况下，企业不宜经常改变其收益分配政策。企业在确定收益分配政策时，应该充分考虑股利政策调整有可能带来的负面影响。如果企业历年采取的股利政策具有一定的连续性和稳定性，那么重大的股利政策调整有可能对企的声誉、股票价格、负债能力、信用等多方面带来影响。另外，靠股利来生活和消费的股东不愿意投资于股利波动频繁的股票。

8. 其他因素
收益分配政策的确定还会受其他公两因素的影响，如上市公司所处行业也会影响到它的股利政策。朝阳行业一般处于成长期，甚至能以数倍于经济发展速度的水平发展，因此就可能进行较高比例的股票股利支付；而夕阳产业则由于处在衰返期，会随着经济的高增长而萎缩，难以进行高比例的分红；公用事业往往有及时、充裕的现金来源，可选择的投资机会有限，所以发放高比例现金股利的可能性较大。另外，企业可能有意地多发股利使股价上升，使已发行的可转换债券尽快实现转换，从而达到调整资本结构或反兼并、反收购的目的等。

（三）股东因素
股东在收入控制权、税赋风险及投资机会等方面的考虑，也会对企业的收益分配政策产生影响。

1. 稳定的收入
有的股东依赖公司发放的现金股利维持生活，他们往往要求公司保持较高水平的股利支付水平，反对公司留存过多的收益。另外，有些股东认为留存利润使公司股票价格上升而获得资本利得具有较大的不确定性，取得现实的股利比较可靠。因此，这些股东也会倾向于多分配股利。

2. 控制权
收益分配政策也会受到现有股东对控制权要求的影响。以现有股东为基础组成的董事会，在长期的经营中可能形成了一定的有效控制格局，他们往往会将股利政策作为维持其控制地位的工具。当公司为有利可图的投资机会筹措所需资金，而外部又无适当的筹资渠道可以利用时，为避免由于增发新股，可能会有新的股东加入公司而打破目前已经形成的控制格局，股东就会倾向于较低的股利支付水平，以便从内部的留存收益中取得所需资金。

3. 税赋
公司的股利政策会受股东对税赋因素考虑的影响。一般来讲，股利收入的税率要高于资本利得的税率，很多股东会由于对税赋因素的考虑而偏好于低股利支付水平。因此，低股利政策会使他们获得更多节税上的好处。

4.投资机会

股东的外部投资机会也是公司制定分配政策必须考虑的一个因素。如果公司将留存收益用于再投资的所得报酬低于股东个人单独将股利收入投资于其他投资机会所得的报酬,则股东倾向于公司少留存收益,而多发股利给股东,因为这样做,将对股东更有利。

(四)债务契约与通货膨胀

1.债务契约

一般来说,股利支付水平越高,留存收益越少,公司的破产风险加大,就越有可能损害到债权人的利益。因此,为了保证自己的利益不受侵害,债权人都会在公司借款合同、债务契约以及租赁合约中加入关于借款公司股利政策的限制性条款,以限制公司股利的发放。

限制条款通常包括以下方面:

(1)未来股利只能以签订合同之后的收益发放,即不能以过去留存收益来发放;

(2)营运资金低于某一特定金额时不得发放股利;

(3)将利润的一部分以偿债基金的形式留存下来;

(4)利息保障倍数低于一定水平时不得发放股利。

2.通货膨胀

通货膨胀会带来货币购买力水平下降、固定资产重置资金来源不足的后果,此时企业往往不得不考虑留用一定的利润,以弥补由于货币购买力水平下降而造成的固定资产重置资金缺口。因此,在通货膨胀时期,企业一般会采取偏紧的收益分配政策。

第二节 收入管理

企业的收入是指企业在销售商品、提供劳务、转让资产使用权所取得的各种收入的总称。由于销售收入一般是企业的收入主体,故一般企业的收入主要是指销售收入,即企业在日常生产经营活动中,销售商品、提供劳务形成的收入总额。

销售收入是企业的重要财务指标,在资金运动过程中处于起点和终点的地位,具有重要的经济意义。它是企业简单再生产和扩大再生产的资金来源,是加速资金周转的前提,所以必须加强对销售收入的管理。销售收入的制约因素,包括产品的销售数量和销售价格,因此,企业在经营管理过程中一定要做好销售预测分析以及销售定价管理。

一、销售预测分析

销售预测分析是指通过市场调查,以有关的历史资料和各种信息为基础,运用科学的预测方法和管理人员的实际经验,对企业产品在计划期间的销售量或销售额做出预计或估量的过程。企业在进行销售预测时,应充分研究和分析企业产品销售的相关资料,如产品价格、产品质量、售后服务、推销方法等。此外,对企业所处的市场环境、物价指数、市场占有率及经济发展趋势等情况也应进行研究分析。

销售预测的方法有很多种，主要包括定性分析法和定量分析法。

（一）定性分析法

定性分析法即非数量分析法，是指由专业人员根据实际经验，对预测对象的未来情况及发展趋势做出预测的一种分析方法。定性分析法一般适用于预测对象的历史资料不完备或无法进行定量分析时，主要包括推销员判断法、专家判断法和产品寿命周期分析法。

1. 推销员判断法

推销员判断法又称意见汇集法，是由企业熟悉市场情况及相关变化信息的经营管理人员对由推销人员调查得来的结果进行综合分析，从而做出预测的方法。

2. 专家判断法

专家判断法是通过组织专家会议，运用专家各方面专业知识和经验的判断能力，相互启发，集思广益，对成本等重大战略目标的决策进行预测的方法。该法与推销员判断法相比，其优点在于信息量大，考虑因素多，易于展开思路。适用于进行初步预测分析，或对已提出的预测方案进行评价。但专家判断法的准确性比较差，在预测时易受专家个性、会议时间、专家感情等方面的影响。专家判断法有三种形式：个别专家意见汇集法、专家小组法和德尔菲法。

个别专家意见汇集法是分别向每位专家征求本企业产品未来销售情况的个人判断和意见，然后综合专家意见确定预测值。

专家小组法是将专家分成若干小组，运用专家智慧进行判断和预测。该方法的缺点在于小组中其他专家的意见可能会受到权威专家的意见的影响，客观性得不到保证。

德尔菲法是由 20 世纪 40 年代美国兰德公司所推广的著名的定性分析法，它实质上是专家判断法的发展。它不同于专家判断法把一组专家召集在一起对预测对象发表意见，而是通过中间机构以匿名方式征求每个专家的意见，以消除专家间在个性、情感等方面的相互影响。经过几轮反复审查和总结，最后取得专家们一致意见的预测。德尔菲法的特点有：匿名调查消除权威的影响；多次信息反馈使结果更为客观、可信；统计处理使每一个观点都得到公平的反映表达。

3. 产品寿命周期分析法

产品寿命周期分析法是利用产品在不同寿命周期上销售量的变化趋势进行销售预测。它根据产品的寿命周期四阶段——萌芽期、成长期、成熟期和衰退期，判断产品所处的阶段并做出预测。

（二）销售预测的定量分析法

定量分析法也称数量分析法，是指在预测对象有关资料完备的基础上，运用一定的数学方法，建立预测模型做出预测。它一般包括趋势预测分析法和W果预测分析法两大类。

1. 趋势预测分析法

趋势预测分析法主要包括算术平均法、加权平均法、移动平均法和指数平滑法等。

（1）算术平均法

算术平均法即将若干历史时期的实际销售量或销售额作为样本值，求出其算术平均数，并将该平均数作为下期销售量的预测值。计算公式为

$$Y = \frac{\sum_{i=1}^{n} X_i}{n}$$

式中，Y 是预测值，X_i 是第 i 期的实际销售量，n 为期数。

算术平均法适用于每月销售量波动不大的产品的销售预测。

（2）加权平均法。是将若干期的历史资料（实际销售量或销售额）作为样本值，将各个样本值按照一定的权数计算得出加权平均数，并将加权平均数作为下期销售量的预测值。由于市场变化一般较大，离预测期越近的样本值对其影响越大，而离预测期越远的则越小，所以权数的选取应遵循"近大远小"的原则。计算公式为：

$$Y = \sum_{i=1}^{n} W_i X_i$$

式中，Y 是预测值，W_i 是第 i 期的权数（$0 < W_i \leq W_{i+1} < 1$，且 $\overline{\sum_{i=1}^{n} W_i = 1}$），$X_i$ 是第 i 期的实际销售量，n 是期数。

加权平均法较算术平均法更为合理，计算也较方便，在实践中应用较多。

（3）移动平均法。是从 n 期的时间数列销售量中选取 m 期（m 数值固定，且 $m < n/2$）数据作为样本值，求其 m 期的算术平均数，并不断向后移动，计算观测期平均值，以最后一个 m 期的平均数作为未来第 $n+1$ 期预测销售量的一种方法。这种方法假设预测值主要受最近 m 期销售量的影响。其计算公式为：

$$Y_{n+1} = \frac{X_{n-(m-1)} + X_{n-(m-2)} + \cdots + X_{n-1} + X_n}{m}$$

为了使预测值更能反映销售量变化的趋势，对上述结果按趋势值进行修正，计算公式为：

$$\overline{Y}_{n+1} = Y_{n+1} + (Y_{n+1} - Y_n)$$

由于移动平均法只选用了 n 期数据中的最后 m 期作为计算依据，故代表性较差，计算起来也比较麻烦，适用于销售量有波动的产品预测。

（4）指数平滑法。这实质上是一种加权平均法，是以事先确定的平滑指数 a 及（$1-a$）作为权数进行加权计算，预测销售量的一种方法。计算公式为：

$$Y_{n+1} = aX_n + (1-a)Y_n$$

式中，Y_{n+1} 是未来第（$n+1$）期的预测值；Y_n 是第 n 期预测值，即预测前期的预测值；X_n 是第 n 期的实际销售量，即预测前期的实际销售量；a 是平滑指数；n 是期数。

平滑指数的取值通常在 0.3～0.7 之间，取值大小决定了前期实际值与预测值对本期预测值的影响。采用较大的平滑指数，预测值可以反映样本值新近的变化趋势；采用较小的平滑指数，则反映了样本值变动的长期趋势。因此，在销售量波动较大或进行短期预测时，选

择较大的平滑指数；在销售量波动较小或进行长期预测时，选择较小的平滑指数。

该方法运用比较灵活，适用范围较广，但平滑指数选择具有一定的主观性。

2.因果预测分析法

因果预测分析法是指通过影响产品销售量（因变量）的相关因素（自变量）以及它们之间的函数关系，并利用这种函数关系进行产品销售预测的方法。因果预测分析法最常用的是回归分析法，这里主要介绍回归直线法。

回归直线法也称一元回归分析法。它假定影响预测对象销售量的因素只有一个，建立销售量 y 与其影响因素 x 之间的函数关系 $y = f(x)$，利用已知资料数据，对函数中自变量 x 进行估计和检验，得到预测模型。假设已知变量（即自变量）为 x，所需预测的未知变量为 y（即因变量），则一元线性回归预测方程为

$$y = a + bx$$

参数 a 与 b 用下列最小二乘公式估算：

$$b = \frac{n\sum xy - \sum x \sum y}{n\sum x^2 - (\sum x)^2}$$

$$a = \frac{\sum y - b\sum x}{n}$$

求出 a，b 的值后，代入 $y = a + bx$，结合自变量的取值，即可求得预测对象 y 的预测销售量或销售额。

二、销售定价管理

销售定价不仅影响产品的边际贡献，而且影响产品的销售数量与市场地位，进而对企业收入产生复杂而直接的影响。正确制定销售定价策略，直接关系到企业的生存和发展。

（一）销售定价管理的含义

销售定价管理是指在调查分析的基础上选用合适的产品定价方法，为销售的产品制定最为恰当的售价，以实现经济效益最大化的过程。

企业销售各种产品都必须确定合理的产品销售价格。产品价格的高低直接影响到销售量的大小，进而影响到企业的盈利水平。单价水平过高，导致销售量降低，如果达不到保本点，企业就会亏损；单价水平过低，虽然会起到促销作用，但单位毛利降低，使企业的盈利水平下降。因此，产品销售价格的高低，价格策略运用得恰当与否，都会影响到企业正常的生产经营活动，甚至企业的生存和发展。进行良好的销售定价管理，可以使企业的产品更富有吸引力，可以扩大市场占有率，改善企业的相对竞争地位。

（二）影响产品价格的因素

影响产品价格的因素非常复杂，主要包括下以五个方面。

1. 价值因素

价格是价值的货币表现，价值的大小决定着价格的高低，而价值量的大小又是由生产产品的社会必要劳动时间决定的。因此，提高社会劳动生产率，缩短生产产品的社会必要劳动时间，可以相对地降低产品价格。

2. 成本因素

成本是影响定价的基本因素。企业必须获得足额的可以弥补已发生成本费用的收入，才能长期生存发展下去。虽然短期内的产品价格有可能会低于其成本，但从长期来看，产品价格应等于总成本加上合理的利润，否则企业无利可图，难以长久生存。

3. 市场供求因素

市场供求变动对价格的变动具有重大影响。当一种产品的市场供应大于需求时，就会引起价格下降；而当其供应小于需求时，则会推动价格的提升。市场供求关系是永远矛盾着的两个方面，因此产品价格也会随着供求关系变动而不断波动。

4. 竞争因素

产品竞争程度不同，对定价的影响也不同。竞争越激烈，对价格的影响也越大。在完全竞争的市场，企业几乎没有定价的主动权；在不完全竞争的市场，竞争的强度主要取决于产品生产的难易和供求形势。为了做好定价决策，企业必须充分了解竞争对手的情况，最重要的是竞争对手的定价策略。

5. 政策法规因素

各个国家对市场物价的高低和变动都有限制和法律规定，同时国家会通过生产市场、货币金融等手段间接调节价格。企业在制定定价策略时一定要很好地了解本国及所在国有关方面的政策和法规。

（三）产品定价方法

产品定价方法包括以成本为基础的定价方法和以市场需求为基础的定价方法两类。

1. 以成本为基础的定价方法

作为定价基础的成本，即变动成本、制造成本和完全成本。

变动成本是指其总额会随业务量的变动而变动的成本。变动成本可以作为增量产品的定价依据，但不能作为一般产品的定价依据。

制造成本是指企业为生产产品或提供劳务等发生的直接费用支出，一般包括直接材料、直接人工和制造费用。由于它不包括各种期间费用，因此不能正确反映企业产品的真实价值消耗和转移。利用制造成本定价不利于企业简单再生产的继续进行。

完全成本是指企业为生产、销售一定种类和数 W 的产品所发生的费用总额，包括制造成本和管理费用、销售费用及财务费用等各种期间费用。在完全成本基础上制定价格，既可以保证企业简单再生产的正常进行，又可以使劳动者为社会劳动所创造的价值得以全部实现。因此，当前产品定价的基础，多数采用产品的完全成本。

（1）完全成本加成定价法。是在完全成本的基础上，加合理利润来定价。合理利润的确定，在工业企业一般是根据成本利润率，而在商业企业一般是根据销售利润率。

在考虑税金的情况下，计算公式为：

成本利润率定价：

$$成本利润率=\frac{预测利润总额}{预测成本总额}\times 100\%$$

$$单位产品价格=\frac{单位成本\times(1+成本利润率)}{1-适用税率}$$

销售利润率定价：

$$销售利润=\frac{预测利润总额}{预测销售总额}\times 100\%$$

$$单位产品价格=\frac{单位成本}{1-销售利润率-适用税率}$$

式中，单位成本是指单位完全成本，可用单位制造成本加上单位产品负担的期间费用来确定。

（2）保本点定价法。保本点是指企业处于不盈不亏的销售点。保本点定价法是使企业销售处于保本的状况来定价。采用保本点定价的产品价格应是企业的最低价格。

$$单位产品价格=\frac{单位固定成本+单位变动成本}{1-适用税率}=\frac{单位完全成本}{1-适用税率}$$

（3）目标利润法。目标利润是指企业在预定时期内应实现的利润水平。目标利润定价法是根据预期目标利润和产品销售量、产品成本、适用税率等因素来确定产品销售价格的方法。计算公式为

$$单位产品价格=\frac{目标利润总额+完全成本总额}{产品销售量\times(1-适用税率)}$$

$$=\frac{单位目标利润+单位完全成本}{1-适用税率}$$

（4）变动成本定价法。是指企业在生产能力有剩余的情况下增加生产一定数量的产品所应分担的成本。这些增加的产品可以不负担企业的固定成本，只负担变动成本。在确定价格时产品成本仅以变动成本计算。此处所指变动成本是指完全变动成本，包括变动制造费用和变动期间费用。计算公式为：

$$单位产品价格=\frac{单位变动成本\times(1+成本利润率)}{1-适用税率}$$

2. 以市场需求为基础的定价方法

以成本为基础的定价方法，主要关注企业的成本状况而不考虑市场需求状况，因而这种

方法制定的产品价格不一定满足企业销售收入或利润最大化的要求。最优价格应是企业取得最大销售收入或利润时的价格。以市场需求为基础的定价方法可以符合这一要求，主要有需求价格弹性系数定价法和边际分析定价法等。

（1）需求价格弹性系数定价法。产品在市场上的供求变动关系，实质上体现在价格的刺激和制约作用上。需求增大导致价格上升，刺激企业生产；而需求减小，则会引起价格下降，从而制约了企业的生产规模。从另一个角度看，企业也可以根据这种关系，通过价格的升降来作用于市场需求。在其他条件不变的情况下，某种产品的需求量随其价格的升降而变动的程度，就是需求价格弹性系数。计算公式为

$$E = \frac{\Delta Q / Q_0}{\Delta P / P_0}$$

式中，E 是某种产品的需求价格弹性系数；ΔP 是价格变动；ΔQ 是需求变动量；P_0 是基期单位产品价格；Q_0 是基期需求量。

运用需求价格弹性系数确定产品的销售价格时，计算公式为

$$P = \frac{P_0 Q_0^\alpha}{Q^\alpha}$$

式中，P_0 是基期单位产品价格；Q_0 是基期需求量；E 是需求价格弹性系数；P 是单位产品价格；Q 是预计销售量；α 是需求价格弹性系数绝对值的倒数，即 $\frac{1}{|E|}$。

（2）边际分析定价法。是指基于微分极值原理，通过分析不同价格与销售 M 组合下的产品边际收入、边际成本和边际利润之间的关系决策的一种定址分析方法。边际是指自变量每增加或减少一个单位所带来的因变量的差异。那么，产品边际收入、边际成本和边际利润就是指销售量每增加或减少一个单位所形成的收入、成本和利润的差额。按照微分极值原理，如果利润函数的一阶导数等于零，即边际利润等于零，边际收入等于边际成本，那么利润将达到最大值。此时的价格就是最优销售价格。

当收入函数和成本函数均可微时，直接对利润函数求一阶导数即可得到最优售价；当收入函数或成本函数为离散型函数时，可以通过列表法分别计算各种价格与销售量组合下的边际利润，在边际利润大于或等于零的组合中，边际利润最小时的价格就是最优售价。

（四）价格策略

企业之间的竞争在很大程度上表现为企业产品在市场上的竞争。市场占有率的大小是衡量产品市场竞争能力的主要指标。除了提升产品质量之外，根据具体情况合理运用不同的价格策略，可以有效地提高产品的市场占有率和企业的竞争能力。主要的价格策略有：

（1）折让定价策略。指在一定条件下，以降低产品的销售价格来刺激购买者，从而达到扩大产品销售量的目的。价格的折让主要表现是折扣，一般表现为单价折扣、数量折扣、现金折扣、推广折扣和季节折扣等形式。单价折扣是指给予所有购买者以价格折扣，而不管其购买数献的多少。数量折扣即按照购买者购买数量的多少所给予的价格折扣。购买数量越

多，则折扣越大；反之，则越小。现金折扣即按照购买者付款期限长短所给予的价格折扣，其目的是鼓励购买者尽早偿还贷款，以加速资金周转。推广折扣是指企业为了鼓励中间商帮助推销本企业产品而给予的价格优惠。季节折扣即企业为鼓励购买者购买季节性商品所给予的价格优惠，这样可以鼓励购买者提早采购．减轻企业的仓储压力，加速资金周转。

（2）心理定价策略。指针对购买者的心理特点而采取的一种定价策略主要有声望定价、尾数定价、双位定价和高位定价等。声望定价是指企业按照其产品在市场上的知名度和消费者中的信任程度来制定产品价格的一种方法。一般地，声望越高，价格越高，这就是产品的"名牌效应"。尾数定价即在制定产品价格时，价格的尾数取接近整数的小数（如199.9元）或带有一定谐音的数（158元）等。它一般只适用于价值较小的中低档日用消费品定价。双位定价是指在向市场以挂牌价格销售时，采用两种不同的标价来促销的一种定价方法。比如：某产品标明"原价158元，现促销价99元"这种策略适用于市场接受程度较低或销路不太好的产品。高位定价即根据消费者"价高质优"的心理特点实行高标价促销的方法。但高位定价必须是优质产品，不能弄虚作假。

（3）组合定价策略。是针对相关产品组合所采取的一种方法。它根据相关产品在市场竞争中的不同情况，使互补产品价格有高有低，或使组合售价优惠。对于具有互补关系的相关产品，可以采取降低部分产品价格而提高互补产品价格，以促进销售，提高整体利润，如便宜的整年与尚价的配件等。对于具有配套关系的相关产品，可对组合购买进行优惠，如西服套装的上衣和裤子等。组合定价策略可以扩大销售量，节约流通费用，有利于企业整体效益的提高。

寿命周期定价策略。是根据产品从进入市场到退出市场的生命周期，分阶段确定不同价格的定价策略。产品在市场中的寿命周期一般分为推广期、成长期、成熟期和衰退期。推广期产品需要获得消费者的认同，进一步占有市场，应采用低价促销策略；成长期的产品有了一定的知名度，销售M稳步上升，可以采用中等价格；成熟期的产品市场知名度处于最佳状态，可以采用高价促销，但由于市场需求接近饱和，竞争激烈，定价时必须考虑竞争者的情况，以保持现有市场销售衰退期的产品市场竞争力下降．销售M下滑，应该降价促销或维持现价并辅之以折扣等其他手段，同时，积极开发新产品，保持企业的市场竞争优势。

第三节 分 配 管 理

一、股利分配及其程序

（一）股利分配的概念

股利分配是指公司制企业向股东分派股利，是企业利润分配的一部分。股利分配涉及的方面很多，如股利支付程序中各日期的确定、股利支付比率的确定、股利支付形式的确定、支付现金股利所需资金筹集方式的确定等。其中，最主要的是确定股利的支付比率，即用多少盈余发放股利，多少盈余为公司所留用（称为内部筹资），因为它会对公司股票价格产生影响。

（二）股利分配程序

根据我国《公司法》的规定，公司税后利润分配的顺序是：

1. 弥补企业以前年度亏损

公司的法定公积金不足以弥补以前年度亏损的，在提取法定公积金之前，应当先用当年利润弥补亏损。

2. 提取法定盈余公积金

根据《公司法》的规定，法定盈余公积金的提取比例为当年税后利润（弥补亏损后）的10%。法定盈余公积金已经达到注册资本的50%时可不再提取。法定盈余公积金可用于弥补亏损、扩大公司生产经营或转增资本，但企业用盈余公积金转增资本后，法定盈余公积金的余额不得低于转增前公司注册资本的25%。

3. 提取任意盈余公积金

根据《公司法》的规定，公司从税后利润中提取法定公积金后，经股东会或者股东大会决议，还可以从税后利润中提取任意公积金。

4. 向股东投资者分配股利（利润）

根据《公司法》的规定，公司弥补亏损和提取公积金后所余税后利润，可以向股东（投资者）分配股利（利润）。其中，有限责任公司股东按照实缴的出资比例分取红利，全体股东约定不按照出资比例分取红利的除外。股份有限公司按照股东持有的股份比例分配，但股份有限公司章程规定不按持股比例分配的除外。

根据《公司法》的规定，股东会、股东大会或者董事会违反相关规定，在公司弥补亏损和提取法定公积金之前向股东分配利润的，股东必须将违反规定分配的利润退还公司。另外，公司持有的本公司股份不得分配利润。

（三）股利分配方案应考虑的因素

股利分配方案的确定，需要考虑以下几个方面的内容。

1. 选择股利政策

股利政策不仅会影响股东的利益，也会影响公司的正常运营以及未来的发展。因此，制定恰当的股利政策就显得尤为重要。由于各种股利政策各有利弊，所以公司在进行股利政策决策时，要综合考虑公司面临的各种具体影响因素，适当遵循收益分配的各项原则，以保证不偏离公司目标。

另外，每家公司都有自己的发展历程，就规模和盈利来讲，都会有初创阶段、增长阶段、稳定阶段、成熟阶段和衰退阶段等。在不同的发展阶段，公司所面临的财务、经营等问题都会有所不同，比如初创阶段公司的获利能力、现金流入量水平、融资能力、对资金的需求等，和公司在经历高速增长阶段之后的成熟阶段相比，是完全不同的，所以公司制定的股利政策还要与其所处的发展阶段相适应。

公司在不同成长与发展阶段宜采用的股利政策可用表8-1来描述。

表8-1　不同成长与发展阶段宜采用的股利政策

发展阶段	特点	适用的股利政策
初创阶段	公司经营风险高，有投资需求且融资能力差	剩余股利政策
快速发展阶段	公司快速发展，投资需求大	低正常股利加额外股利政策
稳定增长阶段	公司业务稳定增长，投资需求减少，净现金流入量增加，每股净收益呈上升趋势	固定或稳定增长型股利政策
成熟阶段	公司盈利水平稳定，公司通常已经积累了一定的留存收益和资金	固定支付率股利政策
衰退阶段	公司业务锐减，获利能力和现金获得能力下降	剩余股利政策

2. 确定股利支付水平

股利支付水平通常用股利支付率来衡量。股利支付率是当年发放股利与当年净利润之比或每股股利除以每股收益。股利支付率的制定往往使公司处于两难境地。低股利支付率政策虽然有利于公司对收益的留存，有利于扩大投资规模和未来的持续发展，但显然在资本市场上对投资者的吸引力会大大降低，进而影响到公司未来的增资扩股；而高股利支付率政策有利于增强公司股票的吸引力，有助于公司在公开市场上筹措资金，但由于留存收益的减少，又会给企业资金周转带来影响，加重公司财务负担。

是否对股东派发股利以及股利支付率高低的确定，主要取决于企业对下列因素的权衡：① 企业所处的成长周期；② 企业的投资机会；③ 企业的筹资能力及筹资成本；④ 企业的资本结构；⑤ 股利的信号传递功能；⑥ 借款协议及法律限制；⑦ 股东偏好；⑧ 通货膨胀。

二、股利支付程序和方式

（一）股利的支付程序

公司在选择了股利政策、确定了股利支付水平和方式后，应当进行股利的发放。公司股利的发放必须遵循相关的要求，按照日程安排来进行。股利支付需要按照下列日程来进行：

1. 预案公布日。上市公司分派股利时，首先要由公司董事会制定分红预案，包括本次分红的数量、分红的方式、股东大会召开的时间、地点及表决方式等。以上内容由公司董事会向社会公开发布。

2. 宣布日。董事会制定的分红预案必须经过股东大会讨论。只有讨论通过之后，才能公布正式分红方案及实施的时间。

3. 股权登记日。这是由公司在宣布分红方案时确定的一个具体日期。凡是在此指定日期

收盘之前，取得了公司股票，成为公司在册股东的投资者都可以作为股东享受公司分派的股利。在此日之后取得股票的股东则无权享受已宣布的股利。

4.除息日。在除息日，股票的所有权和领取股息的权利分离，股利权利不再从属于股票。所以，在这一天购入公司股票的投资者不能享有已宣布发放的股利。另外，由于失去了附息的权利，除息日的股价会下跌。下跌的幅度约等于分派的股息。

5.股利发放日。在这一天，公司按公布的分红方案叫股权登记日在册的股东实际支付股利。

（二）股利支付形式

大多数情况下，非股份制企业投资分红一般采用现金方式。但股份公司股利支付形式有一定的特殊性，除了现金股利外，还存在其他股利支付形式。常见的有以下几个方面。

1.现金股利

指以现金支付股利，是企业最常见的，也是最易被投资者接受的股利支付方式。这种形式能满足大多数投资者希望得到一定数额的现金这种实在收益的要求。但这种形式增加了企业现金流出量，增加企业的支付压力，在特殊情况下，有悖于留存现金用于企业投资与发展的初衷。因此，采用现金股利形式时，企业必须具备两个基本条件：一是企业要有足够的未指明用途的留存收益（未分配利润）；二是企业要有足够的现金。因此，公司在支付观金股利前需筹备充足的现金。

2.股票股利

股票股利是公司以发行的股票作为股利支付的方式。股票股利并不直接增加股东的财富，不导致公司现金的流出或负债的增加，同时也不因此而增加公司的财产，但会引起所有者权益各项的结构发生变化。发放股票股利后，如果盈利总额与市盈率不变，会由于普通股的增加而引起每股收益和每股股利的下降。何由于股东所持有的股份的比例不变，每位股东所持有的股票市场价值总额仍然保持不变，因而股票股利不涉及公司的现金流。

发放股票股利不会对公司股东权益总额产生影响，但会发生资金在各股东权益项目间的再分配。发放股票股利后，如果盈利总额不变，会由于普通股股数增加而引起每股收益和每股市价的下降，但又由于股东所持股份的比例不变，每位股东所持股票的市场价值总额仍保持不变。

股票股利是一种比较特殊的股利。股票股利对公司来说，并没有现金流出公司，也不会导致公司的财产减少，而只是将公司的留存收益转化为股本。但股票股利会增加流通在外的股票数量，同时降低股票的每股价值。它不会改变公司股东权益总额，但会改变股东权益的构成。它不会引起公司资产的流出或负债的增加，而只涉及股东权益内部结构的调整，即在减少未分配利润项目金额的同时，增加公司股本额，同时还可能引起资本公积的增减变化，但它们之间是此消彼长的关系，股东权益总额并不改变。

发放股票股利对每股收益的影响，通过每股收益、每股市价的调整直接算出：

$$\text{发放股票股利后的每股收益} = \frac{E_0}{1+D_S}$$

式中，E_0 为发放股票股利前的每股收益，D_s 为股票股利发放率。

发放股票股利对每股市价的影响：

$$发放股票股利后的每股市价 = \frac{M}{1+D_s}$$

式中，M 为股利分配权转移日的每股市价。

股票股利对股东来讲，其意义主要有以下几点：

（1）如果公司在发放股票股利后同时发放现金股利，股东会因所持股数的增加而得到更多的现金。

（2）有时公司发放股票股利后其股价并不成比例下降，这可使股东得到股票价值相对上升的好处。

（3）发放股票股利通常由成长中的公司所为，因此投资者往往认为发放股票股利预示着公司将会有较大发展，利润将大幅度增长，足以抵消增发股票带来的消极影响。这种心理会稳定住股价甚至反致略有上升。

（4）在股东需要现金时，还可以将分得的股票股利出售。有些国家税法规定，出售股票所需交纳的资本利得（价值增值部分）税率，比收到现金股利所需交纳的所得税率低，这使得股东可以从中获得纳税上的好处。

【例8-1】某上市公司在2017年发放股票股利前，其资产负债表上的股东权益账户情况如表8-2所示。

表8-2 （单位：万元）

股本（面值1元，发行在外2 000万股）	2 000
资本公积	3 000
盈余公积	2 000
未分配利润	3 000
股东权益合计	10 000

假设该公司宣布发放10%的股票股利，现有股东每持有10股即可获赠1股普通股。若该股票当时市价为5元，那么随着股票股利的发放，需从"未分配利润"项目划转出的资金为

2 000×10%×5 = 1 000（万元）

由于股票面值（1元）不变，发放200万股，"股本"项目应增加200万元，其余的800万元（1 000 – 200）应作为股票溢价转至"资本公积"项目，而公司的股东权益总额并未发生改变，仍是10 000万元，股票股利发放后资产负债表上的股东权益部分如表8-3所示。

表 8-3　（单位：万元）

股本（面值 1 元，发行在外 2 000 万股）	2 200
资本公积	3 800
盈余公积	2 000
未分配利润	2 000
股东权益合计	10 000

假设一位股东派发股票股利之前持有公司的普通股 10 万股、那么，他所拥有的股权比例为

10 ÷ 2 000 × 100% = 0.5%

派发股利之后，他所拥有的股票数量和股份比例为

10 × （1 + 10%） = 11（万股）

11 ÷ 2 200 × 100% = 0.5%

3. 财产股利

财产股利是以现金以外的资产支付的股利，主要是以公司所拥有的其他企业的有价证券，如债券、股票作为股利支付给股东。

4. 负债股利

负债股利也称期票股利，是公司以负债形式支付的股利，通常以公司的应付票据支付给股东，不得已情况下也有发行公司债券抵付股利的。

财产股利和负债股利实际上是现金股利的替代。这两种股利方式目前在我国公司实务中很少使用，但并非法律所禁止。

三、股利政策分析

股利政策是指在法律允许的范围内企业选择是否发放股利、发放多少股利以及何时发放股利的方针及对策。

企业的净收益可以支付给股东，也可以留存在企业内部。股利政策的关键问题是确定分配和留存的比例。股利政策不仅会影响股东的财富，而且会影响企业在资本市场上的形象以及企业股票的价格，更会影响企业长期和短期利益，因此，合理的股利政策对企业及股东来讲是非常重要的。企业应当确定适当的股利政策，并使其保持连续性，以便股东据以判断其发展的趋势。在实际工作中，通常有以下几种股利理论和股利政策选择。

（一）收益分配的理论基础

收益分配与股利、股票市价有关系，因此存在着不同的观点并形成了不同的股利理论。股利理论主要包括股利无关论、股利相关论、所得税差异理论及代理理论。

1. 股利无关论

股利无关论认为，在一定的假设条件限定下，股利的支付率不影响公司的市场价值，公司的市场价值高低由投资决策的优劣决定，单就股利政策来说，无所谓最佳与最次，它与企业的市场价值无关，企业的权益资本成本与股利分配政策无关。

股利无关论是在这样一些假设上提出的：

（1）公司的投资政策已确定并且已经为投资者所理解；

（2）不存在股票的发行和交易费用；

（3）不存在个人或公司所得税；

（4）不存在信息不对称；

（5）经理与外部投资者之间不存在代理成本。

2. 股利相关论

股利相关理论认为，企业的股利政策会影响到股票价格。主要观点包括以下两种。

（1）股利重要论。该理论认为，现实的资本市场环境不是完美或完全的，有许多不确定的因素存在。在不确定的条件下，现金股利是有把握的收入，其风险要比未来的资本投资收益小得多。对于厌恶风险的投资者来说希望公司将利润以现金股利形式分配给投资者，而不是为获得风险性大的资本利得而将利润留存公司，这就是所谓的"双鸟在林，不如一鸟在手"。在这种思想影响下，当公司提高其股利支付率时，就会降低投资者的风险，投资者可要求较低的必要报酬率，公司股票价格上升；如果公司降低其股利支付率或延付股利，则会增加投资者的风险，投资者必然要求较高的必要报酬率，以作为负担额外风险的补偿，从而导致公司股价下降。

（2）信号传递理论。该理论认为，在信息不对称的情况下，投资者相信作为内部人的管理层就公司目前的经营状况和前景拥有权威的信息。而股利分配政策的变化具有信息传递的功能，是管理层向市场传递其所掌握内部信息的一种手段。股利支付向投资者发出了有关管理层对公司未来盈利和现金流估计的信号。若预测企业发展形势良好，公司收益水平的提高能够支付长期增加的股利时，管理当局就会通过增加股利的方式将这一利好信息及时告诉股东和潜在的投资者；相反，若预测企业发展形势堪忧，未来持续盈利的能力不理想时，管理当局通常会维持甚至降低现有的股利水平。

3. 所得税差异理论

所得税差异理论认为，由于普遍存在的税率的差异及纳税时间的差异，资本利得收入比股利收入更有助于实现收益最大化目标，企业应当采用低股利政策。由于认为股利收入和资本利得收入是不同类型的收入，所以在很多国家对它们征收所得税的税率不同。一般地，对资本利得收入征税的税率低于对股利收入征收的税率。另外，即使不考虑税率差异因素的影响，资本利得收入比股利收入的纳税时间选择更具有弹性。由于投资者可以自由后推资本利得收入的纳税时间，它们之间也会存在延迟纳税带来的收益差异。

因此，在其他条件不变的情况下，投资者更偏好资本利得收入而不是股利收入。而持有高股利支付政策股票的投资者,为了取得与低股利支付政策股票相同的税后净收益,必须要求有一个更高的税前回报预期。所以会导致资本市场上的股票价格与股利支付水平呈反方向变化,而权益资本成本与股利支付水平呈正向变化的情况。

4. 代理理论

代理理论认为,股利政策有助于减缓管理者与股东之间的代理冲突。股利政策是协调股东与管理者之间代理关系的一种约束机制,较多地派发现金股利至少具有以下好处:股利分配一方面可以减少公司管理人员所用的自由现金流量,使其失去了可用于满足自身利益(如装修豪华办公室,购置高档汽车等)的资金来源;另一方面股利分配减少了公司的盈余公积,当公司需要扩大规模时,使用留存收益这种内部融资方式提供资金的可能性会减小,而进入资本市场进行融资意味着公司将接受更多更严格的监督和检查。如果公司想通过资本市场筹集资金,公司只有凭借其优良业绩才能在资本市场上筹措到资金,因此管理层就会努力经营,提升公司的价值。那么股东对管理层的监管问题以及管理层对风险的回避问题都能在一定程度上得到缓和。这样新资本的供应者实际上帮助老股东监控了管理人员,股利支付则成了一种间接约束管理人员的监管机制和降低代理成本的有效途径。

(二)股利分配政策

1. 剩余股利政策

剩余股利政策指公司生产经营所获得的净收益首先应满足公司的资金需求,如果还有剩余,则派发股利;如果没有剩余,则不派发股利。其决策步骤如下:

(1)根据公司的投资计划确定公司的目标资本预算。

(2)根据公司的目标资本结构及最佳资本预算,预计公司资金需求中所需要的权益资本数额。

(3)最大限度地用留存收益来满足资金需求中所需增加的股东权益资本数额。

(4)留存收益在满足公司股东权益资本增加需求后,如果有剩余再用来发放股利。

【例8-2】某公司2016年税后净利润为1 000万元,2017年的投资计划需要资金1 200万元,公司的目标资本结构为权益资本占60%,债务资本占40%。按照目标资本结构的要求,公司投资方案所需的权益资本数额为

1 200 × 60% = 720(万元)

公司当年全部可用于分派的盈利为1 000万元,除了满足上述投资方案所需的权益资本数额外,还有剩余可用于发放股利。2016年,公司可以发放的股利额为

1 000 - 720 = 280(万元)

假设该公司当年流通在外的普通股为1 000万股,那么,每股股利为

280 ÷ 1 000 = 0.28(元/股)

剩余股利政策的优点是留存收益优先保证再投资的需要,从而有助于降低再投资的资金成本,保持最佳的资本结构,实现企业价值的长期最大化。剩余股利政策的缺点是如果完全遵照执行剩余股利政策,股利发放额就会每年随投资机会和盈利水平的波动而波动。即使在

盈利水平不变的情况下，股利也将与投资机会的多寡呈反方向变动，投资机会越多，股利越少；反之，投资机会越少，股利发放越多。而在投资机会维持不变的情况下，股利发放额将同公司每年盈利的波动而同方向波动。剩余股利政策不利于投资者安排收入与支出，也不利于公司树立良好的形象，一般适用于公司初创阶段。

2. 固定或稳定增长股利政策

固定或稳定增长股利政策指公司将每年派发的股利额固定在某一特定水平，或是在此基础上维持某一固定比率逐年稳定增长。只有在确信公司未来的盈利增长不会发生逆转时，才会宣布实施固定或稳定增长的股利政策。在固定或稳定增长的股利政策下，首先确定的是股利分配额，而且该分配额一般不随资金需求的波动而波动。

固定或稳定增长股利政策的优点是：第一，稳定的股利向市场传递着公司正常发展的信息，有利于树立公司良好的形象，增强投资者对公司的信心，稳定股票价格；第二，稳定的股利额有利于投资者安排股利收入和支出，特别是对那些对股利有着很高依赖性的股东；第三，稳定的股利政策可能不符合剩余股利理论，但考虑到股票市场会受到多种因素的影响，为了使股利维持在稳定的水平上，即使推迟某些投资方案或者暂时偏离目标资本结构，也可能要比降低股利或降低股利增长率更为有利。

固定或稳定增长股利政策的缺点是：第一，股利的支付与盈余脱节，当盈余较低时仍要支付固定的股利，这可能导致资金短缺，财务状况恶化；第二，不能像剩余股利政策那样保持较低的资本成本。

一般来说，公司确定的固定股利额不应太高，要留有余地，以免陷入公司无力支付的被动局面。固定或稳定增长的股利政策一般适用于经营比较稳定或正处于成长期的企业，且很难被长期采用。

3. 固定股利支付率政策

固定股利支付率政策指公司将每年净收益的某一固定百分比作为股利分派给股东。这一百分比通常称为股利支付率。股利支付率一经确定，不得随意变更。

固定股利支付率越高，公司留存的净收益越少，在这一股利政策下，只要公司的税后利润一经计算确定，所派发的股利也就相应确定了。

【例8-3】某公司长期以来用固定股利支付率政策进行股利分配，确定的股利支付率为30%。2016年税后净利润为1 500万元，如果仍然继续执行固定股利支付率政策，公司2016年度将要支付的股利为

1 500 × 30% = 450（万元）

但公司2017年度有较大的投资需求，因此，准备2016年度采用剩余股利政策。如果公司2017年度的投资预算为2 000万元，目标资本结构为权益资本占60%。按照目标资本结构的要求，公司投资方案所需的权益资本额为

2 000 × 60% = 1 200（万元）

公司2016年度可以发放的股利为

1 500 － 1 200 ＝ 300（万元）

固定股利支付率政策的优点：一是可以使股利与盈余配合。采用固定股利支付率政策，股利与公司盈余紧密地配合，体现了多盈多分、少盈少分、无盈不分的股利分配原则。二是较为科学合理。由于公司的盈利能力在年度间是经常变动的，因此每年的股利也应当随着公司收益的变动而变动，并保持分配与留存收益间的一定比例关系。采用固定股利支付率政策，公司每年按固定的比例从税后利润中支付现金股利。从企业支付能力的角度看，这是一种稳定的股利政策。

固定股利支付率政策的缺点：一是传递的信息容易成为公司的不利因素。大多数公司每年的收益很难保持稳定不变，如果公司每年收益状况不同，固定支付率的股利政策将导致公司每年股利分配额的频繁变化，而股利通常被认为是公司未来前途的信号传递，那么波动的股利向市场传递的信息就是公司未来收益前景不明确、不可靠，很容易给投资者带来公司经营状况不稳定、投资风险较大的不良印象。二是容易使公司面临较大的财务压力。因为公司实现的盈利越多，一定支付比率下派发的股利就越多，如果公司实现利润较多而现金流量不好，也不代表公司有充足的现金派发股利，只能表明公司盈利状况较好而已。如果现金流量状况并不好，还要按固定比率派发股利的话，很容易给公司造成较大的现金支付压力。三是缺乏财务弹性。股利支付率是公司股利政策的主要内容，模式的选择、政策的制定是公司的财务手段和方法。在不同阶段，根据财务状况制定不同的股利政策，会更有效地实现公司的财务目标。但在固定股利支付率政策下，公司丧失了利用股利政策的财务方法，缺乏财务弹性。四是合适的固定股利支付率的确定难度大。如果固定股利支付率确定得较低，不能满足投资者对投资收益的要求；而固定股利支付率确定得较高，没有足够的现金派发股利时，会给公司带来巨大财务压力。另外，当公司发展需要大量资金时，也要受其制约。所以，确定较优的股利支付率的难度很大。

由于公司每年面临的投资机会、筹资渠道都不同，一成不变地奉行按固定比率发放股利的公司，在实际中并不多见。固定股利支付率政策只是比较适用于那些处于稳定发展且财务状况也较稳定的公司。

4. 低正常股利加额外股利政策

低正常股利加额外股利政策指企业事先设定一个较低的正常股利额，每年除了按正常股利额向股东发放现金股利外，还在企业盈利情况较好、资金较为充裕的年度，向股东发放高于每年度正常股利的额外股利。

低正常股利加额外股利政策的优点：一是具有较大的财务弹性。低正常股利加额外股利政策，赋予公司一定的灵活性，使公司在股利发放上留有余地和具有较大的财务弹性。同时，每年可以根据公司的具体情况，选择不同的股利发放水平，以完善公司的资本结构，进而实现公司的财务目标。二是投资者较为有收益保障。低正常股利加额外股利政策有助于稳定股价，增强投资者信心。由于公司每年固定派发的股利维持在一个较低的水平上，在公司盈利较少或需用较多的留存收益进行投资时，公司仍然能够按照既定承诺的股利水平派发股利，使投资者保持一个固有的收益保障，这有助于维持公司股票的现有价格。而当公司盈利状况较好且有剩余现金时，就可以在正常股利的基础上再派发额外股利，而额外股利信息的传递则有助于公司股票的股价上扬，增强投资者信心。

可以看出，低正常股利加额外股利政策既吸收了固定股利政策对股东投资收益的保障为优点，同时又摒弃其对公司所造成的财务压力方面的不足，所以在资本市场上颇受投资者和公司的欢迎。

低正常股利加额外股利政策的缺点：一是使投资者感到收益不稳定。由于年份之间公司的盈利波动使得额外股利不断变化，或时有时无造成分派的股利不同，容易给投资者以公司收益不稳定的感觉。二是可能会引起公司股价下跌。当公司在较长时期持续发放额外股利后，可能会被股东误认为是"正常股利"，而一旦取消了这部分额外股利，传递出去的信号可能会使股东认为这是公司财务状况恶化的表现，进而可能会引起公司股价下跌的不良后果。

所以相对来说，对那些盈利水平随着经济周期而波动较大的公司或行业，这种股利政策也许是一种不错的选择。

四、股票分割和股票回购

（一）股票分割

1.股票分割概述

股票分割又称股票拆细，是指将面额较高的股票交换为面额较低的股票的行为，即将一股股票拆分成多股股票的行为。例如，两股换一股的股票分割，是指两股新股换一股旧股等。

股票分割对企业的财务结构不会产生任何影响，一般只会使发行在外股数增加，每股面值降低，并由此使每股市价下跌，而资产负债表中股东权益各账户（普通股、资本公积、留存盈利等）的余额都保持不变，股东权益合计数也维持不变。

【例8-4】某上市公司2012年年末资产负债表上的股东权益账户情况如表8-4所示。

表8-4

（单位：万元）

股本（面值10元，发行在外1 000万股）	10 000
资本公积	10 000
盈余公积	5 000
未分配利润	8 000
股东权益合计	33 000

要求：

（1）假设股票市价为20元，该公司宣布发放10%的股票股利，即现有股东每持有10股即可获赠1股普通股。发放股票股利后，股东权益有何变化？每股净资产是多少？

（2）假设该公司按照1∶2的比例进行股票分割。股票分割后，股东权益有何变化？每股净资产是多少？

（1）发放股票股利后股东权益情况如表8-5所示。

表8-5

（单位：万元）

股本（面值10元，发行在外1 000万股）	11 000
资本公积	11 000
盈余公积	5 000
未分配利润	6 000
股东权益合计	33 000

每股净资产为

33 000÷（1 000＋100）＝30（元/股）

（2）股票分制后股东权益情况如表8-6所示。

表8-6

（单位：万元）

股本（面值10元，发行在外1 000万股）	10 000
资本公积	10 000
盈余公积	5 000
未分配利润	8 000
股东权益合计	33 000

每股净资产为

33 000÷（1 000×2）＝16.5（元/股）

2. 股票分割的作用

（1）降低股票市价，吸引更多的投资者。一般情况下，股票价格太高不利于股票交易活动，而股票价格的下降则有助于股票交易，有利于吸引更多的投资者，易于增加该股票在投资者之间的换手，并且可以使更多的资金实力有限的潜在股东变成持股的股东。因此，股票分割可以促进股票的流通和交易。

（2）为新股发行作准备。股票价格太高使许多潜在投资者力不从心而不敢轻易对公司股票进行投资。在新股发行之前，利用股票分割降低股票价格，存利于提高股票的可转让性和促进市场交易活动，由此增加投资者对股票的兴趣，促进新发行股票的畅销。

（3）有助于公司兼并、合并政策的实施。当一个公司兼并或合并另一个公司时，一些公司首先将自己的股票加以分割，有助于增加对对方股东的吸引力。

（二）股票回购

1. 股票回购及其法律规定

股票回购指公司在有多余现金时，向股东回购自己的股票，出资将其发行的流通在外的股票以一定价格购买回来予以注销或作为库存股的一种资本运作方式。

我国《公司法》规定，公司不得收购本公司股份。但是，有下列情形之一的除外：① 减少公司注册资本；② 与持有本公司股份的其他公司合并；③ 将股份奖励给本公司职工；股东因对股东大会做出的公司合并、分立决议持异议，要求公司收购其股份的。

2. 股票回购的动机

在证券市场上，股票回购的动机主要有以下几点。

（1）现金股利的替代。对公司来讲，派发现金股利会对公司产生未来的派现压力，而股票回购属于非正常股利政策，不会对公司产生未来的派现压力。对股东来讲，需要现金的股东可以选择出售股票，不需要现金的股东可以选择继续持有股票。因此，当公司有富余资金，但又不希望通过派现方式进行分配的时候，股票回购可以作为现金股利的一种替代。

（2）提高每股收益。由于财务上的每股收益指标是以流通在外的股份数作为计算基础，有些公司为了自身形象、上市需求和投资人渴望高回报等原因，采取股票回购的方式来减少实际支付股利的股份数，从而提高每股收益指标。

（3）改变公司的资本结构。股票回购可以改变公司的资本结构，提高财务杠杆水平。无论是用现金回购还是举债回购股份，都会提高财务杠杆水平，改变公司的资本结构。在现金回购方式下，假定公司的负债规模不变，那么股票回购之后的权益资本在公司资本结构中的比重下降，公司财务杠杆水平提高；而在举债回购股份的情况下，一方面是公司负债规模增加，另一方面是公司权益资本比重下降，公司财务杠杆水平更会明显提高。因此，公司在认为权益资本在资本结构中所占比例较大时，会为了调整资本结构而进行股票回购，从而在一定程度上降低整体资金成本。

（4）传递公司的信息以稳定或提高公司的股价。由于信息不对称和预期差异，证券市场上的公司股票价格可能被低估，而过低的股价将会对公司产生负面影响。因此，如果公司认为公司的股价被低估时，可以进行股票回购，以向市场和投资者传递公司真实的投资价值，稳定或提高公司的股价。这时，股票回购就是公司管理层向市场和投资者传递公司内部信息的一种手段。一般情况下，投资者会认为股票回购意味着公司认为其股票价值被低估而采取的应对措施。

（5）巩固既定控制权或转移公司控制权。许多股份公司的大股东为了保证其所代表股份公司的控制权不被改变，往往采取直接或间接的方式回购股票，从而巩固既有的控制权。另外，有些公司的法定代表人并不是公司大股东的代表，为了保证不改变其在公司中的地位，

也为了能在公司中实现自己的意志，往往也采取股票回购的方式分散或削弱原控股股东的控制权，以实现控制权的转移。

（6）防止敌意收购。股票回购有助于公司管理者避开竞争对手企图收购的威胁，因为它可以使公司流通在外的股份数变少，股价上升，从而使收购方要获得足够的法定股份比例以控制公司变得更为困难。而且，股票回购可能会使公司的流动资金大大减少，财务状况恶化，这样的结果也会减少收购公司的收购兴趣。

（7）满足认股权的行使。在企业发行时转换债券、认股权证或施行经理人员股票期权计划及员工持股计划的情况下，采取股票回购的方式既不会稀释每股收益，又能满足认股权的行使。

（8）满足企业兼并与收购的需要。在进行企业兼并与收购时，产权交换的实现方式包括现金购买及换股两种。如果公司有库藏股，则可以用公司的库藏股来交换被并购公司的股权，这样可以减少公司的现金支出。

（9）分配公司超额现金。如果一个公司的现金超过其投资机会的需要量，但又没有足够的营利性投资机会可以使用这笔资金，则公司为股东利益着想，就有可能通过股票回购的方式，而不使用现金股利的方式，将资金分配给股东。这是因为，在盈利保持不变的情况下，股票回购可使流通在外的股数减少，由此使每股盈余和每股市价提高。假定市盈率保持不变，则股东持有股份的总价值将由此而达到最大化。

3. 股票回购的方式

（1）按照股票回购的地点不同，分为场内公开回购和场外协议收购。场内公开回购是指公司把自己等同于任何潜在的投资者，委托证券公司代自己按照公司股票当前市场价格回购；场外协议收购是指公司与某一类或某几类投资者直接见面，通过协商来回购股票的一种方式。协商的内容包括价格与数量的确定，以及回购时间等。

（2）按照股票回购对象的不同，分为在资本市场上进行随机回购、向全体股东招标回购、向个别股东协商回购。在资本市场上随机回购的方式最为普遍，但往往受到监管机构的严格监控；在向全体股东招标回购的方式下，回购价格通常高于当时的股票价格，具体的回购工作一般要委托金融中介机构进行，成本费用较高；向个别股东协商回购由于不是面向全体股东，所以必须保持同购价格的公正合理性，以免损害其他股东的利益。

（3）按照筹资方式不同，可分为举债回购、现金回购和混合回购。举债回购是指企业通过银行等金融机构借款的办法来回购公司的股票；现金回购是指企业利用剩余资金来回购本公司的股票；如果企业既动用剩余资金，又向银行等金融机构举债来回购本公司股票，则称之为混合回购。

（4）按照回购价格的确定方式不同，分为固定价格要约回购和荷兰式拍卖回购。固定价格要约回购是指企业在特定时间发出的以某一高出股票当前市场价格的价格水平，回购既定数量股票的要约。荷兰式拍卖回购指在股票回购价格确定方面给予公司更大的灵活性。首先公司指定回购价格的范围和计划回购的数量，然后由股东进行投标，公司在汇总所有股东提交的价格和数量后，确定股票回购的"价格—数量曲线"，并根据实际回购数量确定最终的回购价格。

财务管理

【知识总结】

本章通过对收益分配管理的相关内容进行介绍，希望学生可以了解收益分配的概念和作用；掌握收益的组成及日常管理；了解影响股利政策的因素；掌握收益分配管理的基本概念、基本理论和基本方法；掌握主要股利形式，重点掌握胜利政策。

【思考练习】

一、单选题

1. 下列股利分配政策中，最有利于股价稳定的是（　　）。
   A. 固定股利政策
   B. 剩余股利政策
   C. 固定股利支付率政策
   D. 低正常股利政策加额外股利政策

2. 股利支付与企业的盈利状况密切相关，体现多盈多分、少盈少分、无盈不分的股利政策是（　　）。
   A. 剩余股利政策
   B. 固定股利政策
   C. 固定股利支付率股利政策
   D. 低正常股利加额外股利政策

3. 制定利润分配政策时，应该考虑的股东因素是（　　）。
   A. 投资机会　　B. 资金成本　　C. 现金流量　　D. 担心控制权的稀释

4. 应当按照税后利润的 10% 提取法定公积金，那么可以不再提取时，法定公积金累计额应达到注册资本的（　　）。
   A. 20%　　　B. 30%　　　C. 40%　　　D. 50%

二、多选题

1. 下列各项中，属于股票分割的主要作用的包括（　　）。
   A. 可以降低股票价格
   B. 会在一定程度上巩固内部人既定控制权
   C. 向投资者传递公司发展前景良好的信息
   D. 会在一定程度上加大对公司股票恶意收购的难度

244

2. 下列各项中，影响剩余收益的因素有（   ）。
   A. 利润　　　　　　　B. 投资额
   C. 利润留存比率　　　D. 规定或预期的最低投资报酬率

3. 下列表述中，对各项成本表述正确的是（   ）
   A. 变动成本都是可控的，固定成本都是不可控的
   B. 成本的可控与否，与责任中心的管辖范围有关
   C. 成本的可控与否，与责任中心的权力范围有关
   D. 直接成本大多是可控成本，间接成本大多是不可控成本

4. 下列各项中，属于股票回购动机的是（   ）。
   A. 现金股利的替代
   B. 降低股价，吸引更多投资者
   C. 传递公司的信息
   D. 改变公司的资本结构，提高财务杠杆比例

5. 下列各项中，属于公司发放股票股利优点的有（   ）。
   A. 有利于吸引投资者
   B. 促进公司股票的交易和流通
   C. 可以降低公司股票的市场价格
   D. 可以传递公司未来发展前景良好的信息

三、判断题

1. 固定股利支付率政策的主要缺点，在于公司股利支付与其盈利能力相脱节，当盈利较低时仍要支付较高的股利，容易引起公司资金短缺、财务状况恶化。（   ）

2. 企业发放股票股利将使同期每股收益下降。（   ）

3. 广义的收益分配首先是对企业收入的分配，其次是对其余而按照一定程序进行的再分配。（   ）

4. 派发股票股利有可能会导致公司资产的流出或负债的增加。（   ）

5. 全部成本费用加成定价法是根据预期目标利润和产品销售量、产品成本、是用的税率等因素来确定产品销售价格的方法。（   ）

四、简答题

1. 什么是收益分配？收益分配的基本原则是什么？确定收益分配政策时应考虑的因素有哪些？

2. 股利理论有哪些？各股利政策的基本原理、优缺点和适用范围是什么？

3. 胜利分配的程序、股利分配方案的确定，以及股利的发放程序是什么，

4. 股票胜利的含义和优，点是什么？股票分割的特点及作用是什么？

245

5. 简述股票回购的含义、动机、方式及对股东的影响。

五、计算题

某公司 2017 年拟投资 6 000 万元购置一台生产设备以扩大生产能力，该公司目标资本结构下权益乘数为 3/2。该公司 2016 年度税前利润为 7 000 万元，所得税率为 25%。要求：

（1）计算 2016 年度的净利润是多少？

（2）按照剩余股利政策计算企业分配的现金股利为多少？

（3）如果该企业采用固定股利支付率政策，固定的股利支付率是 40%。在目标资本结构下，计算 2017 年度该公司为购置该设备需要从外部筹集自有资金的数额。

（4）如果该企业采用的是固定或稳定增长的股利政策，固定股利为 2 000 万元，稳定的增长率为 5%，从 2013 年以后开始执行稳定增长股利政策，在目标资本结构下，计算 2017 年度该公司为购置该设备需要从外部筹集自有资金的数额。

（5）如果该企业采用的是低正常股利加额外股利政策，低正常股利为 2 000 万元，额外股利为净利润超过 3 000 万元部分的 10%，在目标资本结构下，计算 2017 年度该公司为购置该设备需要从外部筹集自有资金的数额。

第九章　财务预算

◀【学习目标】

1. 理解财务预算的意义；
2. 掌握财务预算的编制方法。

◀【核心概念】

财务预算　财务预算编制

◀【案例导入】

某企业现着手编制2016年6月的现金收支计划。预计2016年6月初现金余额为8 000元；月初应收账款4 000元，预计月内可收回80%；本月销货50 000元，预计月内收款比例为50%；本月采购材料8 000元，预计月内付款70%；月初应付账款余额5 000元需在月内全部付清；月内以现金支付工资8 400元；本月制造费用等间接费用付现16 000元；其他经营性现金支出900元；购买设备支付现金10 000元。企业现金不足时，可向银行借款，借款金额为1 000元的倍数；现金多余时可购买有价证券。要求月末现金余额不低于5 000元。

案例分析：

1. 计算经营现金收入。
2. 计算经营现金支出。
3. 计算现金余缺。
4. 确定最佳资金筹措或运用数额。
5. 确定现金月末余额。

第一节 财务预算体系

一、财务预算的含义

"预算"（budget）一词起源于法文 baguette，意思是用皮革制成的袋子或公文包。在19世纪中期，英国财政大臣有一种习惯，即在提出下年度税收需求时，常在英国议员们面前打开公文包，展示他所需要的数字，因此，财政大臣的"公文包"就指下年度的岁入岁出预算数。大约在1870年时，budget一词正式出现在财政大臣公文包中的文件上，这就是预算制度最初的来源。

"预算"（budget）在不同的领域因应用的背景与范围不同，其含义也有所不同。我们日常生活中所讲的预算，常常是指国家、机关团体、事业单位的预算制会计。现行事业预算会计是一种收支预算或某项工程的资金需求计划，以达到国家财政预算收支或限额预算拨款的控制，保证国家财政收支预算的平衡。而企业领域运用的预算则有其特定的含义。

企业预算是在科学的生产经营预测与决策基础上，用价值和实物等多种形态反映企业未来一定时期内的生产经营及财务成果等的一系列计划与规划。预算管理则是利用预算这一主线对企业内部各部门、各种财务及非财务资源进行的控制、反映与考评等一系列活动，并借此而提高管理水平和管理效益。

财务预算也称作总预算，它是在预测和决策的基础上，围绕企业战略目标，对企业预算期的资金取得与投放、各项收入与支出、经营成果与分配等资金运动和财务状况所做的总体安排。

财务预算主要包括反映现金收支活动的现金预算、反映企业财务成果的利润预算、反映企业税后利润分配去向的利润分配预算、反映企业财务状况的资产负债预算等内容。

现金预算是对预算期内企业现金收入、现金支出及现金余缺筹措等现金收付活动的具体安排。它以经营预算、长期投资预算和筹资预算为基础，反映了企业预算期内的现金流量及其结果。

利润预算是按照利润表的内容和格式编制的，反映企业预算期经营成果的预算。它以动态指标形式总括反映了企业预算期内执行经营预算及其他相关预算之后的效益情况。

利润分配预算是按照利润分配表的内容和格式编制的，反映企业预算期实现净利润的分配或亏损弥补以及年末未分配利润情况的预算。它总括反映了企业预算期的净利润在各个方面进行分配的数额和过程。

资产负债预算是按照资产负债表的内容和格式编制的，综合反映企业预算期初、期末财务状况的预算。它以静态指标的形式总括反映了企业执行经营预算、长期投资预算和筹资预算前后的财务状况变动情况。

绩效评价预算是以企业整体绩效评价指标和各责任中心分项绩效评价指标为对象编制的

预算。它是以投入产出分析为基本方法，对企业及各责任中心在预算期的盈利能力、资产质量、债务风险、经营增长、管理状况及预算目标完成情况进行的综合评判。财务预算的各种具体预算均由财务部门负责编制。

二、财务预算的作用

编制财务预算是企业财务管理的一项重要工作。预算管理的管理作用可以总结为战略管理、绩效考评和经营风险防范三个方面。

从战略管理上来讲，全面预算管理促进了企业内部各部门间的沟通、交流与合作，减少了相互间的冲突与矛盾。全面预算使企业的经营者站在企业整体运行的高度来考虑各部门、各环节之间的相互关系，明确责任，整体协调，避免责任不清而导致相互推诿，同时，能积极调动企业各部门的积极性，促成企业整体与长期目标的最终实现。

从绩效考评上来说，全面预算是企业计量化和货币化的体现。因此，预算为绩效考核评价提供了标准，便于对各部门实施量化的绩效考评和奖惩制度，也便于对员工实行有效的激励与行为控制。全面预算管理对企业各部门及其员工的工作进行了规范，使企业的经营活动有目标可循，有制度可依，消除了指令朝令夕改、企业经营活动随意性强的现象。

从风险控制上来说，全面预算管理可以促进企业计划工作的开展与完善，减小企业的经营风险与财务风险。预算的基础是计划，预算能促使企业的各级负责人提前制订计划，避免企业因盲目发展而遭受不必要的经营风险和财务风险。事实上，制定和执行全面预算的过程，就是企业使自身经营环境、企业资源和企业发展目标在量化的前提下保持动态平衡的自适应、自控制过程。

财务预算的具体作用表现如下。

（一）明确工作目标

财务预算是具体化的财务目标。编制财务预算有助于企业内部各个部门主管和职工了解本企业、本部门以及本人在实现企业财务目标中的地位、作用和责任，有助于财务人员为保证企业经营目标的实现，经济合理地使用资金与筹措资金，从而有计划、有步骤地将企业的长期战略规划、短期经营策略和发展方向予以具体化和有机结合，明确各级责任单位努力的方向，激励员工参与实现经营目标的积极性，齐心协力地从各自的角度去完成企业的预算目标、战略目标和发展目标。

企业的总目标可以通过财务目标得到体现，而财务预算则是具体化的财务目标。通过财务预算的编制，企业总目标被分解落实成各部门的具体目标，分门别类、有层次地表达为企业的销售、生产、成本和费用、收入和利润等方面量化的具体目标。通过编制财务预算，可以使各级各部门的管理人员和员工明确自己应达到的数量化的具体经营目标，明确自己相应的职责和权限。这样，既有利于增强各级责任单位的管理责任性，激发各级管理人员的积极性，又能促使管理人员和员工关注企业预算期间的各项生产经营条件的改善及外部市场竞争环境的变化，积极研究对策，不断提高经营管理水平。

（二）协调经营活动

财务预算围绕着企业的财务目标，把企业经营过程中的各个环节、各个方面的工作严密地组织起来，消除部门之间的隔阂和本位主义，使企业内部各方面的力量相互协调，资金运用保持平衡，减少和消除可能出现的各种矛盾冲突，从而使企业成为一个为完成其经营目标而顺利运转的有机整体。

企业内部各级各部门协调一致，才能最大限度地实现企业的总目标，但由于各级各部门的职责和具体目标不同，往往容易强调自身的困难而忽视其他部门的利益，有时还会出现互相扯皮、推诿甚至冲突的现象。例如，销售部门提出一个庞大的销售计划，但是生产部门没有相应的生产能力；或者生产部门不考虑市场需求，编制出一个充分发挥生产能力的计划，但销售部门却可能无力将这些产品推销出去；又或者销售和生产部门都认同扩大生产能力，而财务部门却无法筹集到必要的资金，其结果必然是造成浪费和损失。通过编制财务预算，就可以为企业内部各级各部门提供一个相互了解沟通、相互协调的机会和平台，有利于提高企业各级管理人员和全体员工的全局观念，有利于综合平衡企业内部各方利益，增进各部门相互之间的了解和协作，有效防止冲突，实现企业总体利益的最大化。

（三）业绩考核与激励

以目标利润为导向的财务预算在执行过程中，目标利润以及由此分解的各个分预算目标是考核各级各部门工作业绩的主要依据及准则，通过实际效果与预算的比较，便于对各部门及每位员工的工作业绩进行考核评价，并以此为依据进行奖惩，有利于调动员工的积极性。

财务预算具有标准性和尺度性。企业通过编制财务预算，将经营决策目标具体化、系统化。因此，财务预算可以有效地防止企业日常经营活动偏离预定的经营决策目标，并成为控制企业日常经济活动的依据和衡量其合理性的标准，同时预算执行情况和完成程度就自然成为检查和评价企业各级各部门管理人员和员工的绩效和质量的标准尺度，并为业绩考核和奖惩激励提供依据。

（四）合理配置资源

任何企业的原料、设备、资金等经济资源和人力资源都是有限的，应该予以合理有效的运用。如果企业各级各部门都只考虑自身的利益就会造成资源的浪费，降低资源的使用效率，从而损害企业的整体利益。通过编制财务预算，可能使各级各部门管理人员了解企业面临的竞争环境和企业的总体目标，以及企业的有限资源，促使他们树立全局观念，将资源优先分配给盈利能力强的部门、项目及产品，从而使企业的资源配置更加合理有效。

（五）控制资金

财务预算的控制作用主要体现在三个方面，即事前控制、事中控制和事后控制。

财务预算的事前控制主要是控制预算单位的业务范围和规模以及可用资金限额。由于企业总的预算资金总是有一定的限度，因此各部门不能随心所欲，应区分轻重缓急，在资金允许的情况下，合理安排工作。合理的预算能够激发各部门和企业员工的工作积极性，主动献计献策，提出降低费用支出、增加收入的措施，以确保预算目标的完成。

第九章 财务预算

财务预算的事中控制主要是按照预算确定的目标，对预算收入进行督促，争取实现预期的收益和货币资金的流入。此外，还可以对预算的各项耗费和货币资金的流出进行审核，防止超支，保证预算有效执行。

财务预算的事后控制主要是进行预算和实际执行结果比较，分析差异产生的原因，进行业绩评价，并为下一期的预算编制提供依据。

三、财务预算在全面预算中的地位

全面预算管理作为对现代企业成熟与发展起过重大推动作用的管理系统，是企业内部管理控制的一种主要方法。从最初的计划、协调，发展到现在的兼具控制、激励、评价等诸多功能的一种综合贯彻企业经营战略的管理工具，全面预算管理在企业内部控制中日益发挥核心作用。正如著名管理学家戴维·奥利所说的，全面预算管理是为数不多的几个能把企业的所有关键问题融合于一个体系之中的管理控制方法之一。

全面预算是企业对预算期内的经营活动、投资活动、筹资活动和财务活动的总体安排，包括经营预算、长期投资预算、筹资预算与财务预算四大类内容。财务预算虽然是全面预算编制体系中的最后环节，但却起着统御全面预算体系全局的作用，是全面预算体系的核心。

因此，财务预算亦称为总预算，作为全面预算体系中的最后环节的预算，它可以从价值方面总括地反映经营期特种决策预算与业务预算的结果，使预算执行一目了然。其余预算均是账务预算的辅助预算或分预算。通过财务预算可以全面、综合地协调、规划企业内部各部门、各层次的经济关系与职能，使之统一服从于未来经营总体目标的要求；同时，财务预算又能使决策目标具体化、系统化和定量化，能够明确规定企业有关生产经营人员各自职责及相应的奋斗目标，做到人人事先心中有数。

（一）财务预算是对经营预算的汇总

尽管从表面上看，财务预算主要是对经营预算的汇总，但这种汇总绝不是简单的数字累加，而是按照企业经营目标对经营预算进行的审核、分析、修订和综合平衡。也就是说，将经营预算汇总为财务预算的过程也是对经营预算进行审核、修订和完善的过程，财务预算与经营预算是统御与被统御的关系。

（二）财务预算的内容反映了企业预算期的财务目标

经营预算是为了实现企业预算期的财务目标而开展的具体的生产经营活动，而实现利润最大化是企业的财务目标。从本质上讲，企业实行全面预算管理的重要目的，就是实现企业利润最大化这一财务目标。利润预算中的"利润总额""净利润"等项指标，是企业财务目标的数量反映，也是企业投资者、经营管理者、债权人、企业员工等利益相关者都十分关注的事项。可以这么说，假设企业仅仅编制财务预算就能达到企业利润最大化的目标，那么，企业就完全没有必要再编制经营预算（当然这种假设是不存在的）。因此，在全面预算体系中，财务预算起着导向和目标作用，经营预算则是为了实现利润预算而采取的具体方法、措施和途径。

（三）长期投资预算从属于财务预算，并受财务预算的制约

长期投资预算是规划企业长期投资活动的预算，而企业进行长期投资活动的目的，也正是为了实现企业中长期的利润最大化。同时，长期投资预算还要受资产负债预算及现金预算的制约，如果资产负债预算和现金预算所反映的企业财务状况不佳，例如，资产负债率过高、现金流量短缺，企业是没有能力进行长期投资活动的。因此，长期投资预算是服从和从属于财务预算的。

（四）筹资预算是经营预算、长期投资预算的补充，并受制于财务预算

大家都知道"资金是企业运行的血液，企业进行生产经营活动和长期投资活动离不开资金"这一简单的道理，同时这个道理也告诉我们：企业运行，需要资金；企业如果不运行，则不需要资金。因此，从本质上看，筹资预算是经营预算和长期投资预算的有机组成部分，没有经营预算和长期投资预算，也就没有筹资预算。因为经营预算和长期投资预算从属于财务预算，毫无疑问作为上述预算组成部分的筹资预算也自然而然地从属于财务预算，并受财务预算的制约。

四、预算的分类与预算体系

（一）预算的分类

企业预算可以按不同标准进行多种分类：

1. 根据预算内容不同，可以分为业务预算（即经营预算）、专门决策预算和财务预算

业务预算是指与企业日常经营活动直接相关的经营业务的各种预算。它主要包括销售预算、生产预算、材料采购预算、直接材料消耗预算、直接人工预算、制造费用预算、产品生产成本预算、经营费用和管理费用预算等。专门决策预算是指企业不经常发生的、一次性的重要决策预算。专门决策预算直接反映相关决策的结果，是实际中选方案的进一步规划。如资本支出预算，其编制依据可以追溯到决策之前搜集到的有关资料，只不过预算比决策估算更细致、更准确一些。例如，企业对一切固定资产购置都必须在事先做好可行性分析的基础上来编制预算，具体反映投资额需要多少，何时进行投资，资金从何筹得，投资期限多长，何时可以投产，未来每年的现金流量多少。财务预算是指企业在计划期内反映有关预计现金收支、财务状况和经营成果的预算。财务预算作为全面预算体系的最后环节，它是从价值方面总括地反映企业业务预算与专门决策预算的结果，也就是说，业务预算和专门决策预算中的资料都可以用货币金额反映在财务预算内，这样一来，财务预算就成了各项业务预算和专门决策预算的整体计划，故亦称为总预算，其他预算则相应称为辅助预算或分预算。显然，财务预算在全面预算中占有举足轻重的地位。

2. 从预算指标覆盖的时间长短划分，企业预算可分为长期预算和短期预算

通常将预算期在1年以内（含1年）的预算称为短期预算，预算期在1年以上的预算则称为长期预算。预算的编制时间可以视预算的内容和实际需要而定，可以是1周、1月、1季、1年或若干年等。在预算编制过程中，往往应结合各项预算的特点，将长期预算和短期

预算结合使用。一般情况下，企业的业务预算和财务预算多为 1 年为期的短期预算，年内再按季或月细分，而且预算期间往往与会计期间保持一致。

（二）预算体系

各种预算是一个有机联系的整体。一般将由业务预算、专门决策预算和财务预算组成的预算体系，称为全面预算体系。

五、预算工作的组织

预算工作的组织包括决策层、管理层、执行层和考核层，具体如下：

1. 企业董事会或类似机构应当对企业预算的管理工作负总责。企业董事会或者经理办公会可以根据情况设立预算委员会或指定财务管理部门负责预算管理事宜，并对企业法人代表负责。

2. 预算委员会或财务管理部门主要拟订预算的目标、政策，制定预算管理的具体措施和办法，审议、平衡预算方案，组织下达预算，协调解决预算编制和执行中的问题，组织审计、考核预算的执行情况，督促企业完成预算目标。

3. 企业财务管理部门具体负责企业预算的跟踪管理，监督预算的执行情况，分析预算与实际执行的差异及原因，提出改进管理的意见与建议。

4. 企业内部生产、投资、物资、人力资源、市场营销等职能部门具体负责本部门业务涉及的预算编制、执行、分析等工作，并配合预算委员会或财务管理部门做好企业总预算的综合平衡、协调、分析、控制与考核等工作。其主要负责人参与企业预算委员会的工作，并对本部门预算执行结果承担责任。

5. 企业所属基层单位是企业预算的基本单位，在企业财务管理部门的指导下，负责本单位现金流量、经营成果和各项成本费用预算的编制、控制、分析工作，接受企业的检查、考核。其主要负责人对本单位财务预算的执行结果承担责任。

第二节　财务预算编制方法与程序

财务预算的编制要以财务预测的结果为根据，因此受到财务预测质量的制约；财务预算还必须服从决策目标的要求，是对决策目标的具体化、系统化和定量化；财务预算是财务控制的依据和标准。

财务预算编制是将预算按照预算执行组织结构，逐层分解为各责任单位及责任人的责任目标，并通过编制责任预算加以具体化的过程。预算编制质量好坏直接影响预算的执行结果，也影响对预算执行者的业绩考评。

一、财务预算编制的模式

在财务预算编制之前，企业必须根据自身的特点选择适当的预算模式，只有这样才能更好地发挥预算的作用，从而提高企业的管理水平。

（一）以销售为核心的预算模式

以销售为核心的预算基本上是按"以销定产"体系编制，预算起点是以销售预算为基础的销售预算；然后，再根据销售预算考虑期初、期末存货的变动来安排生产；最后，是保证生产顺利进行的各项资源的供应和配置。在考核时以销售收入作为主导指标考核。

以销售为核心的预算模式主要由以下几项内容组成：销售预算、生产预算、供应预算、成本费用预算、利润预算、现金流量预算，此外还包括相应的财务预算（狭义）和资本支出等各项具体内容。

以销售为核心的预算模式主要适用于如下企业。

1. 以快速成长为目标的企业

如果企业的目标不是追求一时一刻利润的高低，而是追求市场占有率的提高，则可以采取以销售为核心的预算模式。

2. 处于市场增长期的企业

这种类型的企业产品逐渐被市场接受，市场占有份额直线上升，产品生产技术较为成熟，这一时期企业的主要工作，就是不断开拓新的市场以提高自己的市场占有率，增加销售收入。这种情况下，采用以销售为核心的预算模式能够较好地适应企业管理和市场营销战略的需要，促进企业效益的全面提高。

3. 季节性经营的企业

以销售为核心的预算模式，还适用于产品生产季节性较强或市场需求波动较大的企业。由于从特定的会计年度来看，这种企业所面临的市场不确定性较大，其生产经营活动必须根据市场变化灵活调整。所以按特定销售活动所涉及的事情和范围来进行预算管理，就能既适应这种管理上的灵活性需求，又有利于整个企业的协调运作。

以销售为核心的预算模式符合市场需求，能够实现以销定产。同时有利于减少资金沉淀，提高资金使用效率，有利于不断提高市场占有率，使企业快速成长。但是这种模式可能会造成产品过度开发，忽略成本降低和出现过度赊销的现象，不利于企业提高利润，从而不利于企业长远发展。

（二）以利润为核心的预算模式

以利润为核心预算模式的特点，是以企业"利润最大化"作为预算编制的核心，预算编制的起点和考核的主导指标都是利润。以利润为核心的预算模式主要适用于以利润最大化为目标的企业和大型企业集团的利润中心。这种管理模式的优点如下。

1. 有助于使企业管理方式由直接管理转为间接管理

预算利润通过预算编制得到落实，预算表的约束作用与企业集团的激励机制相互配合，进一步激发了预算执行者的工作主动性。

2. 明确工作目标，激发员工工作的积极性

企业集团的预算利润一旦确定之后，就会层层落实，这样就使每位员工在预算期间的工

作任务透明化，以此配合企业的薪酬激励方案，每位员工都能明白自己在预算期内的工作任务及其与薪酬的关系，从而努力完成预算期内各自的工作任务，最终确保整个企业预算利润的实现。

3.有利于增强企业集团的综合盈利能力

在以利润为核心的预算模式中，利润是财务预算编制的起点，这就使利润不仅是预算的结果，还是预算的前提；使利润不再是追求销售和成本的结果，而是为了追求利润目标，确定销售和成本必须保持怎样的水平，表现为一种主动性。通过把握这种主动性，企业主要着力于扩大销售和内部挖掘，从而维持企业的竞争能力，增强企业集体的综合盈利能力。

以利润为核心的预算行为可能引发短期行为，使企业只顾预算年度利润，忽略企业长远发展；可能引发冒险行为，使企业只顾追求高额利润，增加企业的财务和经营风险；可能引发虚假行为，使企业通过一系列手段虚降成本，虚增利润。

（三）以成本为核心的预算模式

以成本为核心的预算模式就是以成本为核心，预算编制以成本预算为起点，预算控制以成本控制为主轴，预算考评以成本为主要考评指标的预算模式。它在明确企业目前实际情况的前提下，通过市场调查，结合企业潜力和预期利润进行比较，进而倒挤出企业目标成本，加以适当的量化和分类整理，形成一套系统完善的预算指标，进而将之分解落实到各级责任单位和个人，直至规划出达成每个目标的大致过程，同时，明确相应的以成本指标完成的情况为考评依据的奖惩制度，使相关责任单位和个人的责权利紧密结合。在企业生产经营过程中跟踪成本流程，按预算指标进行全过程的控制管理。

以成本为核心管理模式的关键是设定合理的目标成本，对其进行分解，在执行过程中加强控制，从而实现目标成本。目标成本主要包括理想的目标成本、正常的目标成本和现实的目标成本。由于理想的目标成本较难实现，所以在实际工作中很少使用。正常的目标成本主要在经济稳定的情况下得到广泛应用，而现实的目标成本最适于在经济形势变化多端的情况下采用。

以成本为核心的预算模式主要适用于产品处于市场成熟期的企业和大型企业集团的成本中心。这种预算模式有利于促使企业采取降低成本的各种办法，不断降低成本，提高盈利水平；有利于企业采取低成本扩张战略，扩大市场占有率，提高企业成长速度。但是这种方法可能会只顾降低成本而忽略新产品的开发和产品的质量。

（四）以现金流量为核心的预算模式

以现金流量为核心的预算模式就是主要依据企业现金流量预算进行预算管理的模式。现金流量是这一预算模式下预算管理工作的起点和关键所在。

采用现金流量模式的预算适用于以下企业。

1.产品处于市场衰退期的企业

根据产品生命周期理论，任何一种产品都包括导入期、成长期、成熟期和衰退期四个阶段。其中在衰退期，由于产品已被市场抛弃或出现了更为价廉物美的替代品，产品的市场份额急剧缩小。如何做好现金的回流工作以及如何寻找新的投资机会以维持企业的长远生存就成了财务工作的重点。可见，在该阶段，以现金流量预算作为整个预算体系的核心，是由该阶段的生产经营特点所决定的，有其必然性。

2. 财务困难的企业

当企业出现财务困难、现金短缺时，也应采用以现金流量为核心的预算模式，以便摆脱财务危机。

3. 重视现金回收的企业

有些企业虽然不存在财务危机，但理财比较稳健，重视现金流量的增加，这样的企业也应采用以现金流量为核心的预算模式。

这种预算模式有利于增加现金流入、控制现金流出，同时可以实现资金收支平衡，使企业尽快摆脱财务危机。但由于预算中安排的资金投入较少，不利于企业高速发展。另外，预算思想保守可能会使企业错过发展的有利时机。

二、财务预算编制的程序

预算编制程序是指预算由谁来制定，制定的过程如何。常见的预算编制程序有三种，即：自上而下（权威式预算），自下而上，上下结合。后两种预算被称为参与式预算。每一种预算编制程序在理论上都有其自身的特点和适用范围，而在应用中也都有其疑难问题和解决思路，需要做出妥善的处理。

（一）自上而下式预算编制程序

自上而下的权威式预算，由公司总部高层管理者按照战略管理需要，集合集团公司股东大会意愿及企业集团所处行业的市场环境来制定预算，下级经营单位和部门只是预算执行的主体，很少能参与到预算编制过程中。

其预算编制的具体程序为：第一，股东大会或母公司提出子公司年度预算目标利润；第二，子公司董事会提出公司为达成目标利润的主要任务指标；第三，各经营分部或职能部门提出各自的预算方案；第四，子公司经营层或董事会对预算方案进行评审；第五，经营层或董事会确定预算方案；第六，下达部门预算；第七，具体落实预算指标并进行监督与管理。

按自上而下的方式编制的预算更接近于企业战略目标。自上而下预算编制方式的最大好处在于，能保证母公司总部的利益，同时考虑企业集团战略发展的需要。自上而下方式编制预算的不足之处在于，将权力高度集中在总部，导致不能发挥各子公司的主动性和创造性，这样达成的协议往往难以在管理基层达成共识，不利于"人本管理"，从而不利于企业集团的未来发展。

（二）自下而上式预算编制程序

自下而上式预算程序的流程方向与自上而下式正好相反，预算由组织的下级部门编制，然后汇总到上级部门，最后到公司总部。总部根据自己制定的预算编制大纲和总目标对下级

汇总上来的预算进行协调，并最终审核批准预算。

自下而上式预算的具体编制程序为：第一，母公司董事会提出预算编制的指导性原则；第二，各子公司根据自身情况，提出年度可完成的任务指标及相应的说明；第三，子公司编制内部预算；第四，下达执行预算。

这种预算编制组织程序的优点在于：提高了子公司的主动性，体现了分权主义和人本管理思想的要求，同时将子公司置于市场前沿，提高了子公司独立作战的能力。这种预算编制组织程序的不足在于：它只强调结果控制而忽略过程控制，一旦结果既成事实，则没有弥补过失的余地，可能引发管理失控；为争夺母公司的资本资源而多报或少报预算等；导致资源浪费；不利于子公司盈利潜能的最大限度发挥。

（三）上下结合式预算编制程序

上下结合式预算编制程序是现代预算最为可取的一种方式。一方面，通过上下结合达到预算意识的沟通和总部预算目标的完全执行；另一方面，通过上下结合可以避免单纯自上而下和自下而上预算编制方式的各种不足。上下结合式预算编制程序是一种"上下结合、分级编制、逐级汇总"的编制程序。

上下结合式的预算编制程序给予各管理层充分博弈的空间，这对于预算的执行大有好处；但也应看到，这种预算编制程序的最大不足，在于过多的讨价还价会削弱预算的战略性等问题。

三、财务预算编制的方法

企业采用什么方法编制预算，对预算目标的实现具有至关重要的影响，从而直接影响到预算管理的效果。西方国家，尤其是美国一些企业在编制预算时，分别采用了固定预算、弹性预算、滚动预算、零基预算和概率预算等方法。事实上，不同的预算编制方法适应不同的情况，企业在编制预算时必须结合具体部门、单位的实际情况，对不同的经济内容采用不同的预算编制方法，不能将预算编制的方法模式化。

（一）固定预算与弹性预算

1. 固定预算

固定预算又称静态预算，是指以预算期某一固定业务量水平为基础编制的预算。固定预算是一种传统的预算编制方法。

固定预算的优点主要有：预算编制的工作量不大，各预算之间关系紧密；在实际业务量与预算业务量相同或差距不大时，有利于考核及控制企业的生产经营活动。固定预算的不足之处，主要表现为：不能实时反映市场状况变化对预算执行的影响；上下级之间容易处于对立面；容易导致预算执行中的突击行为。

固定预算适用于固定费用或者数额比较稳定的预算项目，一般情况下，非营利组织和业务水平比较稳定的企业使用得较多。

2. 弹性预算

弹性预算又称变动预算，是指按照预算期内可以预见的多种业务量水平而编制的、能适应不同业务量情况的预算。

弹性预算是为克服固定预算的缺点而设计，其特点表现为：第一，预算的编制依据不是某一固定的业务量，而是一个可以预见的业务量范围，使预算具有伸缩弹性，增强了预算的适用性。第二，弹性预算以成本的不同习性分类列示，便于将实际指标与实际业务量情况下的预算指标进行对比，使预算执行的评价与考核建立在合理性基础之上，更好地发挥预算的控制作用。

理论上说，所有预算都可以采用弹性预算的方法，但在实际工作中，从经济的角度出发，弹性预算多用于成本、费用、利润预算的编制。显然，弹性预算的适应性更强，但其工作量也较大。美国一项对上市公司弹性预算应用情况的调查研究发现，有48%的公司在对生产成本进行预算时采用弹性预算方法，但仅有27%的公司在对分销、市场营销、研究与开发费用、管理费用进行预算时采用弹性预算方法。这些数据表明，在生产部门中，弹性预算也得到了广泛的应用。

弹性预算的优点在于：比固定预算运用范围广泛，使预算与实际具有可比基础，使预算控制和差异分析更具有意义和说服力；预算一经编制，只要各项消耗标准和价格等依据不变，便可以连续使用，从而可以极大地减少工作量。当然，运用弹性预算而不运用固定预算的最主要的原因还在于，运用弹性预算能够在控制了数量变化后，更好地对某个职能部门或管理人员的经营业绩进行评价。

（二）增量预算与零基预算

1. 增量预算

增量预算是指以基期成本费用水平为基础，结合预算期业务量水平以及有关降低成本的措施，通过调整原有费用项目以及预算额而编制预算的方法。

增量预算方法的优点在于，它以基期数据为依据，考虑计划年度有关因素的变动，然后编制预算，因此编制预算的基础资料容易取得，编制工作较为容易，同时又使各年度的预算相互衔接。

2. 零基预算

零基预算方法的全称为"以零为基础编制计划和预算的方法"，零基预算是指在编制成本费用预算时，不考虑以往会计期间所发生的费用项目或费用数额，而是以所有的预算支出均为零为出发点，一切从实际需要与可能出发，逐项审议预算期内各项费用的内容及开支标准是否合理，在综合平衡的基础上编制费用预算的一种方法。

从以上分析可以看出，采用零基预算法时，所有业务活动都要重新进行评价，各种收支预算都要以零为起点进行观察、分析和衡量，它不受现行做法的框框所束缚，能充分发挥各级人员的积极性和创造精神，能根据最新科技成就和现代管理方法，安排各项业务活动和收支预算。实行零基预算法时，预算不仅是用以测算盈利的手段，更重要的是能提供各种不同方案的业务量及其收支盈利水平，作为经营决策的重要依据。

零基预算法的优点有：不仅能压缩费用开支，而且能切实做到使有限的费用花在最需要的地方；成本、费用预算核定不受过去老框框的制约，能充分发挥各级管理人员的积极性和创造性，促进各预算责任中心精打细算，量力而行，量入为出，合理使用资金，提高经济效益。据美国有关方面的调查表明，大多数企业认为，零基预算作为企业经营管理的业务计划和预算控制方法，比较其他预算方法，实施的结果能取得更为满意的成本费用节约和经济效果。

（三）定期预算与滚动预算

1. 定期预算

定期预算是指在编制预算时，以不变的会计期间（如日历年度）作为预算期的编制预算的方法。定期预算的唯一优点是能使预算期间与会计年度相衔接，便于考核、评价预算的执行结果。

2. 滚动预算

滚动预算又称连续预算或永续预算，是指在编制预算时，将预算期与会计年度相脱离，随着预算的执行不断延伸补充预算，逐期向后滚动，使预算期永远保持为12个月的预算编制方法。

滚动预算的实质是动态的不断连续更新调整的弹性预算。与传统的定期预算相比，按滚动预算方法编制的预算透明度高，及时性强，具有连续性、完整性和稳定性。由于滚动预算在时间上不再受日历年度的限制，能够连续不断地规划未来的生产经营活动，不会造成预算的人为间断，同时，可以使企业管理人员了解未来12个月内，企业的总体规划与近期预算目标，能够确保企业管理工作的完整性与稳定性。

采用滚动预算编制方法的不足之处是频率较快、工作量较大。因此预算的滚动期限应视实际需要而定，比如采用季度滚动来代替月度滚动等。

四、财务预算编制实例

根据前述财务预算的内容可知，财务预算的编制，应按先业务预算、专门决策预算，后财务预算的顺序进行，并按各预算执行单位所承担经济业务的类型及其责任权限编制不同形式的预算。

（一）现金预算的编制

现金预算也称作现金收支预算，是对预算期内企业现金收入、现金支出及现金余缺筹措等现金收付活动的具体安排。这里所说的现金是指企业的库存现金和银行存款等货币资金。现金预算是企业按照收付实现制原则编制的，它综合反映了企业在预算期内的现金流转情况及其结果。现金预算的内容不仅决定着企业在预算期内的现金流入流出总量，也决定企业预算期内所需现金的筹措总额和筹措时间。因此，现金预算是全面预算体系的重要预算，是经营预算、长期投资预算以及利润预算顺利实施的保障。

现金预算是对其他预算中有关现金收支部分的汇总，以及对现金收支差额所采取的平衡措施。它的编制在很大程度上要取决于企业对经营预算、长期投资预算和筹资预算中的现金收支安排。因此，企业在编制经营预算、长期投资预算和筹资预算时，必须为编制现金预算做好数据准备。也就是说，编制各项预算时，凡是涉及现金收付的项目，必须单独列示出来。显然，现金预算的编制要以其他各项预算为基础，以其他预算所提供的现金流量作为数字依据。

现金预算由期初现金余额、预算期现金收入、预算期现金支出、现金收支差额、融资方案、期末现金余额六个部分构成。因为要保证企业经营活动、投资活动、筹资活动及财务活动的正常运行，企业日常就需要保持一个恰当的现金余额。这个恰当的现金余额就是企业的现金最佳持有量，它既不会因为现金结存太多而造成现金闲置，又不会因为现金结存不足而导致企业缺乏支付能力。确定现金最佳持有量实质上是要求企业在现金不足和现金过量的两难之中做出正确的选择，找到两者的最佳结合点。常用的确定方法主要有成本分析模式、现金周转模式、因素分析模式和随机模式等。

基于企业现金最佳持有量的理论，我们应该将上述现金预算的结构公式变更为如下模式：
（期初现金余额＋预算期现金收入）－（预算期现金支出＋期末现金余额）＝融资金额

上述结构公式表明，期末现金余额不是被动计算出来的，而是由企业事先核定的现金最佳持有量决定的。

1. 最佳现金持有量的确定

（1）成本分析模式

成本分析模式是通过分析持有现金的有关成本，寻找持有总成本最低时的现金持有量的一种方法。一般来说，企业持有现金的成本包括占用成本、管理成本和短缺成本三种。

占用成本：也称作机会成本、投资成本。现金作为企业的一项资金占用，是要付出代价的，这种代价就是资金占用成本。现金作为资金总体的一部分，或者来自债权人，或者来自股东。因此，持有现金必须考虑相应的占用成本。另外，如果将现金进行短期投资则可以赚取一定的投资收益；如果将现金持有而未进行投资，则就丧失了取得投资收益的可能，因此而形成了机会成本。

管理成本：是指从事现金管理的各种费用，如有关人员工资、安全措施费等。

短缺成本：是指企业由于现金持有不足而带来的损失或为此付出的代价。

三种资金成本之和最小的现金持有量，就是企业的最佳现金持有量。如果把三种资金成本线放在一个坐标图上，就会很直观地表现出持有现金的总成本，并找出最佳现金持有量的点，如图9-1所示。

当企业确定现金最佳持有量时，要根据实际需要，规划出若干个现金持有方案，然后比较各个方案的机会成本、管理成本和短缺成本之和，从中选出总成本最低的方案，该方案的现金持有量就是现金的最佳持有量。

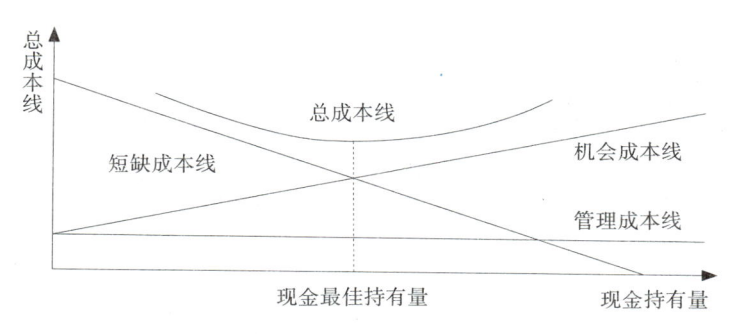

图 9-1 最佳现金持有量

（2）现金周转模式

现金周转模式是通过剖析企业生产经营活动中现金周转的过程，在已知存货周转期及应收、应付账款周转期的基础上，确定最佳现金持有量的方法。

现金周转期是指从现金投入生产经营开始，到最终转化为现金的过程。它主要经过三个过程：存货周转期，指将原材料转化为产成品并将其出售所需要的时间；应收账款周转期，是指将应收账款转换为现金所需要的时间；应付账款周转期，是指从收到尚未付款的材料开始到现金支出之间所需的时间。

上述三个过程与现金周转期之间的关系可用图 9-2 说明。

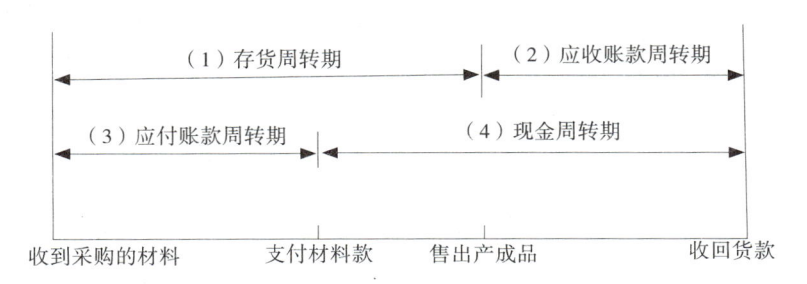

图 9-2 现金周转模式关系

由图 9-2 所示，现金周转期可用下列公式计算：

现金周转期 = 存货周转期 + 应收账款周转 − 应付账款周转期

现金周转期确定后，便可据以确定最佳现金持有量：

最佳现金持有量 = 企业年现金需求总额 × 360 × 现金周转期

（3）因素分析模式

因素分析模式是根据上年现金占用额和有关因素的变动情况，来确定最佳现金持有量的一种方法。计算公式如下：

最佳现金持有量 =（上年现金平均占用额 − 不合理占用额）×（1 ± 预计销售收入变化的百分比）

261

2. 现金预算的编制

举例来说：阳光公司 2016 年经营预算、长期投资预算、筹资预算、利润分配预算等涉及现金收支的预算已经全部编制完毕，财务部安排专人据以编制公司 2016 年现金流量预算。

编制方法和步骤如下。

首先，财务部通过测算确定公司预算期初现金余额为 300 万元，预算期末现金余额为 500 万元。

其次，财务部经过审核认为经营预算及其他预算中的现金收支项目和金额符合公司的现金政策，可以作为编制现金预算的依据。

再次，对公司在 2016 年内需要偿还的各项融资债务进行排查，确认公司 2016 年需要归还银行短期借款 1 000 万元，需要承付银行承兑汇票 800 万元。

然后，通过汇总各项预算中的现金收支金额和 2016 年需要偿还的融资债务，结合期初、期末现金余额计划，计算出预算期需要增加现金 22 744 486 元，如表 9-1 所示。

表 9-1 2016 年各项预算现金收支汇总表

（单位：元）

序号	项目	现金收支
1	期初现金余额	3 000 000
2	预算期现金收入	82 890 000
2.1	销售收入	67 690 000
2.2	投资收益	200 000
2.3	长期借款	15 000 000
3	预算期现金支出	103 634 486
3.1	材料采购	36 046 388
3.2	直接人工	1 307 156
3.3	制造费用	3 340 530
3.4	销售费用	7 100 000
3.5	管理费用	6 840 000
3.6	财务费用	2 000 000
3.7	交纳税费	7 444 612
3.8	固定资产项目	18 830 000
3.9	股权投资	1 500 000

第九章 财务预算

续 表

序号	项目	现金收支	
3.10	股东分红	1 225 800	
3.11	归还短期借款	10 000 000	根据银行借款合同
3.12	承付银行汇票	8 000 000	根据汇票承付时间
4	期末现金余额	5 000 000	
5	现金收支差额	−22 744 486	5 = 1 + 2-3-4

再后，根据 2016 年现金短缺数额，拟定增加短期负债 2 300 万元，并结合项目投资及筹资预算方案编制 2016 年融资负债预算，如表 9-2 所示。

表 9-2　阳光公司 2016 年融资负债预算表

（单位：元）

序号	融资项目	单位	利率	期初余额	预算期增加	预算期减少	期末余额
1	短期融资负债	万元		2 000	2 300	1 800	2 500
1.1	银行短期借款	万元		1 200	1 800	1 000	2 000
1.1.1	工商银行借款	万元	7%	1 200	600	1 000	800
1.1.2	中国银行借款	万元	7%	0	1 200	0	1 200
1.2	信用筹资	万元		800	500	800	500
1.2.1	商业承兑汇票	万元	0	0	200	0	200
1.2.2	银行承兑汇票	万元	1‰	800	300	800	300
2	长期融资负债	万元		200	1 500	0	1 700
2.1	工商银行借款	万元		200	1 500	0	1 700
3	融资负债合计	万元		2 200	3 800	1 800	4 200

最后，编制完成 2016 年现金流量预算，如表 9-3 所示。

表 9-3　阳光公司 2016 年现金流量预算表

（单位：元）

序号	项目	2016 年预算	数据来源
1	期初现金余额	3 000 000	根据 2015 年年末现金情况预计

续表

序号	项目	2016年预算	数据来源
2	预算期现金收入	105 890 000	2 = 2.1 + 2.2 + 2.3
2.1	经营活动现金收入	67 690 000	
2.1.1	产品销售	67 690 000	
2.1.2	其他经营业务	0	
2.2	投资活动现金收入	200 000	
2.2.1	投资收益	200 000	
2.2.2	其他投资	0	
2.3	筹资活动	38 000 000	
2.3.1	吸收投资	0	
2.3.2	银行借款	33 000 000	长期借款加短期借款
2.3.3	其他	5 000 000	信用筹资
3	预算期现金支出	103 634 486	3 = 3.1 + 3.2 + 3.3
3.1	经营活动现金支出	64 078 686	
3.1.1	购买材料	36 046 388	
3.1.2	直接人工	1 307 156	
3.1.3	制造费用	3 340 530	
3.1.4	销售费用	7 100 000	
3.1.5	管理费用	6 840 000	
3.1.6	财务费用	2 000 000	
3.1.7	交纳税费	7 444 612	
3.1.8	其他经营支出	0	
3.2	投资活动现金支出	20 330 000	
3.2.1	购建固定资产	18 830 000	
3.2.2	其他投资	1 500 000	
3.3	筹资活动现金支出	19 225 800	
3.3.1	归还借款	10 000 000	归还银行短期借款
3.3.2	分配股利	1 225 800	
3.3.3	其他筹资活动	8 000 000	承付信用筹资
4	期末现金余额	5 255 514	4 = 1 + 2 - 3

（二）现金收支预算的编制

现金收支预算是企业以预算期不同责任部门所发生的现金收支项目和数额为对象编制的

现金预算。它可以清楚展示，预算期的现金收入由哪个部门负责实现，现金支出分别由哪些部门负责落实。同时，企业通过编制现金收支预算可以搞好现金收支的归口管理，有利于明确有关职能部门的现金收付责任，便于对现金收支完成情况的责任考核。

（三）资产负债预算的编制

资产负债预算是按照资产负债表的内容和格式编制的，综合反映企业预算期初、期末各种资产、负债及所有者权益状况的预算。

资产负债预算是根据"资产＝负债＋所有者权益"这一会计恒等式所反映的三个会计要素之间的相互关系，把企业预算期初、期末的资产、负债和所有者权益各项目按照一定的分类标准和顺序进行排列而成的。

通过编制资产负债预算，可以了解企业所拥有或控制的经济资源和承担的责任、义务，了解企业资产、负债、所有者权益各项目的构成比例是否合理，财务状况是否稳定，并以此分析企业的生产经营能力、营运能力和偿债能力。通过对资产负债预算的分析，如果发现资产负债率、流动比率、速动比率、股东权益比率等财务比率不佳，企业就可以采取修订完善有关预算的办法，改善企业预算期的财务状况。因此，编制资产负债预算具有控制和驾驭企业各项预算的重要作用。

资产负债预算是在预算期初资产负债表的基础上，依据企业编制的经营预算、长期投资预算、筹资预算、现金预算、利润及利润分配预算等资料计算分析编制的。因为企业编制年度预算时，预算期初的资产负债状况还不可能知道。

预算草案编制完成后，首先报请公司预算管理委员会审核，然后提交董事会审议。

预算从编制到审批下来，一般需要经过自上而下和自下而上的多次反复。预算反复编制、审核、调整的过程，也是各级预算组织之间相互交流和沟通的过程。只有这样，才能提高预算的合理性和准确性，才能使最终付诸实施的预算既符合公司的整体利益，又符合公司内各部门、各环节的具体情况，避免由于高层管理人员的主观臆断造成预算脱离实际的现象。

第三节　预算的执行与考核

企业预算一经批复下达，各预算执行单位就必须认真组织实施，将预算指标层层分解，从横向到纵向落实到内部各部门、各单位、各环节和各岗位，形成全方位的预算执行责任体系。

企业应当将预算作为预期内组织、协调各项经营活动的基本依据，将年度预算细分为月份和季度预算，通过分期预算控制，确保年度预算目标的实现。

一、预算的执行

企业应当强化现金流量的预算管理，按时组织预算资金的收入，严格控制预算资金的支付，调节资金收付平衡，控制支付风险。

对于预算内的资金拨付，按照授权审批程序执行。对于预算外的项目支出，应当按预算管理制度规范支付程序。对于无合同、无凭证、无手续的项目支出，不予支付。

企业应当严格执行销售、生产和成本费用预算，努力完成利润指标。在日常控制中，企业应当健全凭证记录，完善各项管理规章制度，严格执行生产经营月度计划和成本费用的定额、定率标准，加强适时监控。对预算执行中出现的异常情况，企业有关部门应及时查明原因，提出解决办法。

企业应当建立预算报告制度，要求各预算执行单位定期报告预算的执行情况。对于预算执行中发现的新情况、新问题及出现偏差较大的重大项目，企业财务管理部门以至预算委员会应当责成有关预算执行单位查找原因，提出改进经营管理的措施和建议。

企业财务管理部门应当利用财务报表监控预算的执行情况，及时向预算执行单位、企业预算委员会以至董事会或经理办公会提供财务预算的执行进度、执行差异及其对企业预算目标的影响等财务信息，促进企业完成预算目标。

二、预算的调整

企业正式下达执行的预算，一般不予调整。预算执行单位在执行中由于市场环境、经营条件、政策法规等发生重大变化，致使预算的编制基础不成立，或者将导致预算执行结果产生重大偏差的，可以调整预算。

企业应当建立内部弹性预算机制，对于不影响预算目标的业务预算、资本预算、筹资预算之间的调整，企业可以按照内部授权批准制度执行，鼓励预算执行单位及时采取有效的经营管理对策，保证预算目标的实现。

企业调整预算，应当由预算执行单位逐级向企业预算委员会提出书面报告，阐述预算执行的具体情况、客观因素变化情况及其对预算执行造成的影响程度，提出预算指标的调整幅度。

企业财务管理部门应当对预算执行单位的预算调整报告进行审核分析，集中编制企业年度预算调整方案，提交预算委员会以至企业董事会或经理办公会审议批准，然后下达执行。

对于预算执行单位提出的预算调整事项，企业进行决策时，一般应当遵循以下要求：

（1）预算调整事项不能偏离企业发展战略；

（2）预算调整方案应当在经济上能够实现最优化；

（3）预算调整重点应当放在预算执行中出现的重要的、非正常的、不符合常规的关键性差异方面。

三、预算的分析与考核

企业应当建立预算分析制度，由预算委员会定期召开预算执行分析会议，全面掌握预算的执行情况，研究、解决预算执行中存在的问题，纠正预算的执行偏差。

第九章 财务预算

开展预算执行分析，企业管理部门及各预算执行单位应当充分收集有关财务、业务、市场、技术、政策、法律等方面的信息资料，根据不同情况分别采用比率分析、比较分析、因素分析、平衡分析等方法，从定量与定性两个层面充分反映预算执行单位的现状、发展趋势及其存在的潜力。

针对预算的执行偏差，企业财务管理部门及各预算执行单位应当充分、客观地分析产生的原因，提出相应的解决措施或建议，提交董事会或经理办公会研究决定。

企业预算委员会应当定期组织预算审计，纠正预算执行中存在的问题，充分发挥内部审计的监督作用，维护预算管理的严肃性。

预算审计可以采用全面审计或者抽样审计。在特殊情况下，企业也可组织不定期的专项审计。审计工作结束后，企业内部审计机构应当形成审计报告，直接提交预算委员会以至董事会或经理办公会，作为预算调整、改进内部经营管理和财务考核的一项重要参考。

预算年度终了，预算委员会应当向董事会或者经理办公会报告预算执行情况，并依据预算完成情况和预算审计情况对预算执行单位进行考核。

企业内部预算执行单位上报的预算执行报告，应经本部门、本单位负责人按照内部议事规范审议通过，作为企业进行财务考核的基本依据。企业预算按调整后的预算执行，预算完成情况以及企业年度财务会计报告为准。

企业预算执行考核是企业绩效评价的主要内容，应当结合年度内部经济责任制进行考核，与预算执行单位负责人的奖惩挂钩，并作为企业内部人力资源管理的参考。

> 【知识总结】
>
> 本章主要介绍了财务预算的相关概念和方法,包括财务预算的概念、财务预算的编制方法。
>
> 企业预算是在科学的生产经营预测与决策基础上,用价值和实物等多种形态反映企业未来一定时期内的生产经营及财务成果等的一系列计划与规划。
>
> 财务预算也称作总预算,它是在预测和决策的基础上,围绕企业战略目标,对企业预算期的资金取得与投放、各项收入与支出、经营成果与分配等资金运动和财务状况所做的总体安排。
>
> 财务预算主要包括反映现金收支活动的现金预算、反映企业财务成果的利润预算、反映企业税后利润分配去向的利润分配预算、反映企业财务状况的资产负债预算等内容。
>
> 财务预算的具体作用表现为:① 明确工作目标;② 协调经营活动;③ 业绩考核与激励;④ 合理配置资源;⑤ 控制资金。

【思考练习】

一、简答题

1. 预算管理在企业组织中的主要功能是什么?
2. 什么是财务预算?它包括哪些内容?
3. 为什么说现金收支预算是财务预算的核心?
4. 什么是经营预算?它包括哪些内容?
5. 固定预算方法与弹性预算方法有何不同?
6. 定期预算方法与滚动预算方法有何不同?
7. 编制经营预算为什么要以销售预算为起点?

二、思考与讨论

预算的执行与考核应该遵循什么原则呢?

三、实践与应用

1. 株洲冶炼厂始建于1956年,到目前已发展为一座大型综合性有色金属冶炼企业,年产锌、铅及其合金能力33万吨,并综合回收20多种有色金属产品和化工产品,是我国主要铅锌生产和出口基地,为国家520家重点调度企业之一。株洲冶炼厂推行预算管理大约是从1994年开始的,大约经历了两个发展阶段 1994年到1996年以资本预算为主的扩建阶段;

第九章 财务预算

19%年到现在,以成本为起点的预算管理阶段,都是为了适应当时企业经营和发展的需要。以下我们主要分析第一个基于资本投入的预算管理阶段。从1991年开始,工厂大力开拓国际市场,1992年出口铅锌达5万吨,创汇4 500多万美元,大约在1993年,鉴于自身产品在国际国内市场的竞争能力和国际市场对锌的需求不断扩大,工厂决策层经过充分论证决定再建一条年产十万吨电锌的生产线,该项工程1994年6月正式动工实施,于19%年4月竣工投产。在整个十万吨电锌扩建过程中,工厂实施了严格有效的资本预算管理。

试分析冶炼厂资本预算管理。

2. 中国新兴铸管联合公司是我国最大的离心球墨铸管生产基地,从1994年开始在内部推行预算管理,已经取得了可喜的效果。新兴铸管在编制企业预算中,以财务管理为中心,无论是对总厂的年度预算,还是各级责任预算,其主要的指标都是用货币计量的价值指标,价值指标的采用增强了预算指标的可比性,也有利于各环节预算的相互衔接。

试分析预算管理的主要特点及其具体措施。

第十章 财务分析与财务信息

▸【学习目标】

1. 了解财务信息的概念与分类；了解信息管理的概念与发展阶段；
2. 了解财务预警的概念、程序以及机制；
3. 了解财务分析的程序，掌握财务分析的方法；
4. 理解财务综合分析的含义以及特点。

▸【核心概念】

财务信息　　信息管理　　财务预警机制

▸【案例导入】

华为CFO孟晚舟在2014经营业绩预发布会上透露，2014年华为全球销售收入预计为2 870亿～2 890亿元人民币，同比增长约20%。主营业务利润预计为339亿～343亿元人民币，主营业务利润率约为12%，与2013年基本持平。

对于2014年华为全球业务实现增长的原因，孟晚舟归结为两点：一是"以客户为中心，以奋斗者为本，长期坚持艰苦奋斗"的核心价值观文化建设；二是不断在内部推荐管理和组织变革，提高效率，激活组织。

华为2014年所取得的成绩主要来自运营商业务、企业业务和消费者业务三大BG的良好表现。2014年，华为运营商BG收入实现15%增长，主要源于全球移动宽带基础网络建设起步、3G投资持续稳步上升和4G投资快速发展。数据显示，截至2014年年底，在运营商业务方面，全球TOP50的运营商中有77%已与华为合作，全球已建成154张4G网络，份额占比已达46%，已成功提交4G核心标准占比达到25%。企业业务BG实现27%的增长，目前已服务世界500强中的106家企业提供解决方案；在消费者业务方面，由于智能手机去年的表现使华为品牌知名度由原来的52%上升至65%。消费者业务BG也实现32%的业务增长。

由于美国政府的监管，华为近20年来一直未能进入美国市场。孟晚舟对此表示，华为过去几年70%的收入规模都来自海外。美国业务处于转型期，从传统运营商来说，受到业务转型趋势和美国政府影响，华为的策略是为目前和未来的客户提供好服务，以客户为中心是华为一直坚持的目标。

华为预测，到2025年全球将有超过1 000亿的连接，这将是一个规模空前的市场，如何存储和处理、传送与分发、获取与呈现这些庞大的数据流量，既是一个巨大的挑战，也是华为面临的战略机遇。为此华为将继续加大在技术研发上的投入。2014年华为研发投入395亿～405亿元人民币，比2013年增长约28%，过去10年，研发投入累计达到1 880亿元人民币。

案例分析：

1.结合案例描述以及华为2014年度财务报告，尝试评价华为公司2014年的财务状况和经营业绩。

2.假设作为华为公司会计人员，你认为华为公司利润的主要来源是什么？

第一节 财务信息与信息管理

结合企业财务信息发挥作用的过程、环境和效果，可将认识论层次的企业财务信息定义为财务信息使用者对企业财务运动的状态与方式的综合认知；这是企业财务信息在财务信息使用者脑中的"印象"或"理性认识"，有着多种表现形式。那么，企业财务信息究竟"是什么""有哪些"，彼此之间如何相互联系、相互作用？在回答这些问题之前，免不了还要将财务信息和会计信息相比较。

一、财务信息

关于财务信息和会计信息的关系，完整认识应该是以下几方面。

第一，会计信息本身就是财务信息的一部分，并且是其中主要的一部分。因为会计对会计要素的确认、计量、记录和报告，事实上反映着企业财务状况、经营成果和现金流量情况，那么，按照本体论层次的企业财务信息概念，这种反映企业财务运动的状态与方式的会计信息也应是财务信息。而且在现代企业产生的相当长时间里，甚至是在今天，对普通财务信息使用者而言，会计报表已能够满足其财务信息需求。

第二，会计信息经过综合、推导和预测等方法的激活，可以派生出财务信息。一个典型例子是计算财务比率，即将资产、负债、所有者权益、收入、费用、利润等会计信息两两相比或作其他形式的逻辑组合，得到关于企业偿债能力、盈利能力、营运能力和成长能力的新认知。

第三，必须特别强调的是，"并非所有的财务信息都可以根据会计信息来产生，有许多财务信息是脱离会计信息而独立存在的"。有很多企业财务信息，需要利用外部信息或其他

管理信息，依托专门的企业财务信息管理方法而得到，如采访业务人员、浏览互联网、竞争情报方法等。这是财务信息和会计信息的一个重要区别，这解释了即使是注重了会计信息加工整理、分析利用的会计工作，也不能代替企业财务信息管理。

在概念范畴上，财务信息和会计信息可以明确区别，但在实际工作中，两者的界限并不总是如此清晰。

我们注意到，现代企业的财务、会计部门几乎都是合而为一的，并由财务副总经理统一领导和管理，这恰好反映出财务、会计工作的相互制约。提高财务工作的效率和效益，必须随时进行定性分析和定量分析，这虽然不止于但在绝大程度上是依靠会计工作提供的连续、全面、系统的价值信息，否则财务预测、财务决策、财务计划、财务控制、

财务分析等管理环节都无法进行；而会计工作更是无法脱离企业财务的实体运动，否则它的信息就没有来源，服务就失去对象。作为范畴而言，财务与会计是并列的，作为工作而言，财务管理工作包括了会计工作。财务管理包括对财务范畴与会计范畴的运用。

更为重要的是，为了迅速适应市场变化和满足顾客需求，当前企业经营管理已发展出信息整合下的协同作业、集成管理、战略联盟等多种模式和体制。财务信息作为企业全部信息整合的基础，不仅仅和会计信息，甚至和业务信息、人事信息、行政信息、战略信息等的界限正日渐模糊；换句话说，企业财务信息管理应包括对企业全部信息的必要关注和灵活使用。具体表现如下。

其一，财务工作是企业经营管理的核心。这是由财务本质决定的——它直接管理资金运动的完整循环过程，其对象和环节处于企业生产经营和管理控制的关键点上，区别于其他工作，具有涉及面广、综合性强、灵敏度高的特点。在"协同"和"集成"的理念下，企业财务的视野拓展于设计、订单、质量、成本、交货、服务、绩效等每一细节，对每时每刻产生的各种信息，及时进行财务方面的分析处理，客观上促进了企业全部信息之间的转化与融合。

其二，财务信息系统是企业信息系统的主体。利用现代信息技术，企业全部信息已被标准化、关联地存储于相互之间有接口的各种作业或管理信息系统中，而且检索、调用、加工、传播等都非常便捷。这样一来，随着企业财务信息的发掘、转化、利用和积累，财务信息系统就可以将企业的购销信息系统、物资信息系统、生产管理系统、人事信息系统、决策支持系统等有机地连接在一起。回顾近年来企业管理信息化历程，也可以发现，很多企业选择以财务管理信息化为切入点，由财务管理信息化带动全面管理信息化。

企业财务信息按不同标准分类，对多侧面认识企业财务信息的全貌，具有十分重要的意义。

（一）企业财务信息按来源分类

企业财务信息按来源分为内源性和外源性企业财务信息。内源性企业财务信息是指在企业内部形成、存储和传播的各种财务信息，如生产车间的制造费用、管理部门的管理费用、产品成本等。由于企业财务运动的状态与方式受到财务环境的影响，企业需要从外界搜寻外源性企业财务信息，如国家产业政策、行业发展新动向、竞争对手财务状况等等。

（二）企业财务信息按时态分类

企业财务信息按时态分为历史、现在和未来的企业财务信息。过去，企业财务信息管理往往由会计工作代替，突出强调信息的客观、真实，即使是已有相当应用的财务分析方法，也偏重于利用历史信息进行事后评价。随着市场竞争程度的日益加剧，为使企业立于不败之地，管理者总是希望第一个做出决策并随时调整策略，对信息前瞻性和及时性方面的要求就提高了。企业财务信息管理在时态上要跳出历史信息的限制，按需使用其他时态的企业财务信息，如在投资决策中使用预测性财务信息，在日常控制中使用实时反馈信息。

（三）企业财务信息按表述方式分类

企业财务信息按表述方式分为定性和定量企业财务信息，后者又可以采用多种计量单位。随着企业所面临财务环境和所进行财务活动日益复杂化，管理者除了继续需求有形资产信息外，也开始关注技术、人才、竞争力等无形资产信息，甚至企业经营管理应承担的社会责任信息。这样一来，传统以货币计量的定量企业财务信息远远不能满足需求，必然发展出集文字、数字、图表甚至影音于一体，定性和定量相结合的表述方式；而在反映存货、专利技术、市场份额等情况时，必然相应使用到件、项、百分比等计量单位。

（四）企业财务信息按存在方式分类

企业财务信息按存在方式分为传统和电子企业财务信息。前者主要是依托纸质载体存在的企业财务信息；后者则是依托现代信息技术存在的企业财务信息，具有存储量大、整理加工便捷、传播迅速等特点。此外，企业财务信息还可以按加工程度分为原始、粗加工和精加工的企业财务信息，按稳定程度分为持续性和变动性企业财务信息，按可预见程度分为正常和例外企业财务信息，按利用层次分为供决策层、经管层和作业层利用的企业财务信息……不胜枚举。

二、信息管理

史密斯和梅德利（Smith & Medley）则认为信息管理始于20世纪30年代，其标志是穿孔卡片会计系统的广泛使用，至今大致经历了五个阶段。"五阶段论"认为信息管理在企业层面和范围内的应用更为贴近，并清晰地展示了现代企业信息管理以企业财务信息管理为先导，逐步实现企业财务信息（含会计信息）、业务信息、人事信息、行政信息、战略信息等的整合，最终发展为对企业全部信息进行整体综合的集中管理这一过程。

表 10-1　信息管理"五阶段"论

	系统类型	计算机信息系统管理者类型	用户角色	技术要点	信息存储技术
数据处理	有限的财务系统	非正式的督察员	信息处理者	批处理	穿孔卡片

续 表

系统类型	计算机信息系统 管理者类型	用户角色	技术要点	信息存储技术
信息系统	财务和操作系统	受过计算机训练者	项目参与者	应用	磁盘
管理信息系统	管理信息系统	受过管理训练者	项目参与者	数据库/应用集成	随机存取/数据库
终端用户	决策支持系统集成系统	有广泛基础的公司	小型系统建立者	第四代语言	数据管理/第四代语言
信息资源管理	专家系统/战略系统	主管阶层	全面的合作	第五代系统	光盘/超级芯片

历史表明，自世界上第一个企业诞生以来，企业经营管理中就包含有本金的投入与收益活动及其形成的特定经济关系，即企业财务运动；而企业财务信息作为对企业财务运动的状态与方式的综合反映，内生于解除受托责任和节约耗费、提高效率的追求中，对企业经营管理发挥着重要作用。因而，复式簿记可以看作是最初始、最基本的企业财务信息管理方法，由它提供的会计信息一直是企业财务信息的基础，是主要的企业财务信息。卢卡·帕乔利虽然不是复式簿记的发明者，但他在1494年的《算数、几何、比及比例概要》一书中，首次对复式簿记加以理论说明。该书体现了很多企业财务信息管理思想的雏形：复式簿记是一个管理信息系统，它告诉企业家其现金与库存的状况，并使其能核算现金流量；复式簿记强调必须关心内部的管理控制，建议备忘录、日记账和分类账要编上号码并注明日期，所有交易的文件都要详尽完备并永久存档，以及定期核查。

今天，基于"互联网+"的计算机技术和网络通信技术的迅速发展，首先改变了信息技术从属于或伴随着其他技术发展的历史，一跃成为引领社会经济发展的主动性技术群；其次引起了社会生产方式、企业经营管理，以及人类生活各个领域的彻底变革。在企业管理、企业财务管理和企业财务信息管理领域，企业资源计划（ERP）、供应链管理（SCM）、客户关系管理（CRM）等管理思想和管理方法都是现代信息技术渗透和支持的结果。

但企业财务信息管理不仅仅局限于利用现代信息技术。利用现代信息技术的效应和潜力是不确定的，"它形成于在一定的信息意识指导下的信息创造行动、一定的工作任务、一定的项目中"。如果仅仅思考技术问题，缺乏对企业财务信息本身的应有关注，将无法正确分析和评判，也不利于提高企业财务信息管理的效位和效率。综上所述，企业财务信息管理的发展模式如图10-1所示。

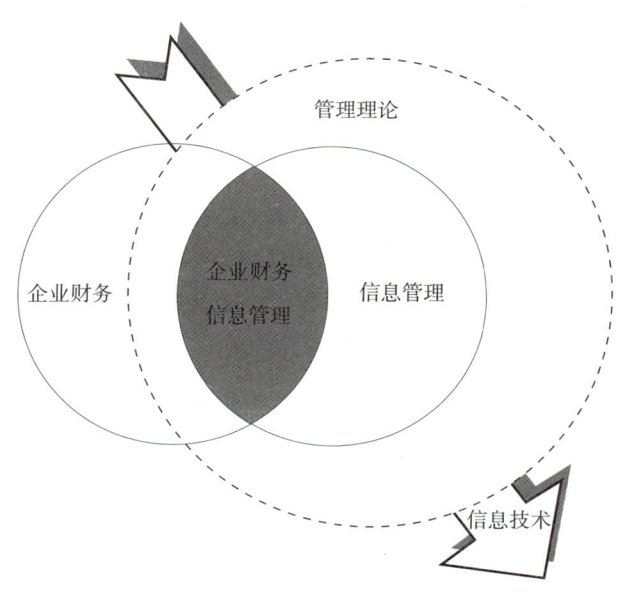

图 10-1　企业财务信息管理的发展模式

第二节　财务预警机制

企业财务预警就是通过企业内部的组织准备和财务预警系统的建立，根据企业的经营和财务目标，利用数据化的管理方式，分析企业资金运转规律，即时捕捉企业经营管理过程中出现的由于管理波动、管理失误或企业经营环境变化而导致的财务状况异常信号，并对企业的资金使用效果进行分析评价，及时发出警报的过程。并且整个过程被程序、制度、标准等规定所统一进而实现连续管理。

一、财务预警的概念

预警的概念起源于军事领域，是指军队通过卫星、雷达等侦查工具提前发现、分析和判断敌人进攻的信号，并把这种进攻信号的威胁程度报告给指挥部门，以提醒指挥部门提前采取应对措施。后来预警的理念广泛应用于各个领域，根据不同研究的需要产生了不同的分类，比如，从性质上划分可以分为经济预警和非经济预警，从范围上划分可以分为宏观预警与微观预警。

财务预警，又称为财务困境预警或财务危机预警，一般是以企业财务数据为主要数据来源，综合利用其他有关信息，通过设置并观察一些敏感指标的变化，发现企业经营管理中存在的风险，并向企业决策部门发出警告或提醒的一项管理活动。

二、财务预警的程序

财务预警的程序可以分为五个步骤,包括明确警义、寻找警源、分析警兆、监测并预报警度和排警措施。

1. 明确警义

警义即预警的对象。警义由若干个警素构成。警素是指构成警情的指标。

2. 寻找警源

警情产生的根源即为警源,从警情的生成机制看,警源可以分为两类:一类产生于企业内部不协调的运行机制;另一类产生于外部经营环境变化。

3. 分析警兆

警兆是指警素发生异常变化的先兆。有的先兆与警素有直接联系,有的先兆与警素有间接联系。通过对警兆的分析,能够为拟定排警对策提供思路和依据。

4. 监测并预报警度

警度指警情的危机程度。警兆确定之后,接下来分析警兆与警素的数量关系,最后预报警度。预报警度主要有两种方法:一是直接由警兆的警级预测警素的警度;二是由基于警素的普通模型做出预测,然后根据警限转化为警度。

5. 排警措施

预警的目的就是要在警情扩大或爆发之前采取排警对策,控制警源,避免警情爆发。当警情已经出现或警度已经测定,财务预警的重点转至基于警兆分析的财务排警对策研究。

三、企业财务预警机制

将"机制"的一般含义引入企业财务预警之中,便形成了企业财务预警机制的特定含义。企业财务预警机制是指企业财务预警赖以进行、相互联系和相互作用的若干要素及其机能组合而成的一种风险控制机制。研究企业财务预警机制,就是要研究企业财务预警的构成要件、结合方式及其运行机理。企业财务预警机制的基本特征主要有:

第一,整体性。企业财务预警机制各组成要素之间是相互作用、相互制约的,任何一个要素的改变都会引起其他要素甚至是整个机制的变化。

第二,结构性。构成企业财务预警机制的各要素是按照一定秩序、方式和规则结合起来,以使企业财务预警有序、有效进行。

第三,动态性。企业财务预警机制是一个开放的系统,随着外部环境的变化而不断地进行自我调整。企业的经营管理时时有风险相伴,风险的存在既是必然的也是必要的,没有风险就没有收益。企业财务预警机制允许合理程度的风险存在,当个别风险的持久性和危害性或综合风险的大小超出可容忍范围时,完善的企业财务预警机制能够及早对其进行识别并及时引起企业管理者的注意。

由企业财务预警机制的定义和企业财务预警的内容我们可以得出,企业财务预警机制

主要由企业财务预警组织机制、企业财务预警信息收集传递机制、企业财务预警分析报警机制、企业财务预警对策生成机制以及企业财务预警监督机制共五个维度构成。

（一）企业财务预警组织机制

企业财务预警组织机制包括各业务单位、财务预警职能部门、与财务预警职能部门相关的监督与决策机构的构成，以及上述组织中相关人员的责权划分。组织机制的设置应遵循以下原则：一是确保组织内信息传递的流畅、及时、准确；二是确保对信息能够做出迅速、合理反应；三是通过组织体系内部的监督、约束，确保财务预警机制能够及时适应财务预警环境的变化，保持财务预警工作的有效性、前馈性；四是确保组织内设有财务危机处理机构并授予其在财务危机处理时的特殊权利。

（二）企业财务预警信息收集传递机制

在企业财务预警系统的构建中，一般通过在企业信息系统添加财务预警功能模块实现财务预警信息的收集与传递，因此灵活高效的信息系统是财务预警信息收集传递机制有效运作的前提。财务预警信息收集传递机制主要包括两个方面。一方面是信息的收集。通过企业信息系统收集的信息主要包括企业内部生产经营以及外部市场、行业等的相关数据及资料，这就要求这个系统一定是开放性的，不仅从财会人员处收集财务数据，也通过其他渠道收集与企业经营管理相关的信息。另一方面是信息的传递，通过信息系统可以及时地将加工过的信息传递至有关部门为其决策制定提供依据。只有建立了对大量财务资料和信息有效收集、规范传递的科学体系，才能及时发现每一个财务危机出现的征兆和环节。为保证财务预警模块的正常运行，需要企业提供必要的专业人员和技术支持。

（三）企业财务预警分析报警机制

收集到的信息，经由财务预警分析报警机制进行分析并将分析结果向企业管理者汇报。通过财务预警分析报警机制，要对收集到的财务和非财务信息进行分析，分析出风险出现的环节在哪里，为什么出现风险，风险的可控程度，以及风险的大小。通过分析可以有效排除对财务状况影响较小的风险，从而将主要精力放在对财务状况可能造成重大影响的风险因素上。高效的财务预警分析能力是企业财务预警工作顺利进行的关键。

（四）企业财务预警对策生成机制

财务预警对策生成机制是对财务预警分析工作的延伸。其意义在于不只发现问题还能提供相应的解决问题的方法以便及时应对。财务预警工作在对经营管理风险分析清楚后，就要将工作重心转至风险应对对策的生成环节。及时提供降低和消除经营管理风险的具体措施和方法，有助于管理者行之有效地预防财务危机的发生，或是将已出现的财务危机的损失降到最小。而且对已经生成的排警对策进行归档，在以后类似风险再次发生时企业就可以迅速做出反应。

（五）企业财务预警监督机制

财务预警监督机制负责对财务预警工作过程中存在的预报失真、预报失误、预报失灵等财务预警功能失效问题进行全面监督。由于企业经营环境的复杂性以及财务预警工作人员的

主观局限性等，财务预警功能失效的可能性始终存在，财务预警监督机制的作用就是发现和纠正这种失效现象，保证企业财务预警工作的正常进行。

如上所述，企业财务预警机制分为企业财务预警组织机制、企业财务预警信息收集传递机制、企业财务预警分析报警机制、企业财务预警对策生成机制和企业财务预警监督机制共五个维度，各方面协同运作，实现企业财务预警工作流程的规范和运行效率的提高，为企业财务预警工作更好地发挥作用提供保证。各维度之间的关系如图 10-2 所示。

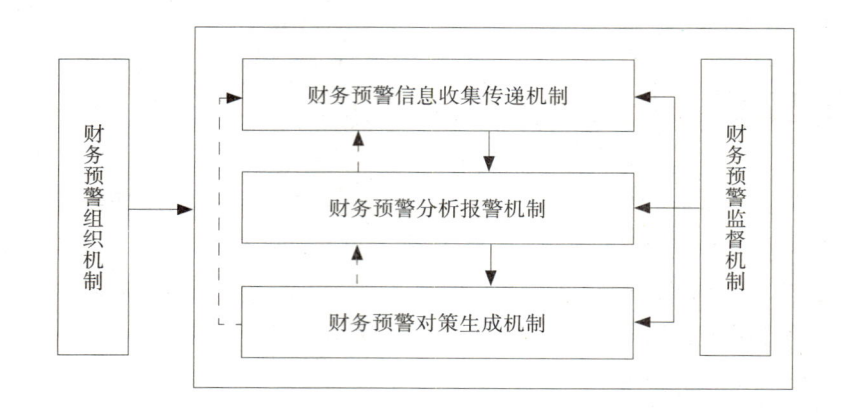

图 10-2　财务预警机制运行机理图

其中，财务预警组织机制处于核心地位，科学、合理的组织机制是其他四种机制机能有效发挥的前提，一旦组织机制被决定，其他四种机制之间的相互关系以及作用形式也就被确定下来。财务预警监督机制对财务预警信息收集传递机制、财务预警分析报警机制和财务预警对策生成机制的运作进行监督，为整个财务预警机制的有效运行提供保障。财务预警信息收集传递机制、财务预警分析报警机制和财务预警对策生成机制三个机制相辅相成（其中实线表示正向作用，虚线表示反向作用）。

正向作用：财务预警信息收集传递机制根据财务预警分析环节的数据要求为财务预警分析报警机制提供充分、准确的信息。财务预警分析报警机制则根据所得到的信息分析是否存在潜在财务危机或是已知风险的强度，向相关决策机构发出预警信号，最后由对策生成机制提供解决方案。

反向作用：根据排警对策的实施情况对对策进行调整，必要时对财务预警方法也要进行相应的调整，这些变化最终会影响到企业财务预警信息收集的范围以及对原有信息的取舍。如果不需要调整，则此次预警工作的记录直接存档，以备企业未来发生类似情况时迅速做出反应。

第三节　财务分析程序与方法

一、财务分析的程序

财务分析就是在财务会计报告所提供信息的基础上，结合其他信息来源，利用特定的方法，对企业当前状况做出综合评价，对未来发展趋势做出预测，使会计信息真正发挥其应有的作用。财务分析一般应按以下分析程序进行操作。

（一）明确分析目的

在进行分析时，首先是明确分析的目的，比如对盈利情况进行分析，据以预测未来年度的盈利能力，称为营利性分析等。

财务分析具有广泛的用途，企业短期投资者分析的目的在于了解企业的短期偿债能力，便于短期投资决策；企业长期投资者分析的目的则着重于企业的长期偿债能力，为长期行为提供决策依据；股东分析的目的在于获悉企业的经营业绩、获利能力、财务状况及资本结构等因素，这些因素对股票价值的高低具有重大的影响；企业管理人员分析的目的在于及时掌握企业的财务状况及经营成果，检讨其得失，并及时发现问题所在，迅速采取有效措施，使企业能够稳定发展；注册会计师分析的目的在于以独立超然的地位，采用合理的方法与程序，明确指明企业所提供的会计报表，是否公允表达某特定会计期间的财务状况及经营成果；税务机关分析的目的在于查核纳税义务人是否如实申报有关税收，等等。

（二）收集分析资料

财务会计报告是企业进行财务分析的主要资料来源，为了全面掌握企业的经营状况，还需要搜集其他资料，如市场前景、产销情况、员工构成、技术开发，以及预测、计划、定额和标准等资料。

企业进行财务分析所需资料来源主要有以下几种。

1. 会计报表

企业在会计期间编制的、对外报送的会计报表，主要有资产负债表、利润表、现金流量表和所有者权益变动表等。

2. 注册会计师的审计报告

审计报告是注册会计师依据中国注册会计师独立审计准则的规定，在实施审计工作的基础上，对企业财务报表发表审计意见的书面文件。审计报告作为民间审计的主要形式，通常具有一定的权威性和法定证明效力。报表使用者或分析者在阅读分析企业财务报告之前，有必要阅读一下注册会计师出具、的审计报告，了解注册会计师对企业财务报告的审计结果。毕竟，大部分的报表使用者对企业的日常经营活动一无所知，也难以及时获得有关企业日常行为的确切信息，更不可能对企业进行实地考察，因而也就无法对企业财务报告的真实、合法与完整性做出判断与评价。对审计报告的阅读，有助于报表使用者借助于注册会计师的审计行为初步获得有关企业财务状况是否真实、可靠、合法的"旁证"，了解报告所披露的信息是否存在可能会影响其分析与决策的相关事项等。

审计报告一般包括标准审计报告与非标准审计报告。当注册会计师出具的无保留意见审计报告不附加说明段、强调事项段或任何修饰性用语时，即为标准审计报告；而非标准审计报告，是指标准审计报告以外的其他审计报告，包括带强调事项段的无保留意见审计报告、保留意见审计报告、否定意见审计报告和拒绝表示意见的审计报告等。不同的审计报告代表着注册会计师不同的审计结论，也代表着注册会计师对企业财务报告质量的不同评判结果。

当然，即使是经过注册会计师审计、被出具了标准无保留意见审计报告的财务报表，也不一定就完全真实、全面地反映了被审计单位的实际情况。现实中，由于会计原则与会计假设本身的局限性，财务会计数据的滞后性以及相关当事人特别是被审计单位管理当局和注册会计师的职业道德等主、客观因素的影响，可能会导致公司公布的财务报告与其现实情况存在一定程度的脱节。例如，按照历史成本计价的资产账面价值有时不一定对等于其现时的变现能力，因而也就不能准确反映公司的财务状况。此外，公司管理当局出于某种特殊目的而人为操纵利润也影响着其报表数据的可信度。

必须强调，审计的有用性依赖于它的独立性和能力性。审计的独立性是人们信赖他们的首要因素，但是被审计客户是审计人员服务费用的支付主体，与审计的独立性存在重大矛盾。审计的能力性，是他们被信赖的第二位因素，但是谁也不能保证每一个审计人员都是胜任的。因此，分析人员应当关注可能出现的欺诈、疏忽和不遵守审计准则的行为，始终对审计意见保持一定的谨慎。

3. 企业的会计政策

企业的会计政策是指该企业在编制会计报表时所依据的各项会计原理、原则与方法，以及对这些原理、原则与方法的特殊应用。

4. 其他途径取得的有关资料

其他专业性机构，如投资咨询服务机构、行业性协会、证券交易所等所提供的有关资料，有关企业预算、计划、总结、规划的材料以及企业管理人员对企业当年度生产经营与未来展望的评价等，均可为会计报表分析者提供必要的会计资料。

5. 有关部门对比分析所需的资料

掌握有关计划资料、历史资料和同行业的先进资料，可以全面深入地分析企业的财务状况、经营成果和现金流量。对所搜集的各项报表资料反映出的各项经济指标，同有关的计划、历史资料、同行业的先进资料进行对比，有利于找出差距和应深入分析的重点。

在充分搜集了会计报表资料以后，还必须按实事求是的原则，严格按企业生产经营活动的全貌进行加工。只有这样，才能客观、公正、如实地反映企业经营的本来面目。

（三）选择分析方法

分析方法服从于分析目的，应当根据不同的分析目的，采用不同的分析方法。如对未来发展趋势的预测，往往用到回归分析法；对流动性的分析，往往需要用到比率分析法；对计划执行情况分析，往往用到因素分析法等。

（四）进行分析计算

根据所掌握的数据资料，采用一定的分析方法，特别是采用一定的财务指标，进行指标计算，然后根据计算得出的指标，层层分解和辨析，比如，在进行计划执行情况的分析时，找出指标之间的差距，分析差距形成的原因；在进行未来趋势预测时，就要在指标计算的基础上，剔除其中隐含的非正常因素，从而对未来趋势做出判断。

（五）撰写分析报告

财务分析报告是反映企业财务状况和财务成果意见的报告性书面文件。分析报告要对分析目的做出明确回答，评价要客观、全面、准确。对分析的主要内容，选用的分析方法，采用的分析步骤也要作简明扼要的叙述，以备审阅分析报告的人了解整个分析过程。此外，分析报告中还应当包括分析人员针对分析过程中发现的矛盾和问题，提出改进措施或建议。如果能对今后的发展提出预测性意见则具有更大的作用。

二、财务分析的方法

一般来说，财务分析通常包括定性分析和定量分析两种类型。定性分析是指分析人员根据自己的知识、经验以及对企业内容情况、外部环境的了解程度所做出的非量化的财务分析和评价；而定量分析则指分析人员运用一定的分析工作、分析方法对有关指标所做的定量化财务分析。分析人员应根据财务分析的具体目的和要求，以定性分析为基础和前提，以定量分析为工具和手段，透过数字看本质，正确评价企业的财务状况和经营损益。不过，因为定性分析更多地要依靠分析人员的主观判断，这里主要介绍定量分析的一些基本技术和方法。

财务分析定量分析时，常用的基本方法有比较分析法、趋势分析法、比率分析法和因素分析法。

（一）比较分析法

1. 比较分析法的含义

比较分析法是财务报告分析中最常用的一种分析方法，也是一种基本方法。

所谓比较分析法是指将实际达到的数据同特定的各种标准相比较，从数量上确定其差异，并进行差异分析或趋势分析的一种分析方法。所谓差异分析是指通过差异揭示成绩或差距，做出评价，并找出产生差异的原因及其对差异的影响程度，为今后改进企业的经营管理指引方向的一种分析方法。所谓趋势分析是指将实际达到的结果，与不同时期财务报表中同类指标的历史数据进行比较，从而确定财务状况、经营状况和现金流量的变化趋势和变化规律的一种分析方法。由于差异分析和趋势分析都是建立在比较的基础上，所以统称为比较法。

2. 比较数据

有绝对数比较和相对数比较两种。

（1）绝对数比较。即利用会计报表中两个或两个以上的绝对数进行比较，以揭示其数量

差异。例如,飞天公司上年的产品销售额为200万元,产品销售利润为20万元;今年的产品销售额为240万元,产品销售利润为30万元,则今年与上年的差异额为:产品销售额40万元,产品销售利润10万元。

(2)相对数比较。即利用会计报表中有关关系的数据的相对数进行对比,如将绝对数换算成百分比、结构比重、比率等进行对比,以揭示相对数之间的差异。比如,飞天公司上年的产品销售成本占产品销售额的百分比为85%;今年的产品销售成本占产品销售额的百分比为80%,则今年与上年相比,产品销售成本占产品销售额的百分比下降了5%,这就是利用百分比进行比较分析。对某些由多个个体指标组成的总体指标,就可以通过计算每个个体指标占总体指标的比重,进行比较,分析其构成变化和趋势。这就是利用结构比重进行比较分析。也可以将财务报表中存在一定关系的项目数据组成比率进行对比,以揭示企业某一方面的能力,如偿债能力、获利能力等,这就是利用比率进行比较分析。

一般来说,绝对数比较只通过差异数说明差异金额,但没有表明变动程度,而相对数比较则可以进一步说明变动程度。如上例中,用飞天公司的产品销售成本占产品销售额的比重进行比较,就能求得今年比上年降低了5%的变动程度。在实际工作中,绝对数比较和相对数比较可以交互应用,以便通过比较做出更充分的判断和更准确的评价。

3. 比较标准

在财务报告分析中经常使用的比较标准有以下几种。

(1)实际指标同预算(计划或定额)比较,可以揭示出实际与预算(或计划或定额)之间的差异,了解该项指标的完成情况。

(2)本期指标同上期指标或历史最好水平比较,可确定前后不同时期有关指标的变动情况,了解企业生产经营活动的发展趋势和管理工作的改进情况。

(3)本单位指标同国内外先进单位指标比较,可以找出与先进单位之间的差异,推动本单位改善经营管理,赶超先进水平。

4. 比较方法

比较分析法有两种具体方法:横向比较法和纵向比较法。

(1)横向比较法。它又称为水平分析法,是指将反映企业报告期财务状况的信息(特别指会计报表信息资料)与反映企业前期或历史某一时期财务状况的信息进行对比,研究企业各项经营业绩或财务状况的发展变动情况的一种财务分析方法。水平分析法所进行的对比,一般而言,不是单指指标对比,而是对反映某方面情况的报表的全面、综合对比分析,尤其在对会计报表分析中应用较多。因此,通常也将水平分析法称为会计报表分析方法。水平分析法的基本要点是,将报表资料中不同时期的同项数据进行对比,对比的方式有以下几种。

一是绝对值增减变动,其计算公式是:

$$绝对值变动数量 = 分析期某项指标实际数 - 基期同项指标实际数$$

二是增减变动率,其计算公式是

$$变动率(\%) = \frac{变动绝对值}{基期实际数量} \times 100\%$$

三是变动比率值，其计算公式是

$$变动比值率 = \frac{分析题实际数量}{基期实际数值} \times 100\%$$

上式中所说的基期，可指上年度，也可指以前某年度。水平分析法中应同时进行绝对值和变动率或比率两种形式的对比，因为仅以某种形式对比，可能得出错误的结论。

（2）纵向比较法。它也叫垂直分析法。垂直分析与水平分析不同，它的基本点不是将企业报告期的分析数据直接与基期进行对比求出增减变动量和增减变动率，而是通过计算报表中各项目占总体的比重或结构，反映报表中的项目与总体关系情况及其变动情况。会计报表经过垂直分析法处理后，通常称为度量报表，或称总体结构报表、共同比报表等。如同度量资产负债表、同度量利润表、同度量成本表等，都是应用垂直分析法得到的。垂直分析法的一般步骤是：

第一，确定报表中各项目占总额的比重或百分比，其计算公式是

$$某项目的比重 = \frac{该项目金额}{各项目总金额} \times 100\%$$

第二，通过各项目的比重，分析各项目在企业经营中的重要性。一般项目比重越大，说明其重要程度越高，对总体的影响越大。

第三，将分析期各项目的比重与前期同项目比重对比，研究各项目的比重变动情况。也可将本企业报告期项目比重与同类企业的可比项目比重进行对比，研究本企业与同类企业的不同，以及取得的成绩和存在的问题。

资产负债表的共同比报表通常以资产总额为基数。利润表的共同比报表通常以主营业务收入总额为基数。

共同比会计报表亦可用于几个会计期间的比较，为此而编制的会计报表称为比较共同比会计报表。它通过报表中各项目所占百分比的比较，不仅可以看出其差异，而且通过数期比较，还可以看出它的变化趋势。

5.运用比较分析法应注意的问题

在运用比较分析法时应注意相关指标的可比性。具体来说有以下几点。

（1）指标内容、范围和计算方法的一致性。如在运用比较分析法时，必须大量运用资产负债表、利润表、现金流量表等会计报表中的项目数据。必须注意这些项目的内容、范围以及使用这些项目数据计算出来的经济指标的内容、范围和计算方法的一致性，只有一致才具有可比性。

（2）会计计量标准、会计政策和会计处理方法的一致性。会计报表中的数据来自账簿记录，而在会计核算中，会计计量标准、会计政策和会计处理方法都有可能变动，若有变动，则必然要影响到数据的可比性。因此，在运用比较分析法时，对由于会计计量标准、会计政策和会计处理方法的变动而不具可比性的会计数据，就必须进行调整，使之具有可比性才可以进行比较。

（3）时间单位和长度的一致性。在采用比较分析法时，不管是实际与实际的对比，实际与预定目标或计划的对比，或是本企业与先进企业的对比，都必须注意所使用的数据的时间及其长度的一致，包括月、季、年度的对比，不同年度的同期对比，特别是本企业的数期对比或本企业与先进企业的对比，所选择的时间长度和选择的年份都必须具有可比性，以保证通过比较分析所做出的判断和评价具有可靠性和准确性。

（4）企业类型、经营规模和财务规模以及目标大体一致。这主要是指本企业与其他企业对比时应当注意之点。只有大体一致，企业之间的数据才具有可比性，比较的结果才具有实用性。

（二）趋势分析法

趋势分析法是根据企业连续几年或几个时期的分析资料，运用指数或完成率的计算，确定分析期各有关项目的变动情况和趋势的一种财务分析方法。趋势分析法既可用于对会计报表的整体分析，即研究一定时期报表各项目的变动趋势，也可对某些主要指标的发展趋势进行分析。趋势分析法的一般步骤如下。

第一，计算趋势比率或指数。通常指数的计算有两种方法，一是定基指数，二是环比指数。定基指数就是各个时期的指数都是以某一固定时期为基期来计算的。环比指数则是各个时期的指数以前一期为基数来计算的。趋势分析法通常采用定基指数。

第二，根据指数计算结果，评价与判断企业各项指标的变动趋势及其合理性。

第三，预测未来的发展趋势。根据企业以前各期的变动情况，研究其变动趋势或规律，从而可预测出企业未来发展变动情况。

（三）比率分析法

1.比率分析法的含义和作用

比率是两数相比所得的值。任何两个数字都可以计算出比率，但是要使比率具有意义，计算比率的两个数字就必须具有相互联系。比如一个工厂的产品年产量和职工人数有关系，通过年产量和职工人数这两个数字计算出的比率，就可以说明这家工厂的劳动生产率。在财务报表中这种具有重要联系的相关数字比比皆是，可以计算出一系列有意义的比率。这种比率通常叫作财务比率。利用财务比率，包括一个单独的比率或者一组比率，以表明某一方面的业绩、状况或能力的分析，就称为比率分析法。

比率分析法是财务报表分析中的一个重要方法。它之所以重要，主要体现在比率分析的作用之中。如前所述，由于比率是密切联系的两个或两个以上的相关数字计算出来的，所以通过比率分析，往往可以利用一个或几个比率就可以独立地揭示和说明企业某一方面的财务状况和经营业绩，或者说明某一方面的能力。比如，一个总资产报酬率可以揭示企业的总资产所取得的利润水平和能力；一个投资收益率也可以在一定程度上说明投资者的获利能力，如此等等。比率分析法在这方面的作用是较为明显的。当然对比率分析法的作用也不能估计过高。它和比较分析法一样，只适用于某些方面，其揭示信息的范围也有一定的局限，更为重要的是，在实际运用比率分析法时，还必须以比率所揭示的信息为起点，结合其他有关资料和实际情况，作更深层次的探究，才能做出正确的判断和评价，更好地为决策服务。因此，在财务报表分析中既要重视比率分析法的利用，又要和其他分析方法密切配合，合理运用，以提高财务报表分析的效果。

根据财务报表计算的比率主要有三类：① 反映企业偿债能力的比率，如流动比率、速动比率、负债比率，等等；② 反映企业获利能力的比率，如资产报酬率、营业利润率、每股盈利，等等；③ 反映企业经营和管理效率的比率，如总资产周转率、存货周转率，等等。实际上，第三类指标既与评价企业偿债能力有关，也与评价获利能力有关。有关各个比率的计算和分析，我们将在以后各章中专门做详细讲述。

2. 财务比率的类型

在比率分析中应用的财务比率很多，为了有效地应用，一般要对财务比率进行科学的分类。但目前还没有公认的、权威的分类标准。比如美国早期的会计著作中对同一年份财务报表的比率分类中，将财务比率分成五类：获利能力比率、资本结构比率、流动资产比率、周转比率和资产流转比率。英国特许公认会计师公会编著的 ACCA 财会资格证书培训教材《财务报表解释》一书中，将财务比率分为获利能力比率、清偿能力比率、财务杠杆比率和投资比率四类。我国目前一般将财务比率分为三类，即获利能力比率、偿债能力比率和营运能力比率。

（四）因素分析法

1. 因素分析法的含义和应用

在企业经济活动中，一些综合性经济指标往往是由于受多种因素的影响而变动的。比如，在生产性企业中，产品生产成本的降低或上升，受材料和动力耗费、人力耗费、生产设备的优劣等多种因素的影响。利润的变动，更是受到产品生产成本、销售数量和价格、销售费用和税金等多种因素的影响。在分析这些综合性经济指标时，就可以从影响因素入手，分析各种影响对经济指标变动的影响程度，并在此基础上查明指标变动的原因。这对企业做出正确的经营决策和改进管理都极为有用。由此可见，因素分析法是指确定影响因素，测量其影响程度，查明指标变动原因的一种分析方法。

因素分析法有差额分析法、指标分解法、连环替代法和定基替代法四种方法。比如，连环替代法是指确定影响因素，并按照一定的替换顺序逐个因素替换，计算出各个因素对综合性经济指标变动程度的一种计算方法。而差额计算法是因素分析法在实际应用中的一种简化形式，它的计算程序是，第一步：计算各个因素的差额；第二步：如果影响因素是两个，即以第一个因素的差额乘以第二个因素的上年数（或计划数等其他数值），求出第一个因素的影响程度，以第二个因素的差额乘以第一个因素的本年数（或实际数等其他数值），求出第二个因素的影响程度；第三步：汇总各个因素对经济性综合指标差异数的影响数。

2. 因素分析法的特征

从因素分析法的计算程序和上述举例可以看出，因素分析法具有以下三个特征。

（1）要按照影响因素同综合性经济指标之间的因果关系，确定影响因素。只有按照因果关系确定影响因素，才能说明综合性经济指标的变动是由于哪些因素变化所导致的结果。因此，运用因素分析法进行分析时，必须首先依据因果关系合理确定影响因素，并依据各个影响因素的依存关系确定计算公式。这是运用因素分析法的基础。

（2）计算过程的假设性，即在分步计算各个因素的影响数时，要假设影响数是在某一因素变化而其他因素不变情况下得出的。这是一个假设，但它是分别计算各个因素影响数的前提条件。

（3）因素替代的顺序性。即在运用因素分析法时，要按照影响因素和综合性经济指标的因果关系，确定合理的替代顺序，且每次分析时，都要按照相同的替代顺序进行测算，才能保证因素影响数的可比性。合理的替代顺序要按照因素之间的依存关系，分清基本因素和从属因素，主要因素和次要因素来加以确定。

第四节 财务评价与综合分析

财务分析的最终目的在于全面、准确、客观地揭示企业的财务状况和经营成果，并借以对企业经济效益的优劣做出合理评价。显然，仅仅计算几个简单的、孤立的财务比率，不可能做出合理、公允的综合性结论。因此，只有将各种不同报表、不同指标的分析与评价融为一体，才能从总体意义上把握企业财务状况和经营成果的优劣。

一、财务综合分析的含义

财务综合分析就是将有关财务指标按其内在联系结合起来，系统、全面、综合地对企业财务状况和经营成果进行剖析、解释和评价，说明企业整体的财务状况和经营成果的优劣。

每个企业的财务指标都有很多，而每个单项指标只能说明问题的某一个方面，且不同财务指标之间可能会有一定的矛盾或不协调性。如偿债能力很强的企业，其盈利能力可能会很弱；或偿债能力很强的企业，其营运能力可能比较差，所以，只有将一系列的财务指标有机地联系起来，作为一套完整的体系，相互配合，加以系统的评价，才能对企业经济活动的总体变化规律做出本质的描述，才能对企业的财务状况和经营成果做出总括性的结论。综合财务分析的意义也正在于此。

二、综合分析的特点

与单项分析相比较，财务综合分析具有以下两个特点。

（一）分析方法不同

单项分析通常采用由一般到个别，把企业财务活动的总体分解为每个具体的部分，然后逐一加以考查分析；而综合分析则是通过归纳综合，把个别财务现象从财务活动的总体上做出总结。因此，单项分析具有实务性和实证性，综合分析则具有高度的抽象性和概括性，着重从整体上概括财务状况的本质特征。单项分析能够真切地认识每一个具体的财务现象，可以对财务状况和经营成果的某一方面做出判断和评价，并为综合分析提供良好的基础。但如果不在此基础上抽象概括，把具体的问题提高到理性高度认识，就难以对企业的财务状况和经营业绩做出全面、完整和综合的评价。因此，综合分析要以各单项分析指标及其各指标要素为基础，要求各单项指标要素及计算的各项指标一定要真实、全面和适当，所设置的评价指标必须能够涵盖企业盈利能力、偿债能力及营运能力等诸多方面总体分析的要求。只有把单项分析和综合分析结合起来，才能提高财务报告分析的质量。

（二）分析的重点和基准不同

单项分析的重点和比较基准是财务计划、财务理论标准，而综合分析的重点和基准是企业整体发展趋势。因此，单项分析把每个分析的指标视为同等重要来处理，它难以考虑各种指标之间的相互关系。而综合分析强调各种指标有主辅之分，一定要抓住主要指标。只有抓住主要指标，才能抓住影响企业财务状况的主要矛盾。在主要财务指标分析的基础上再对其辅助指标进行分析，才能分析透彻，把握准确、详尽。各主辅指标功能应相互协调匹配，在利用主辅指标时，还应特别注意主辅指标间的本质联系和层次关系。

（三）分析目的不同

单项分析的目的是有针对性地，侧重于找出企业财务状况和经营成果某一方面存在的问题，并提出改进措施；综合分析的目的是要全面评价企业的财务状况和经营成果，并提出具有全局性的改进意见。显然，只有综合分析获得的信息才是最系统、最完整的，单项分析仅仅涉及一个领域或一个方面，往往达不到这样的目的。

因此，把财务报表综合分析同单项分析加以区分是十分必要的，它有利于财务分析者把握企业财务的全面状况，而不至于把精力仅局限于个别的具体问题上。

财务状况综合分析方法有很多，这里介绍杜邦财务分析体系。

三、杜邦财务分析体系及发展

杜邦财务分析法又称杜邦分析体系，是由美国杜邦公司于1910年首先设立并采用的。这种方法主要是利用一些基本财务比率指标之间的内在数量关系，建立一套系列相关的财务指标的综合模型，从投资者对企业要求的最终目标出发，经过层层指标分解，系统地分析了解影响企业最终财务目标实现的各项因素影响作用的一种方法。

利用杜邦分析法进行综合分析，一般以财务管理的直接量化目标——净资产收益率为综合指标或分析的出发点，进行层层分解，使得基于内在联动关系的分解后的各个指标构成一个完整的指标体系。从数理逻辑上可以推出，各指标之间主要体现了以下一些关系：

$$净资产收益率 = 净利润 \div 股东权益 = (净利润 \div 总资产) \times (总资产 \div 股东权益)$$
$$= 资产净利率 \times 权益乘数$$
$$其中，资产净利率 = 净利润 \div 总资产$$
$$= (净利润 \div 销售收入) \times (销售收入 \div 总资产)$$
$$= 销售净利率 \times 总资产周转率$$
$$权益乘数 = 总资产 \div 股东权益 = 1 \div (1 - 资产负债率)$$

将上述公式综合之后可得：

$$净资产收益率 = 销售净利率 \times 总资产周转率 \times 权益乘数$$

即决定净资产收益率的因素有三个：一是企业商品销售活动的直接创利水平，即销售净利率；二是对企业全部资产的利用效率与利用效果，即表现为总资产周转率指标所反映的内容；三是企业的举债经营程度，即权益乘数指标所体现的企业财务杠杆效应的发挥程度。

为了更深入地分析净资产收益率变化的详细原因，我们还可以在前面分析的基础上对销售净利率和总资产周转率作进一步的分解，如：

销售净利率可以分解为

净利润 = 营业收入净额 – 成本费用总额 + 其他项目损益与收支净额 – 所得税费用

成本费用总额 = 营业成本 + 营业税金及附加 + 期间费用 + 资产减值损失

其他项目损益与收支净额 = 公允价值变动损益 + 投资收益 + 营业外收入 – 营业外支出

总资产周转率可以分解为：

总资产 = 流动资产 + 非流动资产

流动资产 = 货币资金 + 交易性金融资产 + 应收款项（含应收票据与其他应收款）+ 存货（含预付款）等

非流动资产 = 可供出售金融资产 + 持有至到期的金融资产 + 长期股权投资 + 固定资产 + 投资性房地产 + 无形资产 + 其他资产

通过对以上指标的层层分解，就可以比较容易地发现企业财务问题的症结所在。杜邦分析体系习惯于采用"杜邦分析图解"的方式，将有关指标按内在联系排列，如图11-3所示。

由图11-3可以看出，利用杜邦分析法进行综合分析，可以明确以下几点。

1. 净资产收益率是一个综合性最强的财务分析指标，是杜邦分析系统的核心。财务管理及会计核算的目标之一是股东财富最大化，净资产收益率反映企业所有者投入资本的获利能力，说明企业筹资、投资、资产营运等各项财务及其管理活动的效率，不断提高净资产收益率是所有者权益最大化的基本保证。所以，这一财务指标是企业所有者、经营者都十分关心的。而净资产收益率高低的决定因素主要有三个方面，即销售净利率、总资产周转率和权益乘数。这样分解后，就可以将净资产收益率这一综合指标发生升降变化的原因具体化，比之用一项综合性指标更能说明问题。

2. 销售净利率反映企业净利润与销售收入的关系，它的高低取决于销售收入与成本总额的高低。要想提高销售净利率，一是要扩大销售收入，二是要降低成本费用。扩大销售收入既有利于提高销售净利率，又可提高总资产周转率。降低成本费用是提高销售净利率的一个重要因素，从杜邦分析图可以看出成本费用的基本结构是否合理，从而找出降低成本费用的途径和加强成本费用控制的办法，如果企业财务费用支出过高，就要进一步分析其负债比率是否过高，若管理费用过高，就要进一步分析其资金周转情况等。从图10-3中还可以看出，提高利润率的另一途径是提高其他利润，想办法增加其他业务利润，适时适量进行投资取得投资收益，千方百计降低营业外支出等。为了详细了解企业成本费用的发生情况，在具体列示成本总额时，还可以根据重要性原则，将那些影响较大的费用单独列示（如利息费用等），以便为寻求降低成本的途径提供依据。

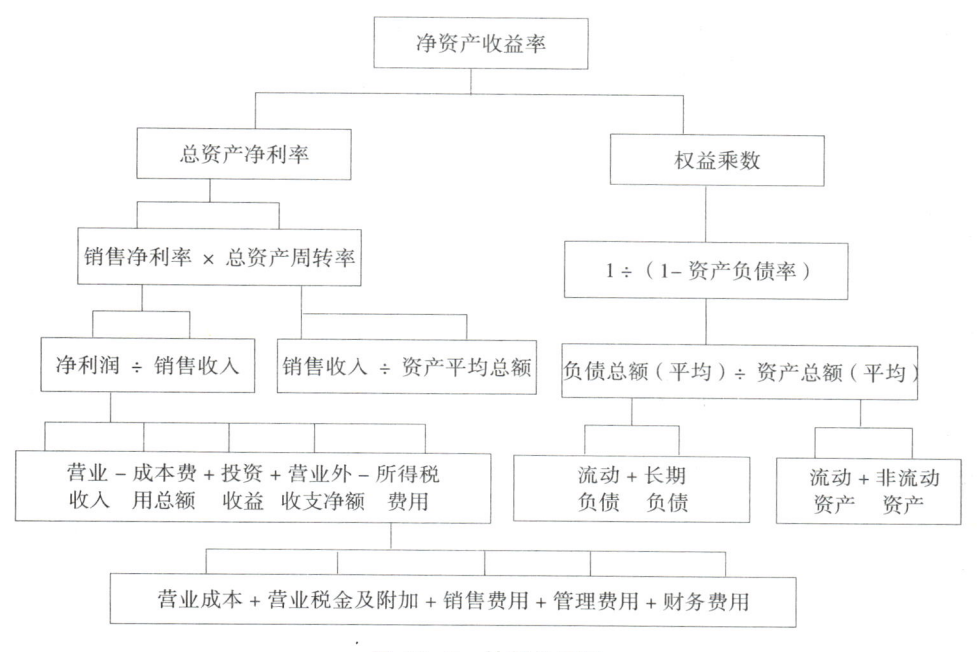

```
                        净资产收益率
                       /            \
              总资产净利率            权益乘数
              /         \                |
     销售净利率 × 总资产周转率      1÷（1－资产负债率）
        /              \                  |
  净利润÷销售收入   销售收入÷资产平均总额   负债总额（平均）÷资产总额（平均）
        |                                /           \
  营业－成本费＋投资＋营业外－所得税    流动＋长期      流动＋非流动
  收入  用总额  收益 收支净额 费用    负债  负债       资产  资产
        |
  营业成本＋营业税金及附加＋销售费用＋管理费用＋财务费用
```

图 10-3　杜邦分析图

3. 影响总资金周转率的一个重要因素是资产总额。它由流动资产与长期资产组成。它们的结构合理与否将直接影响资产的周转速度。一般来说，流动资产直接体现企业的偿债能力和变现能力，长期资产则体现该企业的经营规模、发展潜力。两者之间应保持一种合理的比率关系。如果发现某项资产比重过大，影响资金周转，就应深入分析原因。例如，企业持有的货币资金超过业务需要，就会影响企业的盈利能力；如果企业占有过多的存货和应收账款，则既会影响盈利能力，又会影响偿债能力。因此，还应进一步分析各项资产的占用数额和周转速度。

4. 权益乘数主要是受资产负债率指标的影响。负债比率越大，权益乘数就越高，说明企业的负债程度比较高，给企业带来较多的杠杆效益，同时，也会带来较大的财务风险。对权益乘数的分析要联系营业收入分析企业的资产使用是否合理，联系权益结构分析企业的偿债能力。在资产总额不变的条件下，开展合理的负债经营，可以减少所有者权益所占的份额，从而达到提高净资产收益率的目的。

通过杜邦分析图可以看出，企业的获利能力（净资产收益率）涉及经营活动、投资活动和理财活动各个方面，具体表现在与经营项目、成本费用控制、多渠道开辟财源，筹资结构，以合理配备，才能增大企业的获利能力。如果某一方面失调，就会影响企业目标的实现。

【知识总结】

　　财务信息作为企业全部信息整合的基础，不仅仅和会计信息，甚至和业务信息、人事信息、行政信息、战略信息等的界限正日渐模糊。正如本章所述，会计信息本身就是财务信息的一部分，并且是其中主要的一部分；会计信息经过综合、推导和预测等方法的激活，可以派生出财务信息。

　　企业财务预警机制是指企业财务预警赖以进行、相互联系和相互作用的若干要素及其机能组合而成的一种风险控制机制。研究企业财务预警机制，就是要研究企业财务预警的构成要件、结合方式及其运行机理。

　　财务分析就是在财务会计报告所提供信息的基础上，结合其他信息来源，利用特定的方法，对企业当前状况做出综合评价，对未来发展趋势做出预测，使会计信息真正发挥其应有的作用。

　　财务综合分析就是将有关财务指标按其内在联系结合起来，系统、全面、综合地对企业财务状况和经营成果进行剖析、解释和评价，说明企业整体的财务状况和经营成果的优劣。财务综合分析是单项分析的深化，是分析者对企业的"会诊"。本章从综合分析的概念、特征出发，介绍了综合分析中的杜邦财务体系分析方法，尤其是杜邦财务分析体系中几个主要财务指标。依据财务报表的综合分析，了解如何把握企业的战略目标和竞争地位。

【思考练习】

一、单选题

　　1.甲企业2016年、2017年的销售收入环比动态比率分别为1.2和1.5，则相对于2015年而言，2017年的销售收入定基动态比率为（　　）。

　　A. 1.8　　　　B. 2.7　　　　C. 0.8　　　　D. 1.25

　　2.某公司20×6年平均负债为1 000万元，负债的平均利率为10%，20×7年财务杠杆系数为2，则该公司20×6年的利息保障倍数为（　　）。

　　A. 2　　　　B. 3　　　　C. 4　　　　D. 6

　　3.某公司2017年初所有者权益为1.25亿元，2017年末所有者权益为1.50亿元。该公司2017年的资本保值增值率是（　　）。

　　A. 16.67%　　　B. 20.00%　　　C. 25.00%　　　D. 120.00%

　　4.某企业2016年和2017年的销售净利率分别为7%和8%，资产周转率分别为2和1.5，两年的资产负债率相同，与2016年相比，2017年的净资产收益率变动趋势为（　　）。

　　A.上升　　　　B.下降　　　　C.不变　　　　D.无法确定

290

5. 某企业的资产净利率为20%，若资产负债率为50%，则净资产收益率为（   ）。

   A. 15%　　　　　B. 20%　　　　　C. 30%　　　　　D. 40%

6. 在现代沃尔评分法中，某公司总资产报酬率的标准评分值为20分，标准比率为5.5%，行业最高比率为15.8%，最高评分为30分，最低评分为10分，A企业的总资产报酬率的实际值为10%，则A企业的该项得分为（   ）分。

   A. 15.63　　　　B. 24.37　　　　C. 29.71　　　　D. 26.63

7. 已知某公司上年的每股收益为1元，每股净资产为2元。如果目前的市盈率为20倍，则该公司市净率为（   ）。

   A. 20　　　　　B. 10　　　　　C. 15　　　　　D. 30

8. 东大公司无优先股，2016年末股东权益总额为1 000万元（每股净资产10元），2017年初决定投资一新项目，需筹集资金500万元，股东大会决定通过发行新股的方式筹集资金，发行价格为每股10元。2017年留存收益100万元，无其他影响股东权益的事项，则2017年末该公司的每股净资产为（   ）元/股。

   A. 2.5　　　　　B. 6.67　　　　C. 10.67　　　　D. 5

9. 某上市公司2016年末的股本为10 000万股，2017年3月18日，经公司2016年度股东大会决议，以截止到2016年末公司总股本为基础，向全体股东每10股送红股4股，工商注册登记变更已完成。2017年9月30日发行新股3 200万股。2017年度归属于普通股股东的净利润为7 400万元。则2017年公司的基本每股收益为（   ）元。

   A. 0.43　　　　B. 0.50　　　　C. 0.60　　　　D. 0.54

10. ABC公司年度内普通股股数未发生变化，所有的普通股均为流通股，均发行在外。去年每股收益为5元，股利发放率为40%，资产负债表中的留存收益去年增加了600万元。去年年底每股净资产为25元，负债总额为7 500万元，则该公司去年年底的资产负债率为（   ）。

    A. 30%　　　　B. 40%　　　　C. 62.5%　　　　D. 60%

11. 某公司2017年度销售收入净额为1 320万元，资产负债表中，2017年应收账款平均余额为110万元、应收票据平均余额为50万元；另外，补充资料显示，2017年的坏账准备平均余额为10万元。该公司2017年应收账款周转次数为（   ）次。（1年按360天计算）

    A. 8.64　　　　B. 9.39　　　　C. 7.76　　　　D. 9.62

12. 在财务绩效评价计分中，如果资产负债率≥100%，指标得分为（   ）。

    A. 1　　　　　B. 0.8　　　　　C. 0.9　　　　　D. 0

13. A公司2018年净利润为3 578.5万元，非经营净收益594.5万元，非付现费用4 034.5万元，经营活动现金流量净额为5 857.5万元，则该公司净收益营运指数和现金营运指数分别为（   ）。

    A. 0.83，0.80　　B. 0.83，0.90　　C. 0.83，0.83　　D. 0.8，0.83

二、简答题

1. 什么是财务信息？与会计信息的区别与联系是什么？
2. 简述财务信息的类别。
3. 财务预警机制的基本特征是什么？
4. 什么是财务报表综合分析？其常用方法有哪些？
5. 财务报表综合分析的意义何在？
6. 什么是杜邦财务分析体系？它有什么作用？
7. 杜邦财务分析体系涉及的主要指标有哪些？它们之间存在怎样的关系？
8. 简述财务报告分析与评价的关系。

三、计算题

1. 东方公司有关资料如下：

〔资料1〕：今年年初股东权益总额为1 200万元，年末股东权益总额为1 680万元。今年年初、年末的权益乘数分别是2.5和2.2。

〔资料2〕：今年利润总额400万元，所得税为100万元，普通股现金股利总额为84万元，普通股的加权平均数为200万股，所有的普通股均发行在外；无优先股。

〔资料3〕：今年年末普通股股数为210万股，按照年末每股市价计算的市盈率为10。

〔资料4〕：公司去年发行了面值总额为100万元的可转换公司债券（期限为五年），发行总额为120万元，每张债券面值为1 000元，转换比率为80（今年没有转股），债券利率为4%，所得税税率为25%。

〔资料5〕：今年的总资产周转率为1.5次，去年的销售净利率为4%，总资产周转率为1.2次，权益乘数（按平均数计算）为2.5。

要求：

（1）计算今年年初、年末的资产总额和负债总额；

（2）计算今年年末的每股净资产；

（3）计算今年的基本每股收益和每股股利；

（4）计算今年年末普通股每股市价；

（5）计算可转换债券的年利息、可转换债券可以转换的普通股股数；

（6）假设不考虑可转换债券在负债成分和权益成分之间的分拆，债券票面利率等于实际利率。计算今年的稀释每股收益；

（7）计算今年的权益乘数（按平均数计算）；

（8）利用连环替代法和差额分析法分别分析销售净利率、总资产周转率和权益乘数的变动对权益净利率的影响。

2. ABC公司2017年的销售额为62 500万元，比上年提高28%，有关的财务比率如下：

财务比率	2016年同业平均	2016年本公司	2017年本公司
应收账款回收期（天）	35	36	36
存货周转率	2.5	2.59	2.11
销售毛利率	38%	40%	40%
销售（营业）利润率（息税前）	10%	9.6%	10.63%
销售利息率	3.73%	2.4%	3.82%
销售净利率	6.27%	7.2%	6.81%
总资产周转率	1.14	1.11	1.07
固定资产周转率	1.4	2.02	1.82
资产负债率	58%	50%	61.3%
已获利息倍数	2.68	4	2.78

备注：该公司正处于免税期

要求：

（1）运用杜邦财务分析原理，比较2009年公司与同业平均的净资产收益率，定性分析其差异的原因。

（2）运用杜邦财务分析原理，比较2010年与2009年的净资产收益率，定性分析其变化的原因。

3. A公司是一高科技公司，其有关资产及股本资料如下：

2017年年初的资产总额为15 000万元、股东权益总额为10 000万元，年末股东权益总额为13 000万元、资产负债率为35%；2017年初股份总数为5 000万股（含150万股优先股，优先股账面价值600万元，优先股股利为300万元/年，优先股账面价值在2017年没有发生变化）。2017年2月10日，公司股东大会通过的2016年股利分配方案为：以年初的普通股股数为基础，向全体普通股股东每10股送2股，此方案已于5月1日实施完毕；由于公司新上一生产线需要资金，公司于2017年9月1日发行新股（普通股）1 500万股，筹集资金6 000万元。

另外，公司在发行新股的同时，按面值发行了年利率为3%的可转换债券120万份，每份面值100元，期限为5年，利息每年末支付一次，可转换债券利息直接计入当期损益，所得税税率为25%，发行结束一年后可以转换股票，转换比率为20。假设不考虑可转换债券在负债成分和权益成分之间的分拆，且债券票面利率等于实际利率。

已知2017年实现销售收入10 000万元、净利润1 500万元。2017年12月31日，公司股票以28元/股收盘。

要求：

（1）计算 2017 年的基本每股收益、稀释每股收益。

（2）计算 2017 年末的市盈率、普通股每股净资产和市净率；

（3）计算 2017 年的销售净利率、总资产周转率和权益乘数；（时点指标使用平均数计算）

（4）已知 2016 年销售净利率为 12%，总资产周转率为 0.8 次，权益乘数为 1.4。按销售净利率、总资产周转率、权益乘数的次序使用连环替代法进行杜邦财务分析，确定各因素对净资产收益率的影响？

4. 已知甲公司 2017 年年末的股东权益总额为 30 000 万元，资产负债率为 50%，非流动负债为 12 000 万元，流动比率为 1.8，2017 年的销售收入为 50 000 万元，销售成本率为 70%，税前利润为 10 000 万元，利息费用为 2 500 万元，所得税税率为 25%，用年末数计算的应收账款周转率为 5 次、存货周转率为 10 次，现金流量总额为 10 000 万元，其中，经营现金流量为 8 000 万元，投资现金流量为 3 000 万元，筹资现金流量为 –1 000 万元。企业发行在外的普通股股数为 15 000 万股（年内没有发生变化），市净率为 7.5。

要求：

（1）计算 2017 年年末的应收账款、存货、权益乘数、产权比率、利息保障倍数；

（2）计算 2017 年流动资产周转次数和总资产周转次数；（相关资产数额按期末数计算）

（3）计算 2017 年的销售净利率、资产净利率和权益净利率、市盈率。

5. 已知某公司 2017 年资产负债表有关资料如下（单位：万元）：

资产	年初	年末	负债及所有者权益	年初	年末
流动资产：			流动负债合计	1 750	1 500
货币资金	500	450	长期负债合计	2 450	2 000
应收账款	400	800	负债合计	4 200	3 500
应收票据	200	100			
存货	920	1 440			
预付账款	230	360	所有者权益合计	2 800	3 500
流动资产合计	2 250	3 150			
固定资产净值	4 750	3 850			
总计	7 000	7 000	总计	7 000	7 000

该公司 2016 年度、2017 年度销售收入分别为 4 000 万元、5 200 万元。2017 年销售毛利率 20%，实现净利润 780 万元，非经营净收益为 180 万元。2017 年经营活动现金流量净额为 2 600 万元。

2017 年年初和年末的累计折旧分别为 300 万元和 400 万元，坏账准备余额分别为 100

和 150 万元。该公司所得税税率 25%。

要求：

（1）计算 2017 年的销售收入增长率和资本保值增值率；

（2）计算 2017 年的销售现金比率和全部资产现金回收率；

（3）计算 2017 年的净收益营运指数；

（4）计算 2017 年末的营运资金、流动比率、速动比率；

（5）计算 2017 年末的资产负债率、产权比率、权益乘数；

（6）计算 2017 年的应收账款周转率、存货周转率、流动资产周转率、固定资产周转率和总资产周转率；

（7）计算 2017 年的销售净利率、总资产净利率和净资产收益率。

6. 资料：F 公司经营多种产品，最近两年的财务报表数据摘要如下（单位：万元）

利润表数据	上年	本年
销售收入	10 000	30 000
销售成本（变动成本）	7 300	23 560
管理费用（固定成本）	600	800
营业费用（固定成本）	500	1 200
财务费用（借款利息）	100	2 640
税前利润	1 500	1 800
所得税	500	600
净利润	1 000	1 200
资产负债表数据：	上年末	本年末
货币资金	500	1 000
应收账款	2 000	8 000
存货	5 000	20 000
其他流动资产	0	1 000
流动资产合计	7 500	30 000
固定资产	5 000	30 000
资产总计	12 500	60 000
短期借款	1 850	15 000
应付账款	200	300

续 表

利润表数据	上年	本年
其他流动负债	450	700
流动负债合计	2 500	16 000
长期负债	0	29 000
负债合计	2 500	45 000
股本	9 000	13 500
盈余公积	900	1 100
未分配利润	100	400
所有者权益合计	10 000	15 000
负债及所有者权益总计	12 500	60 000

要求：进行以下计算、分析和判断（提示：为了简化计算和分析，计算各种财务比率时需要的存量指标如资产、所有者权益等，均使用期末数；一年按365天计算）：

（1）利用差额分析法，按顺序计算确定所有者权益变动和净资产收益率变动对净利润的影响。

（2）利用差额分析法，按顺序计算确定总资产净利率和权益乘数变动对净资产收益率的影响。

（3）利用差额分析法，按顺序计算确定总资产周转率和销售净利率变动对资产净利率的影响。

（4）利用连环替代法，按顺序计算确定销售净利率、总资产周转率和权益乘数变动对净资产收益率的影响。

7.甲公司2017年净利润4 760万元，发放现金股利290万元。公司适用的所得税税率为25%。其他资料如下：

[资料1]2017年年初股东权益合计为10 000万元，其中普通股股本4 000万元（每股面值1元，全部发行在外）；

[资料2]2017年3月1日新发行2 400万股普通股，发行价格为5元，不考虑发行费用；

[资料3]2017年12月1日按照每股4元的价格回购600万股普通股；

[资料4]2017年年初按面值的110%发行总额为880万元的可转换公司债券，票面利率为4%，每100元面值债券可转换为90股普通股；

[资料5]2017年年末按照基本每股收益计算的市盈率为20。

要求：

（1）计算2017年的基本每股收益；

（2）计算 2017 年稀释每股收益；

（3）计算 2017 年的每股股利；

（4）计算 2017 年年末每股净资产；

（5）计算 2017 年年末的每股市价；

（6）计算 2017 年年末的市净率。

8. 丁公司 2017 年 12 月 31 日总资产为 600 000 元，其中流动资产为 450 000 元，非流动资产为 150 000 元；股东权益为 400 000 元。

丁公司年度运营分析报告显示，2017 年的存货周转次数为 8 次。销售成本为 500 000 元，净资产收益率为 20%，非经营净收益为 –20 000 元。期末流动比率为 2.5。

要求：

（1）计算 2017 年存货平均余额；

（2）计算 2017 年年末流动负债；

（3）计算 2017 年净利润；

（4）计算 2017 年经营净收益；

（5）计算 2017 年净收益营运指数。

参 考 文 献

[1] 高立法. 企业经营风险管理实务 [M]. 第 2 版. 北京：经济管理出版社，2014.

[2] 古华，荀聪聪. 财务管理 [M]. 北京：清华大学出版社，2015.

[3] 何叶荣，李慧宗. 企业风险管理 [M]. 合肥：中国科学技术大学出版社，2015.

[4] 胡振兴. 横论财务：财务行为论 [M]. 北京：中国社会科学出版社，2015.

[5] 黄世忠. 财务报表分析：理论、框架、方法与案例 [M]. 北京：中国财经出版社，2012.

[6] 倪明辉，阎成武. 财务管理 [M]. 北京：机械工业出版社，2013.

[7] 斯坦利·B. 布洛克，杰弗里·A. 赫特，巴特利·R. 丹尼尔森. 财务管理基础 [M]. 北京：中国人民大学出版社，2014.

[8] 唐纳德·德帕姆菲利斯. 收购、兼并和重组：过程、工具、案例与解决方案 [M]. 北京：机械工业出版社，2015.

[9] 王静，李淑平. 高级财务管理 [M]. 第 2 版. 武汉：武汉理工大学出版社，2013.

[10] 王淑萍，王蓉. 财务报告分析 [M]. 北京：清华大学出版社，2016.

[11] 杨松涛，林小驰. 财务报表分析 [M]. 北京：中国金融出版社，2015.

[12] 中国注册会计师协会. 财务成本管理 [M]. 北京：中国财政经济出版社，2015.